U0067442

兒童語言發展

Ray Cattell 著

曾 進 興　譯

CHILDREN'S LANGUAGE
Consensus and Controversy

By Ray Cattell

Published by arrangement with The Continuum International Publishing Group, Incorporated.

譯者簡介

曾進興博士

　　國立高雄師範大學聽力學與語言治療研究所教授退休，曾任國立高雄師範大學溝通障礙教育研究所及特殊教育學系教授兼任所長及主任，也擔任過特殊教育中心主任。一九九〇年從美國威斯康辛大學麥迪遜校區溝通障礙系取得語言病理學博士學位，返國後曾任教於中正大學心理學系。他的專長包括兒童與成人語言障礙、特殊教育中的實用語文課程與教學、言語科學、語言心理學。他曾編輯一套三卷的《語言病理學基礎》（心理出版社，1995、1996、1998），以及《語言與聽力障礙之評估》（心理出版社，1994），另外也翻譯了《教導重度障礙學生溝通技能》（心理出版社，2002）、《兒童語言發展》（心理出版社，2006）、《腦性麻痺與溝通障礙》（第二版）（心理出版社，2009）等三本書，也出版了《中文色塊測驗》（與林月仙、吳裕益共同編製，心理出版社，2002）。

原作誌謝

　　沒有以下列舉的人士鼎力協助，本書不可能完成。對於這些人士及時伸出援手，本人衷心感謝。

　　倫敦大學院的 Neil Smith 給我寶貴的指正，我非常感激。他不僅細讀兩次的草稿，還及時給與非凡的評語和建議，又不失幽默，更具睿智，處處機鋒。本書書名也是出自他的建議，偶爾他的修改意見未能照辦，也未損及我們長期的友誼，這是千金難買的情誼。

　　新南威爾斯新堡大學語言學系兩名前同事提供了如及時雨般的協助。系主任 Peter Peterson 讀了稿子，並有精闢的意見，本書若干部分因而修正。Alison Ferguson 也讀了同一份稿子，我從她的評論中獲益匪淺；她是系裡語言病理組的負責人，她的評論趣味盎然而且對我甚具價值。

　　我要特別感謝海樂地（Michael Halliday），他的貢獻詳見於第 8 章。應我之邀，他幫忙校閱了該章初稿；若少了他的協助，就不可能如此忠於他的思想。當然有任何的疏漏，文責在我身上。

　　撰寫第 8 章時，我十分注意 Systemic-Functional e-mail lists（Sysfunc 和 Sysfling）的網路通訊，非常感謝那些通訊者。

　　Carolyn Newton, Margaret Shanley, James 及 Russell Shanley 對第 11 章的來源貢獻頗大，我衷心感謝。

　　Catherine Snow 指引我尋找正確的媽媽經文獻，她的協助讓我十分感佩。

　　同樣的，非常感謝卡蜜洛夫（Annette Karmiloff Smith）給我與她

作品有關的文獻出處，使我得以順利完成第 15 章。

　　皮亞傑（Piaget）網路討論區的會員和我進行線上或線下的討論，特別是 Leslie Smith, Trevor Bond, Michael Commons, George Forman, Herman Epstein，他們讓我更懂皮亞傑。另有許多其他參與討論的人士也讓我從中學到許多。

　　我又從 Childes 的布告欄及其服務中獲得大量的協助。Childes 是 Brian MacWhinney 領導的網站，他們的參考文獻目錄與本書非常相關，感謝 Roy Higginson 不斷地加以更新。

　　新南威爾斯新堡的 Better Hearing Australia 提供了第 11 章有關的訊息。

　　Cassell Academic 的主任 Janet Joyce 是我的編輯，盡心盡力地協助我把書寫好，耐心的等我把書名、目錄、格式一改再改，和她合作是一件愉快的事。同時，也要感謝 Cassell 的 Marion Blake 及 Peter Harrison 在編輯上的幫忙。

　　Astam Books 的 Bob Wilson 幫我找到出版社，也不斷提供給我新書的訊息，謝謝他的幫助。

　　感謝醫學插畫家 Laura Maaske 為本書繪製大腦的插圖，她的作品品質良好，對我的計畫也很有貢獻。

　　John Giles 幫忙解釋第 6 章同形性的數學涵義，為我解決燃眉之急，謝謝你 John。

　　我想本於我們家庭的謙卑讓我把內人 Jan Angel 的名字排在最後，除此之外沒有其他理由。她是力量的泉源，第 9 章和 10 章失語症的治療程序，她的知識和經驗幫了大忙。她讀過本書草稿數遍，給了很好的意見。在完稿的階段，她豁免了我在廚房和花園的勞役，害她得加倍工作。全書撰寫期間，她一直給與愛的支持和鼓勵，對她的虧欠實在太多了。

　　以上所有的人都在百忙之餘付出心力，無怨無悔，我永遠心存感激。

　　對了，還有一件事，本書如有任何疏漏，都與他們無關，文責本人全部自己負責。

Ray Cattell

1999 年 5 月

譯者序

　　這是我翻譯的第3本教科書。說實在，有些慚愧，因為這「只是」翻譯的作品。（無法自行寫出一本教科書，就意謂著學術能力不足。）畢竟翻譯耗時費力，投資報酬率又低，也不能算是學術論著，所為何來哉？

　　其實，教學者需要教科書，大學部更是如此。但是好書難求，多數市面上的英文教科書不是太深、太窄、太厚、太舊，就是英文太難，學生程度不夠。新書資料多半是論文集，學生無法消化。有些教科書又像新聞集錦，這裡說一點，那裡講一些，看似豐富，卻缺乏統整性。這類教科書大多數都包裝精美，但卻難以引發學生的興趣。在大學教書的人恐怕都有同感。本書沒有這些弊病，為了方便本地學生和教師教學上的使用，所以就花些時間把它譯成中文了。

　　本書的主題是「兒童語言」、「語言發展」或「語言習得」，名稱繁多，但都是同一回事。當然同類的書五花八門，重點常有不同，光是涵蓋的年齡層就有很大的差異了。不過，通常這種書都把焦點放在 0-6 歲，甚至只是 0-3 歲，本書也不例外。本書的重點是「各家學說」，聽起來十分嚇人，好在本書作者 Ray Cattell 功力很深，使用淺白易懂的語言，把 3、40 年來的學術思想做了完整的導覽。完全沒有「太深、太窄、太厚、太舊」的毛病，甚至英文也不會太難；其實學生可以試著讀原文。相信讀者讀了之後會發現，「看似平凡卻奇絕」正是本書筆鋒奧妙之處。

　　本書可以作為心理、語言、聽語、教育、特教、幼教、幼保等科

系「語言發展」、「兒童發展」、「語言學習與教學」、「語言心理學」等課程的教科書或參考書。本書共有 16 章,很適合 2 個學分的科目。一個學期通常有 18 週,扣除期中、期末考,加上第 1 週的導引或期末的複習,大致符合 1 週 1 章的份量。當然,對某些班級來說,光憑本書份量也許太單薄,教授可以準備相關的讀物(如各章所引的文獻)或別的教科書,互相搭配。本書也可以作為研究生的參考讀物,甚至是考試用書。

譯者利用一年的寒、暑假勉力完成了這個繁瑣的工作,其中最大的困擾是專有名詞太多,有時不知中文譯法是否妥當。此外,本書的例句當然都是英文,例句通常不會太難,又多與文法的討論有關,因此就不予中譯了,此點請讀者見諒。

本書提的是人的思想,所以人名特別多。人名本來不必中譯,但顧及某些讀者不習慣英文人名,因此凡是出現率在 3、4 次以上的人名,多已中譯。翻譯的原則只能力求音近、易記而已。

翻譯要達到百分之百很難,譯者的原則是淺白暢達、大意相同即可。由於全書分別於不同的時期中密集譯成,筆觸或語氣容或有所誤差。錯誤疏漏之處,敬請讀者斧正。

最後,雖然本書的翻譯談不上什麼名山之作,但卻是在山明水秀的溫哥華完成的。每日由窗外望去只見綠草如茵,甚至是雪山白雲,令人心曠神怡。譯者最要感謝的就是提供這樣優美環境給我的小姨夫婦,他們在生活各方面的協助及包容,讓人衷心銘感,謝謝你們,HC、YC!當然,愛妻和兩兒的支持永遠是我最大的動力。

曾進興

2006 年 3 月 8 日

目錄

第 8 章　學習如何表意 ⋯⋯⋯⋯⋯⋯⋯ **125**

第 9 章　大腦的兩個半球（A） ⋯⋯⋯⋯ **149**

第 10 章　大腦的兩個半球（B） ⋯⋯⋯⋯ **165**

雙詞成句

一、開場白

21 個月前朋友生了寶寶，之後他們偶爾會來我家聚聚。他們 *1*
住在別的城市，總是過了幾個月才來。每次再見到這個小寶寶時，
總會看到他們有了明顯的改變。

雖然我們之前不是沒看過寶寶的成長，但是看著他長大還是覺
得既神奇又新鮮。就算不新鮮，也夠令人讚嘆不已！

一開始他活像個乾巴巴的皺梅子，儘管沒什麼特殊的社交技
巧，但他卻奪走了眾人的目光。下次當他再出現時，看他笑得多燦
爛啊！你根本不介意他還做了什麼好事。

我們最初認識時，他才正要開始學習語言，那真奇妙！不過也
可以說是十分平常。除非有什麼不對勁，要不然天底下所有的嬰兒
早晚都會開始學說話，而他們也總不會讓我們失望的。

他們通常會在 1 歲左右開始說話。沒錯，有些寶寶 6 個月大就
會了，而有些卻遲遲等到 2 歲才開始，但平均來說是 1 歲，而事實
上嬰兒大多還算準時。焦急的父母、親戚總迫不及待想聽到寶寶說
出滿口流利的話，對他們來說，從寶寶出生到吐出第一個字，其間 *2*
漫長的等待可真是難捱呀！

所以呢，只要孩子到了 1 歲還沒開始說話，父母就會著急不
已，特別是又聽說隔壁鄰居的寶寶 6 個月就會說話了。不過他們儘

可放輕鬆，大概吧！雖然早說話的孩子不會變呆，但慢說話的孩子卻也未必會變笨。事實上，有些名人小時候說話慢，長大了卻是舌燦蓮花。也許你的孩子精得很，他會用心聽，察言觀色，先看看這一家子究竟是何等人物，才決定要說出什麼。

二、哭聲

　　雖然第一個字要在 1 歲左右才出現，但並不表示這段期間什麼也沒發生。

　　《聖經・約翰福音》開頭就說：「字一開始就出現了」（In the beginning was the word; 譯者按：通行的翻譯是：「太初有道」），不過就嬰兒而言，應該說：「哭聲一開始就出現了」。寶寶一出生就哭，而好一陣子這都還是他最主要的聲音傑作呢。

　　不過想想，會哭對寶寶來說還真重要呢。剛出生時他們能做的動作很有限，連躺的姿勢自己也沒法子變換，人家怎麼擺，他就得怎麼依。如果有什麼不舒服，他什麼也不能做，還好他能哭，就能抱怨他的不舒服。只要運氣夠好（他肯定是有的），總有大人會過來把他抱起，然後看看哪裡不對勁，找出原因，加以補救。然後，他又用另一個姿勢被放了下來。所以打從一開始，嬰兒就對他的世界施展了一些影響力（或者說是控制力）。這時已經開始了聲音的溝通行為！

　　除了不舒服不僅來自睡姿不對，一個放錯位置的別針，或是腸胃不適，都有可能。孩子會哭也有可能是身體不舒服。

　　身體不適和疼痛以外，嬰兒會哭還有一個理由，就是肚子餓了。如果找不出寶寶哪裡不舒服，讓他飽食一頓後通常就可使大家耳根清淨些。和電話鈴聲一樣，寶寶的哭聲叫人不想理睬也難，這也是寶寶生存的利器。他們真的是在玩搏命遊戲，所以說，哭實在是輕忽不得。有證據說，產婦可以聽出隔壁的哭聲哪個是自己的寶

寶的。

正常的哭聲是一連串各長約一秒鐘的抽搐聲，斷斷續續。每抽一聲，音調就下滑了一些。聽說哭聲聽起來就像母音〔a〕（ㄚ），實情大抵也是如此。哭聲也會改變，就看寶寶賣不賣力；如果哭了沒人理，那麼他可是會死纏爛打喔！

一個好問題是：說不同語言的寶寶，哭聲也會不同嗎？答案似乎是否定的。

然而，哭對孩子學語言是有幫助的，例如，時斷時續的節奏，還有聲帶振動所造成的音高變化，都是語言的前奏。（聲帶振動頻率越高，音調也越高）。

有人觀察到，嬰兒哭聲裡先高後低的調子，就像大人說一個直述句的句調，而有時哭聲尾音揚起就像問話的調型一般。要知道怎麼測量有點難，不過，句調確實在所有成人的語言裡都十分重要，而所有寶寶都有調整音高的能力。如果那個寶寶沒有了音高的變化，那他恐怕是出了什麼身體上的毛病。

三、咕咕聲

到了 2 個月時，多數的嬰兒開始發出咕咕聲（cooing），先有聽起來像子音的各種聲音，從口腔後部發出來的，接著來的是像母音的聲音。大概 3 個月左右，他開始產生連串的咕咕聲，每串長度不等，有的甚至可以長達一打以上。咕咕聲不像哭聲那樣煩悶，反倒像是一件自娛的事。接下來大約在 4 個月左右，寶寶會發出咯咯的笑聲。

4

在咕咕作響時，唇舌等口部構造已經作出類似說話的動作了，發出的聲音確實也像說話聲音，然而這些還不算是他家人說的語言裡的語音。

5 到 8 個月之間，寶寶開始探索自己可以發出什麼聲音，而且

還樂此不疲。他會玩弄不同的子音和母音，其實是各種子音和母音，例如，鼻音啦、擦音啦，反正都以 CV（子音＋母音）的音節形式出現。

　　一個有趣的問題是，子音和母音是否隨著某個一定的順序發展出來？不過，沒有有力的證據顯示如此。Lise Menn 與 Carol Stoel-Gammon（1995: 347）認為，孩子什麼時候會發出哪個（或哪種）語音，其實因人而異，且每個人的次序也都不同。

　　寶寶怎麼獲得說話裡的聲音，有著很大的個別差異。

四、牙牙學語

　　一旦各種聲音出現（大約是 8 個月）之後，咕咕聲就慢慢變成了牙牙語（babbling），這時已經有了語音的組型了，特別是音的重複，如 babababa、gagagaga。這些組型會愈來愈複雜，愈來愈多樣。牙牙語會持續到 1 歲甚至 18 個月，即使到了開始說話時也還會繼續。

五、最初的語詞

　　最奇妙的一刻在孩子開金口說出第一個語詞（word） 時就悄然到來。不過事情也不一定那麼黑白分明，你常弄不清那是不是一個詞，或者只是個牙語。聽起來可能一點也不像大人的字。不過要是寶寶總在相同的情形下發出相同的聲音，你儘可假定他確實想說出一個詞來。許多寶寶說出的第一個詞聽起來就像「媽媽」，可能他們嘴唇常作吸吮的動作，也不無助益吧！只要抿住雙唇然後張開，加上聲帶振動，不就是「媽媽」的音了嗎？母親給這麼個突來的驚喜，不都以微笑回報嗎？這樣一來，孩子下次很快又會來這麼一下了。

　　聽到孩子的第一個詞不是媽媽，有人會嚇了一大跳。我的一個小孩說出的第一個詞是 "light"（燈），他念的是/la:/。特別在他哭鬧時，我常抱著他晃，我會引他看四周的東西來分散他的注意。有一次，就指著燈的開關要他看。不知是不是下一次，他就想用手去碰開關，之後每次經過燈的開關時，我都會說「燈」，然後他就更想去碰它，最後就冒出了/la:/，連上揚的音調都學我。

　　當然沒有哪個大人會把 "light" 說成/la:/，不過情境的證據太明顯了，孩子的確是想說出這個字。特別是這樣的事件一再重複的發生。可憐的媽媽！

　　最初的少數語詞或許是這樣學到的，跟著大人仿說。或許有好幾十個吧！然而，我在第 3 章會提到，這不是孩子學會語詞的主要方法，而且這也不是學會把字詞串連成合乎文法結構的方法。

　　直到了 18 月左右時，新詞增加的速度還很慢，也許這是因為孩子還處於模仿期吧！他還沒進入主要的單詞學習階段，在第 2 章會更詳細的說明。

　　在這個慢速的單詞學習階段裡，孩子擁有的「詞庫」似乎隨時不同，新詞固然一直在增加，有些舊有的詞卻好像弄丟了，好一陣子才又會再冒出來。這時孩子大約可以累積到 50 個詞左右，不過，他們念出的字音卻不見得和大人的相同。

　　然後，發生了很大的變化。之前，語言學家或父母可以輕鬆的把所聽到詞記在一張清單裡，但現在短短的時間裡，新詞一下增加了那麼多，根本來不及記。我們把這種現象叫「詞彙爆炸」（vocabulary explosion），不過這個形容不能反映事實的全貌──畢竟語言的其他部分也發生了「爆炸」！

6

　　「詞彙爆炸」不久，緊跟著的是雙詞短句（two-word utterances）的出現，譬如，shoe off, light off, cup hot, more juice, Daddy go 等等，這點我們隨後還會再談。

　　有時，大人以為孩子已經進入了雙詞短句的階段，但其實還沒

有。例如，會寫字的大人以為 All gone 是 2 個詞，但對孩子來說，它只是一個詞——allgone。如果孩子會把字串中的一部分替換掉，那麼我們才會說他的 allgone 確實是 2 個詞。譬如，孩子不只會說 all gone，還會說 car gone, daddy gone, 等等，這時我們才敢說孩子已經把 all gone 分析成 2 個詞，特別是他也在別的場合使用了 all。這樣說來，Byebye 是一個詞，只是內部同樣音節的重複而已。

雙詞短句出現了之後，就開始有了句法（文法）結構。我得解釋一下為何「句法」（syntax）後頭要擺個「文法」（grammar）在括弧裡。「文法」一詞對不同的語言學家來說具有不同的意義，有一派用它來指稱語言描寫的所有層面，包括語音學（研究說話聲音）、語意學（研究意義）、句法學（研究句子當中各個詞語之間的關係）。不過較傳統的語言學家卻把它用來專指句法學。本書將採納前一派的意見，也就是廣義的用法，不過我仍會隨時叮嚀你這個用法。

兩個詞兜在一起以後，才有句法可言，畢竟句法談的是詞語之間的關係。

一些語言學家不喜歡這個見解，他們認為單詞句事實上就是「完形句」（holophrasic sentence），意思是，單詞足以代表一個完整的句子。這派的極端擁護者主張，孩子內心其實已有整個句子完整的表徵，可惜只能說出一個單詞而已。隨著成長，他們就能把空缺補上。

主張單詞句是完形句的人引述了一些證據。頭一個證據是，同個單詞被孩子在不同的場合賦予不同的重音和語調，這就不免讓人聯想到，其實它們的意義是隨情境而變的。研究發現，聽孩子單詞句的大人可以很一致地為它們歸類，根據語調可以猜出意義，也可分出這是直述句、疑問句還是加重句。例如，"car" 如果語調上揚的話可能表示 "Is this a car?"；如果語調下滑，那就是 "This is a car"。一個詞就用來代表好幾個不同的完整的意義，不過就算是

這樣，這也不盡然意謂一個詞就具有不同句法的表徵。

　　單詞可以是完形句的另一個證據是，孩子經常用手勢來強化單詞的意思，例如，說 "up" 時還高舉著雙手，就表示 "Will you lift me up?"（抱我起來好嗎）。

　　McNeill（1970: 24）引述了 Patricia Greenfield 的研究，後者把她女兒早期說的話記載在日誌裡。蘿倫 14 個月又 20 天大時，看到面前熱的東西就說 "Ha!"。一個月後，她也對著空咖啡杯和剛關掉的爐子說 "Ha!"。這表示她並不只是用 "Ha!" 來表示熱（hot）的東西，也用來指稱可能是熱的東西；意思是她用這個字來表明某種性質。[2]

　　14 個月又 28 天大時，蘿倫手指著祖母的冰箱上面說 "Nana!"，當時哪裡沒有香蕉（banana），不過在她家，她媽媽是把香蕉擺在冰箱上。McNeill（1970: 24）認為 "Nana!" 並不只是用來當名稱的標示而已，同時也用來指示場所。然而，Greenfield 自己並不同意 McNeill 的分析，她說（Greenfield & Smith, 1976: 214）：

　　　　即便我們同意孩子的確把香蕉和平常擺置的地點連結在一
　　　　起，"nana" 一詞指的仍是東西而非場所。因此，我們可
　　　　以把這個短句歸類為「與另一物（場所）相關的某物」

　　Bloom（1973: 94）問道：蘿倫是否可能因為連結的關係而用 "nana" 來標示冰箱，因為她還不知道 refrigerator（冰箱）這個詞？然而，偶爾她也用這個詞來標示不在冰箱上頭的香蕉。再者，就如 Greenfield 與 Smith（1976: 214）所說的，蘿倫那時眼睛並不是看著冰箱，而是看著上面。這樣一來，她指的可能是東西平常放的位置。

　　Bloom（1973: 61）反對單詞句是完形句的說法，他說：

8

單詞句不是句子，孩子在第 2 年前半段時不會使用短語和句子，他們一次只說一個單詞。當孩子連著說出幾個單詞句表明單一的事件時，顯示孩子明白經驗中不同層面之間的關係，但〔此時〕孩子還不算擁有句法能力。

現在你該明白分析孩子的單詞句有多困難了吧！不只不簡單，甚至可說是十分複雜，畢竟語言學家還得應用一些想像力來搞懂孩子在做些什麼。

認為兒童語言比成人語言容易分析的想法很合理，或許學會分析兒童「簡單的」語言之後，才有能力區分析較複雜的成人語言。然而，事實並不是這麼一回事。著名的語言學家杭士基（Chomsky, 1964a: 35）曾經說過：「如果你想為兒童語言來寫文法，你立刻就會遇到成人語言文法中未解決的問題，而且還是數倍於此。」

六、雙詞句

大約到了 18 個月左右（只是約數，因有個別差異），兒童開始說出雙詞句。

起初他們似乎說的是 2 個接連著的單詞句，如同 Lois Bloom（1973: 41）所說的：

每個單獨說出的單詞句都可憑著獨特的韻律型態來判別，不可能和其他種句子混淆。每個單詞的調子都是下滑的，都具有差不多的重音，它們中間還有清楚的停頓區隔，所以句子的邊界其實是很清楚的。

9   不過，不是每個單詞句的調子都是下滑的，有時調型是上升的，和問句的調子一樣，如：light↗ off↗。

　　不過暫且不理細節，單獨的 2 個單詞句很快就會合在一起，而且還套上了同個句子才會有的調型。代表的例子有：Mummy shoe（媽媽鞋）, allgone milk（牛奶沒了）, Daddy go（爸爸走）等。這些例子沒什麼語形變化（inflections）（文法詞綴；grammatical endings），亦即，沒有多數、格式（genitive）、時態等變化。也缺少所謂的「功能詞」（function words）（虛詞）——文法的黏著劑，如介係詞（preposition）、連接詞（conjunctions）、冠詞（determiners）等。[3]

　　你一定會想，兒童的雙詞句沒什麼結構可言，分析起來大概不難。錯了，看不出有什麼結構正是它的問題，底層的複雜性可別被簡單的表面給矇騙了。無論如何，還沒有人能提出個令人滿意的說法來解釋雙詞句呢！

　　布萊恩（Braine, 1963b）研究 3 個兒童的雙詞句，提出了一套分析的方法（Braine, 1963a）。布萊恩說，少數的詞固定出現在雙詞句中某個位置，例如，在 see sock （看襪子）, see boy （看男生）, see light（看燈）等雙詞句中第一個位置都是同一個詞，這樣的清單還可以加長。再舉一個例子：allgone man （沒了人）, allgone train （沒了火車）, allgone flower （沒了花）等等。布萊恩用「樞紐詞」（pivot class）來稱呼像 see 和 allgone 這類占據固定位置的詞。

　　也有固定占據雙詞句第二個位置的詞，例如，sock off（脫襪子）, shoe off（脫鞋子）, pants off（脫褲子）等句中的 off；再如 Daddy come（爸爸來）, boy come（男生來）, Mummy come（媽媽來）等句中的 come。也就是說，off 和 come 是第二個位置的樞紐詞。為了區分起見，布萊恩把 see 和 allgone 這種詞叫做 Class P1，而把 off 和 come 這種詞叫做 Class P2。

　　可是雙詞句裡頭還有其他的詞——那些有時出現在頭一個位置，有時在第二個位置的詞，可怎麼辦？例如，seek sock 和 sock off 裡的 sock。布萊恩說這是屬於一種「開放」詞（open class），叫做 Class X；而 Class P1 和 Class P2 則是屬於「封閉」詞（closed class）。

　　語言學家用「開放」類來指稱任何對新成員開放的文法類別。在成人語言裡頭，名詞、動詞、形容詞都屬於這一類，因為一直不斷有新詞加入它們，有時又有舊詞消失。青少年用的俚語就不斷有新的名詞、動詞和形容詞加入，等流行一陣子之後，就消逝得無影無蹤。

　　相反地，「封閉」類從來就不吸收新成員，如介係詞、連接詞、冠詞等。英語已經有很久沒有新的介係詞了，而青少年的俚語也很少創新這種詞。

　　這就是為什麼布萊恩說 Class X 對新成員開放而 Class P1 和 Class P2 則相當固定，雖說有時會有一些新增詞。開放類很廣，差不多包括所有兒童的用語。這些詞的使用頻率少於樞紐詞。

　　布萊恩的說法是，雙詞句中不同詞類的組合方式有好幾種，有些組合是不存在的。會出現的有：P1 + X; X + P2; X; X + X; 不會出現的有：*X + P1; *P2 + X; *P; *P1 + P2; *P2 + P1。（*是語言學的記號，表示不合文法。）

　　如果樞紐文法行得通，那會是一件美事，畢竟我們就會有一套描寫雙詞句的文法系統，或許也可用來對付日後的發展。然而事與願違，樞紐文法終究只是曇花一現。

　　不久，反對樞紐文法的證據就紛紛出現了。Lois Bloom（1970）發現，她所研究的三個孩子的雙詞句與樞紐文法的預測不符。類似的證據可以參見 Brown（1970, 1973）、Bowerman（1973）與 Slobin（1971）的著作。

　　固然雙詞句某些部分符合樞紐文法，但不符規則的例外太多，讓人對它失去信心。樞紐詞不盡然位置固定，也未必都不和其他樞紐詞合組雙詞句，更不能說很難獨立成單詞句。

　　現在，我們再度印證了兒童早期語句的分析大不易之說。你或 *11*
許曾經認為兒語何難之有，但本章應已讓你充分見識到「看似平常
卻艱難」的道理了。

註釋

1. 英文裡的咕咕聲 "coo" 聽起來接近 "goo"，兩者的字首都是舌
根音，差別只是前者聲帶不振動，後者會振動。
2. 不過 Greenfield 不贊成 McNeilll 的說法，請參見 Greenfield 與
Smith（1976: 130）。
3. 以前用「電報式」來說明這種說話的方式，但隨著電報的絕跡，
我們應該找出一種新的說法。「傳真式」或「電子郵件式」恐怕
都難以捕捉其精髓，「頭版標題式」或許意思較接近，但仍有差
距。

第  章

開竅了

一、加速進展

18 個月′左右時所發生的「詞彙爆炸」（vocabulary explo-
sion），緊跟著而來的雙詞句及其他種種跡象顯示，兒童在第 2 年
下半及第 3 年初時學習語言的速度越來越快。本章將帶你去看這段
時期裡孩子是如何「開竅」了。

12

二、多詞句

孩子大多會經歷過一個所謂雙詞句的階段，但卻很難也沒什麼
道理去分出有什麼三詞句、四詞句等階段，所以我們只好籠統的說
之後就是「多詞句」（multiple-word utterances）時期。

前面我們知道，即使是雙詞句也不易分析，而多詞句又更加複
雜了，不只是三、四倍的難，而是三、四百倍的難。二、三十年前
一些優秀的語言學家想寫出多詞句的文法，卻不怎麼成功。這段期
間進步固然是有，但問題還是一大籮筐。

小小孩的文法就像堅果的殼那般難以敲碎，最叫人吃驚的是，
孩子不斷進步，說話的文法越來越複雜，也看不出他們費了什麼
勁。有人說，多數孩子到了 4 歲就已經掌握了文法的精髓。當然，
他們還沒完成語言的學習，而且還有許多複雜的文法得花他們更長

13　的時間來學會〔或許要到 10 歲，見（Carol Chomsky, 1969）〕。不過，4 歲前後，很多孩子都已經懂得被動句的結構，如 "Daddy was stopped by a policeman"（爸爸被警察攔了下來），甚至複雜的問句，如："Who was Daddy with?"（爸爸跟誰在一起）、"What are you doing that for?"（你幹嘛做那個？）或 "What did you tell me to do?"（你要我做什麼？）。問題是，他們年紀不大，又是如何辦到的？說真的，他們真的是「開竅了」。

　　很多語言學家很想搞懂，從雙詞句進步到複雜的長句，到底孩子發生了什麼事？討論最多的問題是：他們如何學會動詞體系？這個問題牽涉到好幾道連鎖的謎題。

　　時態（tense）是一個謎，和很多語言一樣，英語區分現在式和過去式，就如（1a）和（1b）：

1a　Bob owns a Ferrari.

1b　Bob owned a Suzuki.

　　（1a）說的是「現在」，（1b）講的是「從前」。英語使用者知道 own 後頭的-s 代表「現在」，而動詞後的-ed 則標示了「過去」。然而事情絕非如此單純，請看（2a）和（2b）：

2a　My trip starts on Sunday.

2b　So he asks me, "What do you think you're doing?"

　　（2a）的句子說的是「未來的事」，但卻在 start 後面用現在式的詞綴 -s；而（2b）講的是「過去的事情」，卻也在 ask 後面加上現在式的詞綴 -s。後面的例子用的就是所謂「歷史的」（historic）或「敘事的」（narrative）現在，是說故事時常用的手法。有些人反對這個用法，但純粹出於社會性的動機，與語言無關。這個現在式的用法讓故事更具臨場感，更生動活潑。

14　　如果所謂的「現在式」（present tense）不僅可以表示現在，也能指示過去和未來，那麼，時態就不可能等同於時間。嚴格說來，starts 和 started 是同個動詞的不同形式，在時間方面的解讀要

視情境而定。asks 和 asked 也是如此。因此，時態是動詞形式的問題，而不是意義的問題。當然，「現在」的時態確實和「現在」的時間標示之間有很強的關連。

如你所知，「過去」的時態常用詞綴 -ed 表示，但有時它又用來表示未來，例如：

3　If you called in tomorrow afternoon, I could give it to you then.

假如我們把 called 視為動詞的「過去式」（past tense），詞綴 -ed 標明了那種特定的形式。英語對這個形式有另一個說法，叫做 preterit tense，比較不易引起（英語讀者的）混淆。

這是英語兒童在學說話時所要精熟的一部分，只是事情沒那麼簡單。動詞的時態變化並不完全一致，有些動詞如 go, get, come 和 cut 等的過去式並不加上詞綴 -ed，而是變成 went, got, came, cut，這些就是「不規則」動詞，有別於加 -ed 的「規則」動詞。不規則動詞的過去式無法從現在式來預測，必須一個一個學，這也是英語兒童必須學會的。然而，他們卻在 4 歲前就自己學會了。就算父母有心幫忙，孩子也不會聽，反正他們有本事自己去學。

有時小小孩會在不規則動詞後面加上詞綴，如 Daddy goed/comed，這表示他們知道只要加上了詞綴後就變成了過去式。不過他們遲早也會自我糾正為 went 和 came，那又意謂著他們理解到動詞也有不規則的例子。

故事還沒完哩，到現在我談的都是簡單動詞，然而，也有的動詞滿複雜的，還得配合上助動詞 be, have, do 呢。

4a　Scott is going to bed.

4b　The baby has finished her food.

4c　Mummy has been combing her hair.

助動詞你可不能隨意亂放，（5）的句子都有問題。

5　*Scott has going to bed.

　　*The baby has finishing her food.

15

　　　　*Mummy is been combing her hair.

　　（＊代表句子的結構不好。）而這些複雜的組合方式兒童得都學到。

　　這段時期孩子該學的還多得很，其中之一就是學會造出否定句：

　　6a　Scott isn't going to bed.

　　6b　The baby hasn't finished her food.

　　6c　Mummy hasn't been combing her hair.

　　這或許還不夠困難，一旦孩子了解到助動詞（is, has 等）的存在，這只是把詞綴 -n't（或 not）附在後面即可。但起初他們還沒學會助動詞，即使到了學會時，還有另一個問題。你要怎樣把下個句子改成否定句呢？

　　7　The car scratched the baby.

　　要是你的母語是英語，或者你說一口流利的英語，那麼你知道答案是：

　　8　The car didn't scratch the baby.

　　但站在寶寶的立場思考，他怎麼知道答案呢？真的很難，不知從何冒出個助動詞 do 的變體，動詞 scratch 的詞綴不見了，反倒是多了個 do 不規則的過去式，然後又在助動詞後面掛上否定的元素 -n't。你看這裡有多少是小小孩得學會，而且還沒有什麼人會去教他呢。問父母他們也說不上他們是如何教的。

　　很多學者試著還原這個歷程，Klima 與 Belugi-Klima（1966），以及白露吉（Bellugi, 1967）的報告說，他們所研究的三個孩子在學習否定句的過程似乎經歷了三個階段。研究開始時這些孩子分別是 18、26、27 個月，結束時是 26 個月、4.0 歲、4.0 歲。三個階段是：

　　1.否定詞放在句子主要成分的外面：No the sun shining; no fall! 這時，還沒學會助動詞，所以見不到它們的蹤影。

2. 上個階段的句子還會出現，不過也有類似下面的句子了：I can't catch you; I don't like him; He not little, he big; He no bite you. 亦即，只用了兩個否定形式的助動詞：can't 和 don't。 至於 not 也會在句子裡出現，偶爾也看到 no。

3. 已經學會了所有的助動詞，並且放置在句中的主要成分內。和成人一樣，兒童這時可以把否定元素 not 或 -n't 直接附加在助動詞之後。因此，否定元素的發展的方向似乎是從主要句子成分之外進展到之內，然後附在助動詞上。

然而 Lois Bloom（1991: 144-145）對於白露吉（Bellugi, 1967）的研究卻有不同的看法。她說，白露吉和當年多數的研究者一樣，都忽略了意義的作用，[2] 根本不從語境來了解句子的意義，只是很表面地去看字詞的形式。Bloom 的說法是，白露吉「沒有作關鍵的分析」。不過，後來 Peter 與 Jill de Villiers（1979）作了，卻發現這些句子中很少有主詞的，也就是說，它們少了關鍵的標記，因此難以判定元素到底在主要句子成分之外，抑或之內。de Villiers 夫婦也記錄了自己的兒子在 23-29 個月大時的語言，這個孩子句子裡有主詞，例如，no mommy do it，語境分析的結果顯示句子的意思是："[I] no [want] Mommy do it"。這表示，"no" 所針對的不是 Mommy do it 而是沒有說出來的動詞（或其意義）want。此外，他們也發現，除了一個句子外，那些表面上否定元素看似在主成分外的句子都屬於這一類。這裡又是兒語分析大不易的一個明證。

這個時期兒童學會的另一個重要的文法結構是問句。這兒我不想談細節，只想告訴你，英語有兩類主要的問句："yes-no" 問句和 "Wh" 問句。"yes-no" 問句就是期待答案為 "Yes" 或 "No" 的問句，如：

9a　Have you asked her yet?

9b　Is John going to the party?

9c　Did you finish that game?

　　和否定句一樣，問句涉及助動詞的使用，包括虛助動詞（dummy auxiliary）do，但還得把主詞和第一個助動詞的詞序顛倒過來，試比較 have you 和 you have。

　　"Yes-no" 問句比 "Wh" 問句來得容易，後者的開頭都是所謂 "Wh" 字，如：when, where, why 等。雖然開頭不同，但 how 也被視為 "Wh" 字，因為作用相同。

10a　　Where has Daddy gone?

10b　　When will Daddy come?

10c　　How do you make those?

　　剛剛說 "yes-no" 問句比 "Wh" 問句來得容易，但是 "yes-no" 問句還是比簡單否定句複雜。

　　4 歲前孩子還學到許多其他句法（文法）結構，不過，我想我說的已經足以讓你明白此時孩子開竅的原因。

三、詞彙的學習

　　孩子不只在句子結構的學習上開竅，在詞彙方面的進展更是可觀。

　　寶寶面臨的問題是連續的話語當中，詞和詞之間沒有「空格」，所以沒有任何標記顯示一個詞的開頭和結尾。有些讀者或許會感到驚訝，因為我們對書面的文字太習慣了，以至於我們也假定話語中間的詞語都有間隙分隔。不過只要仔細聽，你就會發現，原來連續的話語裡的單詞之間沒有空格。當然，說話者停頓時沒有聲音，但不是那麼規律，也不落在每兩個詞的中間。因此，孩子首先必須去找出每個單詞的邊界來。

　　媽媽和周圍的人有時會一個詞一個詞單獨地說出，讓詞的邊界更凸顯，這樣或許有助於解決詞界不明的問題，但是否真的如此，仍不確定。（參見第 7 章有關「媽媽經」的討論）。

　　但是即便孩子認知到個別單詞的存在，他們仍須學會詞的意義
──單獨時的意義，還有和別的詞語連著出現時綜合的意義。

　　18 個月到 2 歲之前，孩子詞彙學習的速度較慢，之後就一路
急起直追了。Susan Carey（1978: 264）在一篇重要的論文中說了這
一段大膽的話：[3]

> 普通孩子到了 6 歲就已經學到了 14,000 個單詞，假定 18
> 個月之前詞彙學得不多，算起來每天平均學到 9 個新詞，
> 差不多醒著的時候一個鐘頭學一個單詞。

　　Carey 在註腳中說：「14,000 的估計值包括了衍生詞（derived
words）和屈折詞（inflected words），並以理解詞彙來算的。假使
只算字根詞，這個數字會降為 8,000，也就是差不多一天 5 個字根
詞[4]（root words）。」即使如此，這個數字也夠驚人了，從此不斷
有人引用。多數研究者覺得這個數字很可靠。

　　Carey 自己也說，這簡直是個謎，要知道學會一個詞等於是要
儲存大量的訊息，底下只是其中一部分：

- 知道這是一個詞。成人在學會一個新詞時，也是先知道它是一個
  詞，之後才學到其他有關的訊息。
- 知道它所屬的詞類（如名詞、動詞等）。
- 知道它所屬的次類別（subclass; 如可數名詞、不及物動詞等）。
- 知道它的語意特性，例如，動詞 drink 的語意特性表示有個施事
  者（actor; 喝東西的人或動物），另一個語意特性是它的受詞是
  液體的東西。
- 知道這個詞在孩子的概念系統（system of concepts）中的地位，
  例如，單詞 stone 就可以和孩子已有的「物質」概念結合。
- 知道它和孩子已學會的其他單詞間的關係，例如，bigger 和 big
  有關，am 和 be 有關，give 又和 have 有關。

19

這張清單還沒完哩。當然，兒童不是立刻全部學會，而是多年學習之後才會累積那麼多的資訊的。無論如何，他們學習詞彙的速度已經夠快了，也夠他們了解一般的意義了。

儘管語言學家和心理學家⁵多年孜孜不倦的努力，寶寶如何破解詞語的密碼仍未真相大白。假如你曾收聽過陌生的外語廣播，你就會體會到孩子在不認識任何詞語的情形下聽人說話會有多辛苦。旁觀者或許會認為，當寶寶聽到別人嘴裡吐出話來時，首先須先體認到那不是噪音而是有意義的話。這對我們來說不成問題，因為我們知道陌生的外語還是有意義的。我們假定那是有意義的，只差不曉得它的密碼涵義。

大人和孩子說話時會注視著他們，會出笑聲，會做出親暱的肢體動作，也會玩說話遊戲，譬如重複些簡單的聲音（Boo!）來引起孩子的注意。同時，大人會做些孩子很難不理會的動作，譬如，突然把遮住臉的雙手移開，或把頭擠進寶寶的肚子上，然後在他的腋下搔癢。無論你用什麼方式，你總是在向小寶寶說些什麼。所以，孩子會知道大人口中跑出的噪音是有意義的，一點都不奇怪。

不過要搞懂大人嘴裡說的意義是什麼就不是那麼容易了，這得花多一些時間。到了第 14 章，我們會再進一步來討論詞彙學習的問題。

四、語言裡的聲音

孩子學習詞語的同時，他也正在學習語音，而這得花更多的時間才能完全掌握。我的目標是讓你了解，關於語音和背後的組織原理，孩子究竟學到了什麼。要了解語音的話，就要設法不受拼音字母的影響，而盡量從聽覺的角度來想（譯者按：這是針對英語讀者來說的，意謂拼字不等於說話的語音）。

先說子音，孩子得去克服它的複雜性，才能熟練地使用和理解

自己的母語。子音是肺部呼出的氣流在口中受到阻擋或壓擠所形成的音，阻擋或壓擠的方式或部位不同，就造成不一樣的子音。念 tea 的首音時，舌尖會抵住牙齦的背部；念 pet 的首音時，雙唇會暫時緊閉；念 call 的首音時，舌根換頂住軟顎。這些剛好是三個不同的阻擋部位。

上面每個例子當中，氣流先被擋住，之後才瞬間釋出，這三個音就（"p"，"t"，"k"）因氣被短暫塞住，故稱「塞音」。有時也稱為「爆破音」，因為氣在釋放時就像個小型的爆破。這些子音在發出時有股氣跑出來，也稱為「送氣音」。

為了精確地描述語音，語言學家使用一些語音的字母來標記，其中最有名的是「國際音標」（International Phonetic Alphabet，簡稱 IPA）。美國人還使用其他注音的系統。在此我無意深入語音學的細節，甚至教你音標的使用，我只交代和本文有關的音標知識。

用音標表示 "call" 字首時，是[k]而非[c]。英語中 "c" 這個字母有兩種發音，在 "call" 和 "receive" 中的 "c" 分別念作[k]和[s]。

21

請注意，pet 字尾[t]的和 tea 字頭的[t]發音不同，前者不送氣，後者送氣，前者甚至在舌尖頂住上齒齦背之後可以不釋放，即無爆破。

類似的對比也出現在 pet 字頭[p]的和 stop 字尾的[p]上，前者有爆破，而後者無。同理，call 字頭的[k]有爆破，back 字尾的[k]則否。雖然我一直都用同樣的符號[p]、[t]、[k]在標示不同位置（字頭和字尾）的聲音，我的說法也暗示了每一對的兩個音其實不完全相同，發音的方法不同，聽起來也有差別。哪有可能同時是相同的音，又是不同的音呢？這是一個很有意義的矛盾，我們稍後會討論到。

現在我們已經討論了好多簡單的事實，這些都是孩子把話說得流利所必備的。假如他們要學會怎麼使用和了解字詞，這些阻塞方

法不同的子音在聲音上面的差異，他們就必須能夠加以分辨出來。而這種能力絕非可有可無的。譬如，tap 和 cap，cap 和 cat，pick 和 kick [6] 等字對之間聲音的差異，他們就必須能夠分清楚，才談得上了解和能夠使用這些字。

　　有些子音在發音時氣流不似塞音那樣完全阻擋，口腔只留一狹小的縫隙，讓氣流通過時產生摩擦的聲音，故名之為擦音。譬如，fat 字頭的[f]就是上齒和下唇輕微接觸的聲音，而 thin 字頭的[θ]則是舌尖在上下齒之間形成的聲音。

22　　接著，還有鼻音。抿住雙唇，讓氣流只從鼻腔通過，就是[m]；舌尖頂住上齒槽讓氣流只從鼻腔通過，就是[n]；至於[ŋ]則是 sing 最後一個音，拼字時是兩個字母，發音時是一個音，是舌根頂住軟顎時形成的鼻音。

　　其實還有許多子音，如[l], [w], [s], [r]等，都代表著不同的構音方式，各有不同操縱氣流的方式，在此不一一贅述。至少你已經明白有多少精密的子音等著寶寶去精熟。

　　在發出子音時，阻擋氣流的方式並非唯一的因素，有一些成對的聲音之間就是靠著喉部是否發聲（聲帶振動）來作區別的，例如，tip 的[t]喉部不發聲（即無聲子音或清音）而 dip 的[d]喉部要發聲（即有聲子音或濁音）。[7]

　　如果你單獨發出這些子音，你或許會覺得它們都是有聲的，原因是這樣的：你單獨念 "t" 時，你可能念出[t]來，亦即你念的是一個子音加上一個母音，因為只念[t]可能聽不清楚。

　　前面的 tip 和 dip，其第二個音都是母音，而母音都是有聲的。*23*　念 tip 時，念完 t 時，喉部才發聲，但在念 dip 時，一開頭喉部就已經發聲了。

　　有聲和無聲子音的對比，同樣也出現在這些字對的字首：pea 和 bee，fat 和 vat，cot 和 got，Sue 和 zoo，thin 和 this。用音標表示這些對比就是:[p]對[b]，[f]對[v]，[k]對[g]，[s]對[z]，[θ]對[ð]。

前者無聲，後者有聲，兩者構音方式相同，差別只是喉部是否發聲而已。

到目前為止母音我提的不多，不過它和子音一樣重要。說到拼字時，我們常說英語有五個母音：a, e, i, o, u，但從語音學的角度來說，母音不止於此。試看這些字當中的母音：bat, men, tip, key, bird, caught, path, hot，個個不同。美國人說的 hot 和英國人說的 heart 聽起來很像，但美國人說的 heart 又和英國人說的 heart 不同，因為後者不發 "r" 的音。

母音之餘，還有雙母音，先念出一個母音然後舌頭滑動到另一個母音，例如，boy 這個字念完[b]之後，舌頭先從 [ɔ]（caught 當中的母音）的位置滑到[ɪ]的位置。雙母音的例子還有：day, night, tour, here, there, go 等。母音有時在英語的某些方言中會念成雙母音，例如，「有教養的」澳洲英語把 Tea for two 念作[ti fə tu]，但在「大眾的」澳洲英語裡就成了[təɪ fə təu]。可以想見雙母音對小寶寶的語言學習會是一個難關。

有一個重要的母音我還沒說到，那就是 astonished 字頭的母音。通常管它叫「中性」（neutral）母音，或許是因為在英語裡，它往往可以替代任何的母音。

要搞懂我的意思，就必須先談輕重音（stress）。輕重音是我們說一個音節時語氣的輕重，可以很輕、也可以很重。重音表現在響度（loudness）、音長（duration）、音調（intonation）等方面。試比較 buck 和 bucket，前者是單音節字，重音就落在這整個字上；後者有兩個音節，此時通常會有重音節和輕音節之分，此例中 buck- 就比 -et 來得重。結果，輕音 -et 的母音就變成中性母音，也叫作 schwa，此時就不跟 bet 押韻了。

輕重音有方言的差異，有時也有個別差異。有個英國朋友把 cricket 唸成[krɪkɪt]，我（澳洲人）則念成[krɪkət]，也就是說我把輕音節中的母音弱化成中性母音，但英國朋友卻不然。他說，他的

24

badgers（第二音節母音弱化）和 badges 二字可以區分（第二音節的母音是[ɪ]），而兩字都無重音。

我念 exquisite 時重音放在第一音節（EXquisite），雖然多數澳洲人放在第二音節（exQUISite）。這無關對錯，也不分好壞，而多半和你的家庭環境有關。我無意改變我的發音方式來符合眾意，除非旁人聽不懂我的話。

英語的輕重音不只兩種，就拿 undisturbed 來說，強重音固然落在末音節 -turbed，但前兩個音節仍有輕重之別，中音節較弱。因此，我們就有主重音、次重音、再次重音、弱重音等之說。你可以試著為以下這些字分出重音的等級來：internet, pizzicato, undifferentiated, electromagnetism。

為英語的字分配輕重音需要很複雜的技巧，但一般孩子都做得很好。有些字的重音分配要看它是名詞或動詞才能決定，例如，名詞的 PERmit 重音在前，動詞的 perMIT 重音在後。類似的例子還有：export, protest, progress, suspect, torment 等等。

25

這件事和嬰兒有什麼相干？關係很大！前面說過，你怎麼發音和你的成長背景很有關係，從牙牙學語起就有關了。孩子不只學字音，也學重音和音調。

這件事還滿複雜的。當我們把字組成句子時，重音和單獨念的時候常有不同。單獨念 that 時，整個字有重音，但是在句子 "Did I tell you that I went to a party last night?" 裡 that 就成了弱音節，母音也會變為中性母音。不過在說 "I think I'll take that one" 時，你指名要店裡某件衣服，that 就會是個重音節了。為了對比起見，你可以對句子裡的任何字下重音，如 "I want the GREEN dress, not the yellow one."。這是孩子必須學會的技巧，而他們也在很小的時候就學到了，真是了不起。

令人稱奇的一點是，他們周圍的人說話的聲音各個不同，男嗓異於女音，童音又與成人不同，然而這似乎不構成孩子的問題。孩

子似乎很早就鳴金起跑了，好像生來就懂得使用重音和音調，初時的哭聲不是已經展現出這個潛能了嗎？

　　小寶寶面對種種難題卻都一一克服。讀者讀本章的語音學時，儘管有了作者的諄諄提示，仍有不易之嘆，小嬰兒學語時，沒人教他，他卻也慢慢開了竅。試想一個說英語的大人跑到了中國，沒人教，一切都得靠自己從聽話中學華語。但和小寶寶的任務相比，這個大人的難題還算小巫見大巫，畢竟大人已經知道語音是怎麼一回事，縱使聲音有些差異，而寶寶是從零開始的。（有證據顯示嬰兒在母體時即已習慣聽媽媽的聲音了，不過那只是聲音經驗的起點。）

　　本書或許可以繼續大量地敘述英語的語音學，把剩下的章節填滿。每說一處，孩子要學的就會增多，很顯然孩子不是有意識地學到這些的，一切多在不知不覺中獲得，連從沒聽過語音學的成人對這些也都不曾有意識過。這就讓人好奇，孩子究竟如何學到的？參見第 13 章。

　　就算我從頭就給你詳盡的英語語音學知識，那也多半只能浮光掠影，要說到語音系統的奧秘恐怕還早。

　　前面我曾提到 "t" 在 pet 和 tea 裡的發音不同，這就和語音系統有關；既然發音不同，為什麼我們還說它們同屬一個音？（這是前面所說的矛盾）。拼字或許是個原因，不過不是根本的解釋，事實上，兩種 "t" 都是 t-家族的成員，這類家族稱為「音位」（phoneme）。一個語言當中所有的聲音都分屬於不同的音位，而你實際聽到的聲音，就叫作「音素」（phone）。音素聚合成音位，你實際上聽不到音位，它們只是音素家族的名稱。注音時，可以用音素注音法（phonetic transcription）記錄真正聽到的聲音，也可以用音位注音法（phonemic transcription）記下它的家族名字。母語使用者儘把同一音位的不同成員視為「同個聲音」，雖然物理上有所差異。音位注音法習慣用斜線標記，如：/ti/; /pɛt/。你或許記得，音

素注音法用方括弧標示：[tʰi]; [pʰɛt]。上標的小註 "ʰ" 表示前頭的音要送氣。

你或許認為寶寶沒有必要知道音位的存在，他只要把聲音發對就好了；如果你這麼想，就錯了。把聲音聚合為音位的方式因語言而異，英語使用者或許把[t]和[tʰ]當成「同個聲音」，但是其他語言有可能聽成「不同的音」，會導致不同的詞義。每個語言擁有的音素也互有不同，例如，法語就沒有諸如[tʰ]、[pʰ]、[kʰ]等送氣的塞音。

可見孩子想要學會的語音系統是多麼的複雜，然而他們卻在不知不覺中學會了駕馭這套系統的方法。我們在後文中會細談這個道理。

前文提及英語的 "th" 有兩個不同的音，一個有聲，this 的字頭就是，另一個無聲，thin 的字頭就是。有人無法區辨兩者的不同。試著發 thin 這個字， "th" 唸完就打住，你會發現沒有聲音，只有從舌尖和齒間縫隙流過的氣流。再試 this，也在 th 處停住，這時你會聽到喉頭振動的聲音。另外，thistle（無聲）和 This'll（make you happy）（有聲）也是一個對比。Neil Smith 曾告訴我，thy thigh 也構成有聲（前者）和無聲（後者）的對比。

這兩個音在英語裡不只是兩個音素，更是兩種不同的聲音家族（音位）。音位不同，會導致不同的詞義；只是音素不同，就不一定了。如果有人把 pet 的尾音念成[tʰ]而非[t]，這不會變成另一個字，不過是咬音較清楚些罷。如果我跟你說： "I'll give you a pet" ，你卻聽成 "I'll give you a pen" ，為了澄清我的意思，我或許會特別使用送氣的 "t" 。

兩個 "th" 靠著有聲無聲區別，但別的地方就不見得如此，例如， "m" 有時有聲，有時無聲，在 make 時有聲，但在 smoke 時就無聲。因此，英語只有一個音位/m/，你也無法找出兩個字是用有聲的和無聲的 "m" 來區別意義的，但有些語言的確使用這項差

別來分別詞義。

　　所以，孩子想正確了解語言的話，就必須聽得出音位間的差別來。

　　語言學有個重要的流派，叫做生成學派（generative linguistics），他們不同意我對音位的說法，但是他們的理由和原理太複雜了，不宜在此討論。不過，連生成學派的學者也贊成音位是個有用的觀念。就好像說愛因斯坦的物理學或許是宇宙較佳的詮釋，但牛頓的物理學在很多場合也很有用。所以，音位對本文的目的有用就足夠了。

　　和聲音有關的知識，還有許多複雜的事物等著孩子去學。我好像把 pet 拆成三個分開的聲音來談：[pʰ]、[ɛ]、[t]，但在語流中，它們不是切得乾乾淨淨的三個音。在[pʰ]才將結束時，舌頭和其他發音器官就移位到了[ɛ]的位置，兩個音重疊在一起，很難一刀兩斷。[ɛ]和[t]之間也是如此。孩子在四歲時掌握了語音，也掌握了這種連音法。

　　我在本章說了許多孩子應該學哪些語音的事實，但很少說到如何學。關於這點，有許多不同的理論，往後幾章就要來談它們。

註釋

1. 發生時間可能稍早或稍晚。
2. 即情境意義。過去有人說，句子所出現的情境就完全決定了它的意義；不過情境只是其中的一個影響因素，單詞本身的意義也很重要。
3. 14,000 個單詞這個數字是依據 Mildred Templin（1957）的研究得到的。
4. 即詞的主幹，如 write，如果再加上詞綴就成了 writing 或 writes。
5. 心理學和語言學的著作在這個領域中很難區分，有時或許可以從

　　方法上區分出來；不過就本書的目的而言，其間的差別不重要。

6. 例如，kick 的兩個[k]在發音的細節上並不相同。

7. 這是個簡化的說法。Smith 與 Wilson（1979: 126 n.2）指出：「實際上，清濁（voicing）之別主要由嗓音起始時間（voice onset time）來決定，就是聲帶開始振動的時間，而不是是否出現嗓音」。

第  章

我們教孩子說話嗎？

一、一些流行的觀念

孩子學說話這件事有什麼難懂的？道理不是很淺顯嗎？不是人 *30*
人皆知其所以然的嗎？

常有的想法是：有天媽媽靠在嬰兒床邊，和他說話，想引發他
說出第一個字——「說媽媽」或其他有用的話，孩子咕噥了半天終
於冒出一些像「媽媽」的聲音。

也許孩子只是碰巧張嘴發出一些聲音，但這不打緊，反正媽媽
被逗得開心極了，露出燦爛的笑容，繼續重複這個把戲。她的愉悅
很有感染力，連孩子都搏命演出，不僅笑逐顏開，更是笑聲朗朗。

很快地，寶寶對「媽媽」的聲音更有反應了，然後媽媽又加上
一個新詞，也許是「爸爸」，試了幾次孩子果然也說出很接近的聲
音，當然他得到更燦爛的笑容作為回報。

孩子的詞彙就這樣逐字累積，多到足夠說出兄弟姊妹的名字，
也可以說出日常的事物和活動。

上述的故事人盡皆知，不是嗎？接下來，媽媽就教孩子把詞組
成短語，把短語組成句子，先教短句，再教長句，一直到他學會母
語為止。那麼，還有什麼問題呢？

問題是，這並不是孩子學會語言的方法。姑且這麼說好了，或
許孩子最初的十來個詞是如此學到的，但剩下的就絕非如此了。

31　二、通俗見解的起源

假如上述說法不對，為何那麼多人相信？首先，這個說法似乎很可信，大家都見過媽媽用這些方法對待寶寶，而寶寶畢竟也都學會了語言。但儘管有表面的信度，但證據告訴我們這不是孩子學會說話的方法，或許開頭時它確實起了一些作用。

第二個原因是從前的科學家也這樣相信，這就成了標準說法，然後語言學家和心理學家也都自然地接受了。

這些語言學家和心理學家的信念泛稱為行為主義，讓我們來仔細認識這些主張，會有助於我們的目的。雖然我認為那是錯的見解，但知其何以錯也很重要。

我們即將採取的路徑可能會讓讀者不解，因為我們想先探討人們說話時腦子或心智究竟發生了什麼事。這個問題看起來或許有些偏離主題，但你會明白這一切都互有關連，我們也會了解不同的意見從何而來、其主張又是如何。

上面我提到腦子和心智，我得談一下兩者的區別。語言學家、心理學家或其他認知科學家在討論到腦子的實體層面時，他們會用腦子一詞。當他們觸及腦子的心智層面時，就用心智一詞。腦和心之間的關係從笛卡兒以來一直爭論不休，有興趣的讀者可以參考Chomsky（1995a, 1996b），又見於 Chomsky（1997）。

語言學家傾向於只談心智，因為他們所研究的題材較抽象，也較難和腦子的實體部分扯上關係。Chomsky（1980: 31）說：「我們可以把心智能力的研究視為肉體（特別是大腦）的研究，只是在抽象的層次上鑽研而已」。這裡仍有些神秘的地帶。

三、初期的行為主義

32

(一)巴夫洛夫的研究

俄國生理學家伊凡巴夫洛夫（Ivan Pavlov）早在 1906 年已顯示動物的某些行為可以用機械觀來描述、預測和控制。

巴夫洛夫首先在狗的舌頭唾液腺上接管，然後測量在它前面放了食物時唾液的分泌量。

等狗被訓練到可預期有食物出現後，巴夫洛夫增加一個步驟：出現食物的同時也出現鈴聲。他預測這個步驟重複多次後，狗就會把食物和鈴聲連結起來，而且即使食物不出現，光聽到鈴聲它也會流口水。實驗結果證實了這個預測，狗被鈴聲「制約」（conditioned）了，所以鈴聲就叫作「制約刺激」（conditioned stimulus）。

巴夫洛夫在這個了不起的實驗中顯示，一個刺激可用來取代另一個刺激，且都引發相同的反應，於是我們可以透過制約來預測和控制行為。

(二)華生

美國心理學家華生（J.B. Watson）在 1913 年提出了一個新的心理學理論，稱為「行為主義」（behaviorism），目的是要把心理學塑造為像物理、化學那種有力的科學。

(三)行為主義的科學觀

所謂「硬」科學之所以成功的原因是使用了「科學方法」，那是一套所有科學家都遵循的方法。只有能公開受到檢驗的證據才會受到科學家的尊重，這樣的證據才算客觀。

33

行為主義者熱情地擁抱科學方法，他們想把他們的科學弄成像物理科學那樣受尊重。尤其當物理學在 1920-30 年代有著十分風光的進展時，他們更加確信自己走的是一條正確的道路。

不過，其實所謂的科學方法並非一成不變的為物理科學所遵循，參見 Bohm（1983）、Collins 與 Pinch（1993）。或許科學方法頂多是種理想，但也常被自認為它的忠實信徒所忽視。它並非產生科學突破的方法，而是之後把論文寫出來的方法（有時也不遵守）。

就好像宗教上改宗的信徒一樣，很多心理學家對科學方法的執著更甚於一般科學家。例如，他們主張研究報告都要用「非人稱」的風格來敘寫，被動句要比主動句好，不可以用「我」這個代名詞。

這裡的迷思是，「科學方法」的風格較為客觀，但實際上，那不能保證客觀，即使沒有它，作者也可以很客觀。

在我們探索兒童如何學習母語時，這些有關科學本質的信念會引出一個重要的問題。如果你確信只有可以公開觀察和檢驗的證據是可信的，那麼，情感、思想、心像、概念、意義和很多腦子裡的事物都超出了科學研究的範疇。這些根本無法用科學來探討。

依照這個看法，腦子的實體層面沒有超出科學的範圍，腦子的運作可以觀察，腦子的結構可以研究。麻煩的是，不管你把腦子怎樣剖開來看，都看不到裡頭的思想或心像。行為主義者說它們也許存在，（雖然多數都很懷疑此說），但無法以科學來探討，因為沒有客觀的方法可資運用。

34　　　如此一來，兒童學語的科學解釋就不能涉及寶寶腦袋瓜裡的東西，例如思想或概念。要嘛就必須「從外頭」來描述。這就是何以這一派稱為行為主義的原因，因為只有行為才能用科學方法來探討。事實上，心理學在過去（現在偶爾也）被界定為行為的研究。

(四)人類只是複雜的機器嗎？

　　和前節所述觀點平行的另一個觀念是：人類本質上只是複雜的機器。幾千年來，關於「人類對自己的行為有多少控制權」這個問題，有兩個互相競爭的看法。一個看法是，我們可以自由選擇我們的行動，這個看法相信人有「自由意志」；另一個看法是，我們無法控制自己的行動，我們一切作為都受制於環境的力量。我們或許以為自己有選擇的自由，但那其實是錯覺，這個看法叫作「決定論」（determinism），因為一切都由外在力量所決定。

　　假定有人想偷錢，決定論會認為，使他去偷的力量若大於阻擋的力量，那麼他就會去偷；反之則不然。

　　這個看法有些可信度，我們日用的機器（如洗衣機或吸塵器）會依我們所壓的按鈕工作，我們就是那個促動的力量：壓甲鈕就啟動，壓乙鈕就停住。以洗衣機為例，啟動後它所有的動作都由我們原先所設定的狀態所決定，它無法做出未經指定或程式化的事。或許人類也像那樣，只不過更加複雜吧！至少那是決定論者和行為主義者的想法。

　　也許你覺得我們不過是具機器的想法令人厭惡，不過在你還沒急著擁抱對立的見解（「人有自由意志」）前，須知後者也有其問題。

　　說我們有選擇的自由，是什麼意思？是說我們的行動沒有原因嗎？如此一來，豈非意謂著我們的行動都是隨機的？即使這是一種自由，未免也難以令人滿意。那麼，我們是自由的這一說法究竟是什麼意思？

　　說到這裡或許你覺得納悶，這不是一本講兒童學習母語的書嗎，怎麼到頭來卻說起人有無自由意志呢？

　　原因是：使用語言畢竟是人類之所以異於禽獸的幾希，要回答兒童如何學習母語，和人類的本性息息相關。假如我們不過是複雜

35

的機器,那麼答案不難找到;但假如不只是如此呢?假如我們有自由選擇要說什麼的意志呢?那麼恐怕不是前面類似行為主義的主張所能解答的。

　　腦子是複雜機器的類比,還有人類能自由思考的說法,兩者有多正確,我們不得而知。雖然我認為行為主義把人說成複雜的機器是錯的,但以當年的時空環境來說,他們的主張不能說是愚笨的。

(五)布倫菲的著作

　　語言學家布倫菲 Bloomfield(1933)採取行為主義的立場,寫了一本名為「語言」(Language)的書談論他對語言的想法。他認為(Bloomfield, 1933: 32),語言和人類其他行為一樣,有很大的變異性,這會導致兩種不同的理論。

　　布倫菲對第一種理論的描述是:

> 唯心論起源較久,目前仍盛行於大眾和科學界之間,其主張是人類行為的變異性來自於某種非物質因素的介入⋯⋯此因素人人俱有之。根據唯心論的說法,此種精神完全異於物質,因此依循著其它的因果法則,也有可能根本沒有任何法則。

　　當時布倫菲和其他行為主義者卻擺盪至另一個觀點,即唯物論,主張語言之所以複雜,完全是因為人體本來就很複雜。布倫菲這麼說(Bloomfield, 1933: 33):

> 我們能預測一個人的行為(例如,某刺激是否可使他說話,說什麼話)的條件是,知道當時他的身體結構,或是早一點時(如出生或之前)的身體構成,並有一份身體變化的完整紀錄——包括任何影響到他的所有刺激。

布倫菲知道這個問題很棘手。他說，即使我們很了解某人和他所曾接受的刺激，「我們也常無法預測他要不要說，以及要說什麼」（Bloomfield, 1933: 32）。儘管如此，他還是相信原則上我們能預測他人的行為，包括其說話的內容。[2]

稍後我們會回來談這兩個理論的矛盾，這會一直如影隨形的伴著我們。

四、史金納的著作

巴夫洛夫有關制約的著作對著名的美國心理學家史金納（B.F. Skinner; 1904-90）影響很大，他自己也作了很多有名的老鼠和鴿子的制約實驗。

巴夫洛夫的實驗以生理制約為主，反應的改變都發生在狗的體內，然而，史金納想知道制約是否可以改變動物的外在行為。

他發明了「史金納箱子」，只要老鼠壓桿就有食物跑出來。一開始老鼠或許在無意間壓到桿子，但是之後就學會有意識地去壓桿。慢慢地，食物出現的條件變得越來越複雜，例如，老鼠不僅要壓桿，也要按一個燈的開關，然後才有食物的獎勵。

史金納還作了一些有趣的實驗，例如，他教鴿子走出一個 8 字形來，方法是每當鴿子碰巧走對方向時，便以食物酬賞，一旦湊巧走出個圓弧形，他也給與獎勵。就這樣一點一滴的教會鴿子走出一個圓圈，接著，又教牠反方向走出另一個圓圈，然後就完成了 8 字形。

這種獎勵正確行為的方法就稱為「增強」（reinforcement），而史金納成功地顯示，一些動物的行為確實可以透過制約和增強的法則來形塑和控制。

接著，史金納想把這套技術用在人類身上。在日常用語裡，我們有時說人們被制約了，所以才會做出某個行為。這個通俗的用法

37

可以讓你有約略的概念，心理學家只是更講究精確性而已。

所以，史金納的兩個行為主義信念是：（a）行為的描述應以可觀察的為準，腦袋瓜裡看不見的一概不算數；（b）人只是複雜的機器罷。

當然，很多習慣的行為是可以用制約和增強來加以解釋的，只可惜史金納接下來跨了太大的一步：他聲稱人類的語言學習和語言行為也都可以用制約來解釋。

在準備了二十多年之後，他在《語文行為》（*Verbal Behavior*）（Skinner, 1957）一書當中提出了對語言本質和語言學習的看法。

史金納認為他在動物研究上的成果「可以不經太嚴肅的修正即可應用到人身上」（Skinner, 1957: 3），其中包括語言行為。他說：「賦予語文行為特殊地位的基本歷程與關係，我們已大致了解。」、「這種進展固然多半來自動物研究，但其成果根本就跨越物種的藩籬，真叫人驚嘆。」因此，史金納希望能用刺激、反應、制約、增強等概念解釋所有人類的行為，也包括語言。

假定有人在某項家具前說了「椅子」，史金納會說那個家具的某些特性就是引發特定語言反應的刺激。假如是另一副家具，那它的特性一定會引發出另一種反應：或許是「床」這個字。如此，我們所說的話都是由環境的某項（些）刺激所引起的反應，一切行為都可以用刺激和反應的「基石」來解釋。

我固然相信史金納的語言觀是錯的，但他在那樣的時空背景下推出他的看法似乎也順理成章。複雜的事物可以拆解為簡單事物的觀念也很合理，就像我們認為一切物質都由原子構成，而複雜的電腦程式可以還原為開或關（1 或 0）的狀態。

史金納提到學生學習的例子。例如，要他從音樂去推敲作曲者是誰、從畫作去猜測畫家是誰、或他屬於哪個畫派。音樂中間某些特性足使學生說出莫札特或達區的名字，而這些反應會經由「對

了」或「錯了」的回饋受到增強或削弱。

　　另一個是孩子學算術的例子，被問到「2 加 2 是多少」時，孩子回答 4 的答案會被讚美而得到增強。第 5 章我們會針對史金納的這個看法提出批評，這兒只指出他的看法太牽強。倘若刺激是 35+57，一般人或許會遲疑兩三秒，然後回答 92。說先前曾受到增強所以才有這個答案，真是荒謬！

　　如果這還不夠，那針對 274+338 的回答 612 又是如何？當然我們可以經由心算得出答案來，然而史金納卻認為這個解釋不對，因為腦袋裡發生的事超出科學所能解釋的範圍；他非常堅持外顯行為的正當性。

　　很有趣，史金納關於兒童學習語言的理論和本章開頭說的通俗見解相同，只不過他用的是抽象的技術用語。事實上，通俗的見解之所以如此盛行，可能也是因為史金納太有影響力了。但是我是這麼想也有可能是，通俗的見解比史金納的著作歷史更久。

39

五、為什麼孩子不可能那樣學會語言？

　　為什麼我確信那不是孩子學會語言的方法？因為那意謂著寶寶模仿媽媽所提供的範例，這樣一來，孩子就必須把每一句話存在記憶裡，要用的時候才拿出來用。這是我所謂的「人類錄音機理論」，那麼，它究竟錯在哪裡？

　　美國語言心理學家米樂（Miller, 1970: 82-3）很久以前說的話可以回答這個問題：

　　如果你在一個人說話時隨意插入，平均來說，有十個詞可以接下去把話完成，而不會造成文法或語意的問題。[3] 有時只允許一個詞，偶爾可以容許上千個詞，但平均就是十個。（假如你認為這個數字低估了，我不會反對，反正估

計越大我的說法越有說服力）。一個簡單的英語句子長度
可達 20 個詞，算術告訴我們，任何一個英語使用者都必
須能夠應付 10^{20} 個這樣的句子才行。要花上
100,000,000,000 個世紀（地球年齡的一千倍）才能把可能
存在的英語長 20 個詞的句子全部念完。而你先前可能聽
過某個長 20 個詞的句子的機率實在小得可憐，除非是陳
腔濫調，否則每個你所聽到的句子多半都是詞素[4]的全新
組合。然而，只要你懂英語，你立刻就了解它的意思。知
道了這些事實之後，就很難辯稱，我們是聽了老師講解才
學會了句子的。

米樂只討論到 20 個詞長的句子，如果我們把所有長度的句子
都算進去的話，那麼英語會有無窮無盡的句子。

數學家已經告訴大家數字有無限多，如果哪個人說這是最大的
數字，你永遠可以再加 1，讓它更大；所以說，數字是沒有窮盡
的。同樣的道理，句子的數量也是沒有窮盡的；如果這是你頭一次
聽到的話，你或許覺得難以置信，但這是真的。

要證明是輕而易舉的事。試以此句為例："There were two gra-
ins of sand in the box."（盒子裡有兩粒沙），你永遠可以把 two 換
成其他的數字，一直到無限大。[5]

用這種方式產生無窮多的句子，我同意你或許會覺得十分無
趣，但還有別的證據。

來做一個試驗。找一家圖書館去，越大越好，進入書庫隨意找
到一個架子，然後隨意挑一本書，任意翻至某一頁，然後用手隨意
指到某一處，把那個句子抄下來。接著，試著從圖書館找出裡頭有
這句話的一本書，看你找不找得到。或許要用上你的一輩子才能完
成這個工作。

當然，我不認為你會去做這個試驗，但即使你真的做了，恐怕

不用做多久你就會發現句子的數量太龐大了，大到你無法想像。記住，句子要完全一樣才算數！

讓我們換個方式來討論吧！本書的英語讀者對下面這則童言童語的開頭應該不陌生："This is the house that Jack built."，但這個句子一點一滴的擴充，最後變成了：

"This is the cock that crowed at dawn and woke the priest all shaven and shorn that married the man all tattered and torn that loved the maiden all forlorn that milked the cow with the crumpled horn that tossed the dog that worried the cat that chased the rat that ate the malt that lay in the house that Jack built." *41*

你會發現，這個很長的句子就是不斷加入新的子句才變得這麼長的，問題是，我們還能加上多少子句而不會破壞它的文法？答案是：無窮多！當然，玩了一陣子之後，我們就會厭煩起來，或是說喘不過氣來，或覺得浪費生命。不過無論如何，句子還是可以維持文法的正確性，而厭煩、沒氣、浪費時間等等，都不至破壞文法。

由於我們可以在任何子句的終點結束句子，那些地方都是潛在的句點。因為上面的句子可以無限長，事實上，我們也可以變造出無限多的句子。

再一次強調米樂的論點：我們懂的每個句子，根本不可能都從老師那裡學來的。

讓我們再玩一個遊戲。拿出一張紙，寫下你所知道的最長的句子。不管你的句子有多長，我總有辦法使它更長，方法是在你的句子前面加上："Jack said that..."（傑克說……），當然這樣造出的句子也是英語句。

假定你早就想到這個作法，所以句子開頭就用了"Jack said that..."，我也可以在你句子之前再加上："Mary claimed that..."

（瑪麗說……），這樣的句子還是一個英語句。

　　簡單地說，我永遠有辦法在你的句子前面加上一個子句讓它更長，這和使數字變得更大的辦法一樣。如此，句子可能很無趣，但還是合乎文法的。

　　我不認為孩子的語言是模仿大人說話而來，還有另一個理由。當他們「犯錯」時，所說的話不像大人說的，也不像是模仿不成的後果。我想到的例子是，孩子說 I goed （而不是 I went），I goed 聽起來一點都不像 I went，而後者才是大人說的，可見前者不可能是模仿不成的產物。事情還不只這樣。假如語言都很有規則，動詞的過去式都只要加-ed 就好了，就如 walk-walked; love-loved; start-started，那麼孩子的 goed 就是我們可以預想得到的錯誤。注意，上面三個動詞過去式詞綴（-ed）的發音各有不同，但文法類型都一樣。這表示孩子的行為是遵從動詞的規則的，只是他過度類化，連例外字也使上了規則，因此才犯錯。本章批評行為主義對兒童語言學習的論點，那是針對一般孩子而說的，我聽說語言治療師使用行為主義來治療說話問題，那也許是制約原理可以派上用場之處。我是個實用主義者，「不管黑貓白貓，能抓老鼠就是好貓」，誠哉斯言！

　　雖然我針對史金納的語言學習觀提出質疑，我還沒有提到主要的批評。杭士基是史金納最有力的反對者，第 5 和 6 章就要來說他觀點。

注釋

1. Neil Smith 向我指出，布倫菲在他的生涯中只是半個行為主義者，他早期是個唯心論者，後期則是個描述派語言學家。

2. 感謝 Neil Smith 在私人通信中跟我說的話：「諷刺的是海森保的量子理論讓物理科學在 1927 年時見了光」。

3. 例如，假如某人說了「幾天前的晚上，我想……」，你可以接上各式各樣的話，如「喝酒」、「去看朋友」、「請蘇珊參加我的畢業典禮」等等，每個接成的句子有意義又合文法。

4. 詞素是單詞裡最小有意義的單位，如 unusual 有兩個詞素：un- 和 usual；hotel 只有一個詞素；playgrounds 有三個：play, ground, 和 -s。

5. 這兒假定 box 無限大；對我們的目的而言，想像中的 box 就可以了。

第  章

摸著學習

一、開場白

本章將討論著名的瑞士心理學家皮亞傑（Jean Piaget），他在　*44*
20 世紀當中發揮了極大的影響力。他主要的興趣是認知發展的理
論，探討孩子的思考能力如何發展成熟。他生於 1896 年，卒於
1980 年，主要的作品都在日內瓦大學完成。

他的學術生涯發展於生物學，矢志將心理學理論和生物學結合
在一起。他也是一名哲學家，在許多領域裡都十分活躍。'

皮亞傑認為他的一般認知發展理論也能解釋語言學習，也就是
說，語言發展不過是認知發展的一部分。因為這個觀點的緣故，本
章要花一些篇幅來談認知發展。少了這方面的知識，你就無法了解
他和他的門生所持的語言觀。

皮亞傑在語言方面說的不多，還好有些他的學生注意到這點，
因此也填補了這個空隙。當然，可以想見這方面的論述不至於牴觸
他的理論；本章稍後會談到此點。

二、皮亞傑的認知發展論

45

(一)感覺動作的學習

　　話說從頭：皮亞傑在他三個小孩出生後即開始進行觀察，他發現每個孩子一生下來就有吸吮的衝動，他假定這是出於遺傳的緣故。他也發現針對任何東西嬰兒都會有吸吮反射。

　　皮亞傑對「反射」一詞的用法不同於行為主義者，「皮亞傑對反射的定義是，個體遺傳來的反應，而不是從經驗得到的」（Gruber & Voneche, 1977: 216）。皮亞傑的「反射」一詞只有這個意義。

　　皮亞傑發覺吸吮反射有重複的傾向，所以奶頭之外的東西也會拿來吸吮，如床單、爸爸的手指頭等用來安撫孩子的東西。

　　嬰兒大一些時，更多東西也都會被這個吸吮反射所同化（assimilation），如：拇指、鞋子、洋娃娃等。事實上，皮亞傑所使用的「同化」是技術用語，意思是有越來越多的東西被某一反射（此例即吸吮）涵蓋進去。

　　在孩子生命的頭幾分鐘裡，皮亞傑還注意到其他的事。不管吸吮反射有多好，總要一試再試去適應奶頭，就如皮亞傑說的，「他有本事慢慢去適應外在的世界」。

　　「適應」（accommodation）一詞也是皮亞傑的術語，他如此解釋這一個概念：

　　　　只要把奶頭塞入嬰兒的嘴裡，通常就可以達到有用的作
　　　　用，如吞嚥，但我們知道，……有時他第一次的嘗試適應
　　　　得不好，練習可以改進功能。這就是適應的第一個特性：
　　　　和物體接觸的經驗會修正反射活動。（Piaget, 1953:

29-30）。

　　起初，吸吮衝動可由接觸胸部的任何部位引發，但如果嬰兒沒
吸到任何東西就會停止吸吮。然後他就會尋找奶頭，只有他發現有 *46*
東西吸入時才會持續吸吮的動作。皮亞傑的結論是：「由所有行為
的組型顯示，學習依賴環境。」

　　雙唇的動作方式顯然必須遷就所吸的物體，例如，吸床單和吸
奶頭就有所不同，也就是說，吸吮會反射「適應」所吸的物體。

　　現在我們有了兩個術語：「同化」和「適應」，如果你覺得兩
者很混淆，別擔心，大部分的人也都有同感。[2] 讓我再重複一次：
把新東西納為吸吮的對象稱為「同化」；雙唇的動作遷就不同的東
西稱為「適應」。兩個概念，一體兩面；有其一就有其二，因為把
新東西同化進來的後果就是雙唇得去適應它。

　　皮亞傑的觀察是他大理論的起點，這個理論說：幼兒透過動作
來學習，早在會說話前，就使用肌肉和感官來認識世界。

　　給嬰兒一個新玩具，他會抓它、舉它、吸它、丟它、推它。孩
子在皮亞傑所說的「感覺動作期」（sensori-motor stage）間用這些
方式探索周遭的世界，用把弄和吸吮的方式，孩子就學會了東西的
形狀、質感、味道、甚至功用。

　　皮亞傑的觀點是，知覺來自行動，而行動都是接連而來的。拿
起一個玩具包括了注視、伸手、抓取、舉高、甚至是拉向自己。隨
後這些行動會融會成單一的行動「基模」（scheme; 多數是 sche-
ma），並且應用到其他不同的取物動作上，如拿起鞋子或皮球。
只要換了一個新的東西，它就會被原有的基模所「同化」。如此，
孩子就建立了這串行動的「實用概念」。

　　皮亞傑聲稱，一開始寶寶是非常「自我中心」（egocentric）
的，如果我們說一個大人很「自我中心」，其實我們是在責怪他，
因為我們不歡迎這種只管自己的人（他們應多注意我們！）。然 *47*

而，皮亞傑在描述寶寶時毫無這種負面的涵義，沒有價值判斷的語氣，純粹只是中性的描述用語。

假如皮亞傑是對的，寶寶是無法區分他自己和周圍的世界，世界好像是他自己的一部分。學習分別自己和外界是未來幾年的功課，能夠區別時，他才能從別人的角度看事情，也才知道別人看世界的角度也許不同於自己。

我的一個孩子在三、四歲時，他正在學數數，他哥哥要他數飯桌上的人（連同第 3 個孩子，共有 3 個），他這樣數著：「1, 2, 3, 4」，邊數邊指著人，然後就停住了，以為算完了，卻忘了數自己。「那你呢？」有人問他。「喔，不對，我有數呀。」這是這個時期孩子自我中心的典型，雖然他看似就要超越這個階段了。有孩子的讀者可以做這個試驗，很可能得到相同的結果。（皮亞傑知道這是典型的結果）。

感覺動作期從出生延續至 18 個月或 2 歲左右。

(二)前操作期

皮亞傑說認知發展有四個主要的階段（stages），[3]每個階段又可細分為幾個小階段，不過在此我們只談主要的階段。[4]

「感覺動作期」之後是「前操作期」（pre-operational stage），表示這個階段以後孩子才會進行（包括數學的）一些操作。這個階段從 18 個月延續到 7 歲左右，開頭和結束的時間因人而異。皮亞傑不太管發生時間的精確性，他比較在乎的是這些階段的次序性。也就是說，「感覺動作期」一定在「前操作期」之前。

48 前面我們說過，感覺動作期時，孩子能夠執行行動的「實用基模」（practical schemes of action）：即把連串的動作組合成一個複雜的行動。「取物」是一個基模的例子，是伸、開、觸、合、舉、拉等動作的組合。此外，還有許多其他的基模。

根據皮亞傑的說法，外界的知識固然來自這些行動，但「知識

不能只建立在知覺上面」（Piattelli-Palmarini, 1980: 23）。知覺受到心智的型塑，亦即，觀察到的事物都需經過「解釋」。例如，觀察者可能發覺甲物大於乙物，或者說，甲物較近而乙物較遠。「解釋」所觀察的事物意味著注意到事物間的關係，如此一來，心智便為所觀察的事物某種架構。事實上，皮亞傑自稱他的理論是「建構主義」（constructivism），這是他和史金納關鍵的差異，後者容不下心智結構的想法。

但是孩子（或大人）無法把一些相同的行動歸納起來，假如沒有把它們拿起來比較的話；但是要做到這一點，孩子就必須在事後能夠回想起這些行動來。而這只有當孩子能為行動形成「內在的表徵」（mental representations）才會發生。所以，皮亞傑的說法是，除了把行動同化為「實用概念」（practical concept）外，孩子還必須形成內在的表徵，這是一個極大的進步。

皮亞傑似乎暗示，只因為某個事件是心智進步所「必須」的，那麼它就一定會發生，但這個邏輯似乎不怎麼說得通。在有些關鍵的論述上，皮亞傑說得並不明白。

他說，認知結構是智慧透過觀察而產生的，然而何以孩子都在相同的年齡達到相同的發展階段，這是他應該加以解釋的。他的答案是，孩子會進步到下一個階段是「必須」的，無可避免的，他並不是說那是生物上的必然（基因上的設定），而只是邏輯上的必然。

也許我們也可以問道，就像小孩一樣，狗是否「必須」進步到有內在的表徵？畢竟狗也靠著感覺動作來探索世界，或許也有「實用概念」。如此一來，狗為了在事後比較不同的行動，恐怕也「必須」產生出內在表徵吧！我們很難知道狗的心智有多複雜，而且皮亞傑要做這樣的聲明看來也會遲疑。為了解釋，他可以說反正狗和人的智力有別就好了。然而，這兒有著生物上的區別，要有人的智力，你就得生而為人，還得有副人的大腦，這麼說的時候，就不只

49

是邏輯上的「必須」了。

　　這個問題暫時到此打住，不過讀者應已發現，這個理論在細節上還有很多問題，皮亞傑的追隨者也十分了解這些問題。[5]

　　皮亞傑的著作很多，有興趣深入研究的讀者可以在大學圖書館中找到。

　　前操作期的起點和語言的開端同時，應該不是巧合。我們知道，18 個月之前孩子已經學會了一些字詞，只是還沒有串連成雙詞句或多詞句，詞彙量也不超過一、二十個。18 個月左右，詞彙突然暴增，然後雙詞句就出現了。

　　皮亞傑相信，要學會語詞之前，一定要有相關的「實用概念」。由於語言在前操作期剛開始發展，孩子對每個基模都可以加以命名，例如，「拿起來」。皮亞傑說，語言和認知結構是分別獨立發展出來的，但他對於語言究竟如何發展這個問題始終諱莫如深。但是，他說，和認知結構一樣，語言是感覺動作智慧的必然產物（Piattelli-Palmarini, 1980: 31）。

　　他有時候又說，使用句子結構的能力有賴於特定概念結構（內在表徵）的發展。

(三)具體操作期

　　具體操作期（concrete operational stage）從 7 歲開始，10-11 歲左右結束，仍有個別差異。之所以稱為「具體」的原因是，孩子的思考侷限在某個特定的情境，而無法把某個操作類化或抽象化。

　　皮亞傑說，能進入具體操作期很重要，因為幾年之後，兒童「自己就能重建邏輯數學性質的操作與基本結構，少了這些他就無法進行學校的學習」（1953: 26）。這是很極端的說法，不過皮亞傑又說（1953: 26）：

　　　經過了漫長的前操作期（彼時並無下列的認知工具）之

後，他在 7 歲左右時，就發展出這些概念：可逆性、結合性、遞回性、反向性、包含性、數量的保留性、度量衡、空間座標、同形性、一些連接詞等。這些是數學和邏輯的基礎。

如果你不明白這些名詞也沒關係，以下就要稍作說明。雖然皮亞傑第一個就提到可逆性，我要擺在最後面再來說，因為那很有得說呢！

你運氣很好，不用去背以下的定義（我無法在明天考你！），除了了解之前你不懂得概念外，你只要特別留意皮亞傑所說兒童「重建」（reconstruct）的概念其實範圍很大就夠了。我想他的意思是，孩子自己「建」構這些概念，而「重」（新）這個字只是表示別人先前已經有這些概念了。

結合性（transitivity）

假如 A 大於 B，B 又大於 C，那麼，A 也大於 C。假如我大於你，而你又大於小明，那麼，我也大於小明。

遞回性（recursion）

51

一個數列中任意一個項目的值必須從先前的項目計算而得，就稱為遞回性。例如，Fibonacci 數列中的某一項都是從前兩項相加而得的：0, 1, 1, 2, 3, 5, 8, 13, 21, ...。請問開頭是 6, 9, ...的 Fibonacci 數列還有哪些項目？答案參見這個註釋。[6]

反向性（reciprocity of relations; 若 A=B 則 B=A）

如果小華的手和我一樣長，那麼，我的手也會和小華的一樣長。不過，離開了測量的範疇，事情可不一定如此。如果小娟的男朋友是一個台北人，卻不見得某個台北人是小娟的男朋友。

包含性（class inclusion）

例如，黃金獵犬包含於狗這個類別裡。

數量的保留性（conservation of numerical sets）

東西的數目不會因為把它們分散開來就改變。（見以下更詳細的說明）。

度量衡（measurements）

不必解釋。

空間座標（organization of spatial references; coordinates）

用地圖認路要用到座標，但皮亞傑所說的是三度空間的座標，就像是在空間裡找東西。

同形性（morphisms）

52

如果兩群項目具有相同的數學結構，就稱為同形性。皮亞傑的意思大概是，當孩子看到 6 本書和 6 個橘子時，可能認識到兩群事物具有相同的特性，即是東西的數量。這堆書本可以一對一的對應至這堆橘子，那麼，「對應」又是什麼意思呢？簡單地說，就是可以把一本書和一個橘子連在一起。

一些連接詞（some connectives）

如「和」、「或」這種詞。

兒童會「重建」數學邏輯的基本概念的說法很不尋常，不過，我不是說皮亞傑一定錯了。偉大的丹麥物理學家波耳（Niels Bohr）有個小故事：有一個同事跟他說一個新的理論，並請他給意見。波耳聽完後說：「你的想法很瘋狂，不過，還沒瘋狂到對的地步。」換句話說，正確的想法乍聽之下都很瘋狂。

可逆性（reversibility）

一個做的歷程可以回復原狀，或「逆反」（done backwards）。以下將舉例說明。

很多皮亞傑學派的研究使用一些測驗來檢驗兒童的可逆性概念。例如，紐約有一組學者在倍林（Harry Beilin）的帶領下，作了五個這種測驗（Beilin, 1975）。研究者想知道，可逆性測驗的表現和被動句的使用與理解是否有關。例如，（a）The dog bit the postman.（b）The postman was bitten by the dog. 前者是主動句，主詞（the dog）負責執行動作（bit）；後者是被動句，主詞（the postman）是動作的接受者。（雖然幾分之一秒以後，他也許會變得非常主動！）比較（a）和（b）兩個句子，你會發現各句中的名詞片語（the dog, the postman）次序顛倒了，這就是為什麼可逆性測驗似乎和這種句子結構有關的原因。

圖 4.1　簡單的皮亞傑可逆性測驗

最低的層次是，要求孩子把玩具車從某車庫（紅色紙卡）開往另一個車庫（綠色紙卡），然後再開回去（圖 4.1）。只會做這個測驗的孩子，其可逆性只及於感覺動作期，通常也無法使用被動句。

下面其他的測驗更難，通常孩子必須全通過了才有辦法運用被動句。二年級的孩子大多都可以做到。

首先，孩子必須先通過「不連續數量的保留」（conservation of discontinuous quantity）測驗，這表示不管如何移動，個別物體的數量不變。這件事一點都不奇怪，但是孩子需要成熟才會懂。如果面前有兩列糖果，一列較長，小小孩有可能會認為長的那列有著較多

的糖果。但長的有可能只是糖果放的比較開，其實數量和短的一樣多。（見圖 4.2 和圖 4.3）

54　　　　圖 4.2 和圖 4.3 依據倍林的描述稍做改變。每個娃娃之前擺一列糖果，數量一樣多，圖 4.2 中的兩列一樣長。研究者問孩子，兩個娃娃所吃到的糖果是否一樣多，若回答「不一樣」，就繼續問誰較多。

圖 4.2　不連續數量的保留測驗：兩列一樣長

圖 4.3　不連續數量的保留測驗：兩列不一樣長

　　接著，把其中一列糖果分得更開，讓它看起來更長，就像是圖4.3 所顯示的那樣。兒童也要回答兩個娃娃所吃到的糖果是否一樣多的問題，很多年紀小的孩子都說不一樣多。然後，實驗者又問，如果把分開的糖果擺回原位，娃娃所吃到的糖果是否一樣多。這時，孩子就必須對可能產生的情境形成內在表徵，如此就牽涉到可逆性的操作了。

55

　　第三個測驗是「連續數量的保留」（conservation of continuous quantity），有些東西無法一個個分開的擺放，好比牛奶或水這種液體，如果你從原先裝盛的容器中到入另一個不同形狀的容器裡，它的量是不會改變的。很奇怪嗎？

圖 4.4　連續數量的保留測驗

　　研究者在孩子面前放兩杯水量相同的水，然後問，兩杯的水是否一樣多。如果回答不一樣多，那麼就調整水位，一直到他說一樣多。然後要孩子想像，如果把水倒入較高較瘦的（第三個）杯子裡時，水量是否一樣多？孩子如果回答說不一樣多，那麼就要他在高瘦的杯子上指出可能的水位來。接著，實驗者真的把水倒入高瘦的杯子裡，然後問，現在兩個（第一個和第三個）杯子裡的水還一樣多嗎？

　　接下來的問題是，如果把（第三杯的）水到回原來的杯子（第

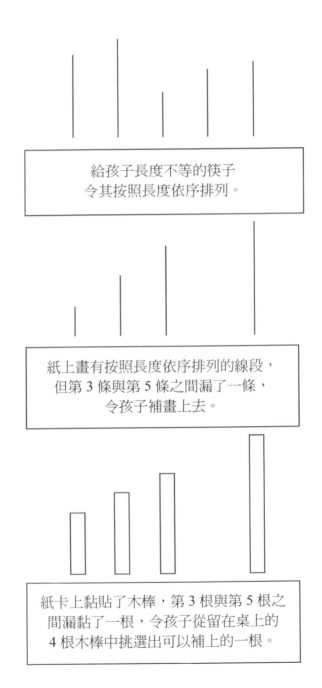

圖 4.5　大小排列測驗

二杯）裡，水位會在哪裡，水量還會一樣多嗎？這裡又牽涉到可逆 *56*
性，並且需要用到內在表徵。唯有孩子有了逆性的概念時，他才會
預測水位會回復至原先的高度。

第四個測驗是大小排列，把長度不一的線段或筷子排成一列，
其中少了一個項目（圖 4.5）。孩子必須畫出適當的線段或從一些
筷子中找出適當的補上。另一個例子當中，有 4 張長度不等的床和
4 個高度不同的娃娃，孩子必須把娃娃放入適當的床上去。

第五個測驗要求孩子根據顏色和種類為玩具動物分類，然後放
在不同的容器中。總體來說，測驗的目的是評估孩子分類、加減類
別、整體與部分的關係等能力。

每個作業都用來測驗孩子可逆性的知識。如果孩子把動物分成
牛、馬等，之後又要求他分成棕色、黑色等，孩子就必須把第一次
的分類「逆返」掉，這樣才能作第二次的分類。

這些測驗的綜合結論是，孩子一直要到了六至七歲時，才能處
理被動句，而那時他們也才能通過可逆性作業。

被動句的實驗印證了我先前說的：要了解皮亞傑的語言發展理
論，就需要先懂他對認知發展的看法。

這些概念不會一夕之間突然發生，而都是認知成熟的結果。在
一個錄影的實驗中，孩子用積木玩耍，佛曼（Forman, 1982: 98）提
出有趣的觀察。他說，孩子把積木放在彼此的上頭，然後再拿下
來，堆疊的過程中，他們「表現出物體在空間中的知識，也在思考
和行動之間發明了其間的新關係」。

孩子用積木蓋房子遵循著一些規則，而「積木遊戲可視為初期
的邏輯體系」。佛曼注意到相等的關係（A ＝ A "但不是 A"）。 *58*
例如，兩個相同大小的積木就有相等的關係，但仍是兩個不同的物
體。佛曼認為相等的觀念（A ＝ A "但不是 A"）就是源自積木遊
戲。

孩子有兩隻手，在作用上是對稱的，所以有可能是邏輯對等關

係的基礎。簡單的加減運算也可能來自積木堆上堆下的操作。皮亞傑對邏輯數學關係的探討常發人深省又具有說服力。

再回頭談可逆性：皮亞傑說在感覺動作期間，兒童可以逆返物理的（physical）行動，但還沒發展出操作是可以逆返的概念（concept）。這樣的能力要到了第三個階段：「具體操作期」才會成熟。

(四)形式操作期

根據皮亞傑的說法，到了 11-12 歲左右，孩子就進入了第四個也是最後一個主要的階段：形式操作期（formal operational stage）。他現在可以了解複雜的規則和邏輯，也可以算代數和玩下棋之類的遊戲。

幾年前和一個朋友 10 歲的孩子下棋被打敗之後，我一直很懷疑皮亞傑對這個階段的入門年齡的說法——應該有很大的個別差異才是。（那個孩子下棋多年，是他年齡組的冠軍，而我連初段都還沒畢業。我的藉口是我的練習不夠，事實上從那次之後我大概再也沒下過棋了。）

據說形式操作期要到了 16 歲才結束，許多皮亞傑的追隨者不認為這是認知發展的終結，事實上，之後應該還有成年期。

三、語言發展

(一)一些實驗

我說過，在他漫長的生涯中，皮亞傑在認知發展之餘，很少提及語言發展。他自己沒多少證據來支持語言來自感覺動作智慧的說法，倒是他在日內瓦大學和其他地方的追隨者提了一些證據。

佛瑞洛（Ferreiro, 1970; Ferreiro & Sinclair, 1971）研究兒童語

言中的時間關係（temporal relations），她測驗孩子對描述兩個事件的句子之理解，句子沒說兩者的因果關係，可能同時也可能先後發生。

佛瑞洛的書是用法文寫的，不過我們可用英文句子做例子：His wife greeted him and he went upstairs.（他太太招呼他，然後他上樓），句子裡兩件事沒有因果關係。這也可以用以下的句子表示：

1　After his wife greeted him he went upstairs.（他太太招呼他以後，他就上樓了）

2　Before he went upstairs his wife greeted him.（他上樓之前，他太太招呼他）

在 1 當中，事件呈現的次序和實際發生的次序相同；在 2 當中，事件呈現的次序和實際發生的次序相反。表面上這個差別是來自介係詞意義的差異，但沒這麼簡單。如果把子句對調，呈現次序和發生次序又更複雜了：

3　He went upstairs after his wife greeted him.（他上樓了，在他太太招呼他之後）

4　His wife greeted him before he went upstairs.（他太太招呼他，在他上樓之前）

讓我們把並排比較的句子換了一下：

1　After his wife greeted him he went upstairs.（他太太招呼他以後，他就上樓了）

3　He went upstairs after his wife greeted him.（他上樓了，在他太太招呼他之後）

儘管兩句都有after，但 1 的呈現次序和發生次序相同，而 3 的呈現次序和發生次序卻不同。

我們也可以做類似的排比：

2　Before he went upstairs his wife greeted him.（他上樓之前，他太太招呼他）

4 His wife greeted him before he went upstairs. （他太太招呼他，在他上樓之前）

儘管兩者皆有 before，但呈現次序（order of mention）和發生次序（order of events）有一致，有不一致。[7]

一九七〇年代的研究者發現，若呈現次序和發生次序相同時，兒童會較容易處理，也比較早學會。

為什麼皮亞傑的追隨者對這些結果很感興趣呢？因為這些句子有的是呈現的次序和發生的次序相反，而兒童又要到了具體操作期時才有可逆性的概念，所以，研究者會同時測驗上述的句子和可逆性作業。

皮亞傑說，最早的時間概念起於感覺動作期，要了解時間事件，就必須有時間長短的知識，也知道事件會依某次序發生。嬰兒哭著等待餵食時就開始察覺到時間長短，後來，當孩子發展出「行動的基模」時，他就知道事件會有發生的次序。因為根據定義，行動的基模本來就是一連串事件的組合。

當語言發展了以後（如4歲前），孩子又跨出了另一步。那時孩子已由「行動的實用基模」進步到行動的內在概念，只是還沒針對這些概念進行「操作」，這要等到 6-7 歲才有。佛瑞洛的研究結果與此相符，不過她比較關心孩子到達可逆性的階段，年齡就不怎麼在意了。

這個說法就是：孩子必須等到有了可逆性、系列性、保留等概念之後，才能掌握被動句或含 before 或 after 子句的文法結構。

如果你還想知道更多皮亞傑學派的實驗，可以參考 Beilin（1975）。

下一章結尾時會有皮亞傑和杭士基的辯論。

61

註釋

1. 詳見 Boden（1979）。

2. 杭士基有一次說，assimilation 和 accommodation 這種字眼對來說幾近神秘（semimystical）（Otero, 1988: 384-385）。不是每個人都這麼認為。

3. 嚴格說來，有三個主要階段，只是第二個又分為兩段：（a）形式操作的預備，及（b）到達可以掌握這些操作的階段。兩者常被視為分開的兩個階段。

4. stages 有時也稱為 periods，而 stages 則用來指稱更小的劃分。Stages 似乎是個較好用的名詞，因為它沒有固定時間的意涵。

5. 在皮亞傑網路討論區中，這個議題曾被討論過，學術論文和書籍中也可以見到這個議題。

6. 這個數列是 6, 9, 15, 24, 39, 63, ...。（你還可以繼續下去！）

7. （1）、（4）的呈現次序和發生次序相同，雖然（1）中有 after、（4）中有 before。（2）和（3）呈現次序和發生次序相反：（2）中有 before、（3）中有 after。

第 **5** 章

內心著了什麼道？

一、唯心論

　　本書的目的是探討兒童如何學會他的母語，為了達成這個目 62
的，有必要來認識成人語言的本質，畢竟對成人語言的看法會影響
語言學家如何看兒童的語言。前面說過，視語言為複雜機器者，會
把語言和語言學習想成對刺激的自動反應，他們的理論會把焦點放
在兒童周圍的世界，因為外界會提供兒童來反應的必要刺激。

　　然而，另一派思想——唯心論（mentalism），則有著完全不同
的看法。這派注重的是在語言發展時孩子腦袋裡的事。

　　行為主義者和唯心論者的紛爭遍及整個社會科學：語言學、心
理學、哲學、社會學、教育學等，所以這是一個基本而重大的分
歧。

　　杭士基（Noam Chomsky）在 1959 年寫了一篇評論史金納的著
作《語文行為》的文章（Chomsky, 1959; Chomsky, 1964a），雖然
那時他還是默默無聞，但那幾乎是他最好的作品之一。開宗明義杭
士基就說，他和史金納有一個共識，即語言研究者應該對（a）人
所聽到的語言和（b）人所做的反應，都感到關切，而研究者應該
會想要用輸入的刺激來解釋反應。他說，這就是我所界定的問題。

　　那麼，史金納和杭士基的歧見到底是什麼？杭士基認為人在行
為過程中會有所貢獻，但史金納不做此想。杭士基對史金納的評論

是：

> 他不斷地發出豪語，聲稱他已證明說話者的貢獻微不足
> 道，而只要知道外界的因素（已從低等動物的實驗中找
> 到）就可以解釋所有的語文行為了。

> 仔細評閱他的書（及所提及的研究）後會發現，這個大膽
> 的說法根本沒有根據。

63   杭士基承認動物實驗對刺激、反應和增強的研究有很多啟示，但「拿來應用在複雜的人類行為上面是很膚淺的」（Chomsky, 1964a: 549）。

具體說來，杭士基抨擊人類行為完全受制於外在刺激的說法，他拿史金納所舉的例子來反擊。史金納說，當看畫的人說出 "Dutch" 時，那是因為畫中的某些刺激所引起的反應。杭士基（Chomsky, 1964a: 552）說：

> 假定我們不是說 "Dutch"，而是說：「和壁紙不搭調」、「我以為你喜歡抽象畫」、「歪了」、「掛太低了」、「好美」、「太炫了」、「記得去年夏天的旅遊嗎？」或任何想到的話呢？

換句話說，可能說的話根本無限多！史金納也許會反駁說，反正不同的刺激當然會引起不同的反應。然而，史金納並沒有指明刺激究竟是什麼，他只說當我們說出 "Dutch" 時，一定有一種「Dutch 的屬性」的刺激存在。杭士基指出，他並未具體說出真實的物理特徵來。每次你只要有某個反應出來時，他就說是受到某個適當的刺激引起的，可是也從未說出那是什麼。這樣做根本什麼也不能解釋。

杭士基有系統的批評史金納其他的概念，包括增強、制約、語文操作、反應強度等。他的攻勢既周延、又有效、更具破壞力。最後，杭士基說，兒童如何學會語言根本沒人知道。「事情很清楚，我們需要的是更多的研究，而不是武斷的教條」。

64

杭士基在他的評論重印時所寫的註解很有趣（Chomsky, 1967: 142-143），他說那篇文章的原意不在於批評史金納「對語言的臆測」，而是想對行為主義在「高等心智歷程本質的臆測」提出廣泛的批評。他這樣說：

> 我之所以深入討論史金納的書，是因為它完整的呈現了這樣的臆測……，因此如果我的結論是對的話，史金納的著作將是行為主義根本錯誤的最佳證明。個人的意見是，用史金納的著作來達成這個目的，正是它的優點而非缺點。所以，我會很公正的對待這本書。他的假定既是如此，……我看不出能夠如何改進他的理論。

這段話表面上是褒，但最後一句卻是貶。接下的一句說，史金納著作背後的看法「大部分是神話，大眾之所以接受他，不是出於實證的證據、有力的推理或缺乏可信的對立假說」。

說這篇評論是行為主義和杭士基語言學的分水嶺並不為過。杭士基為語言學帶來了革命性的影響，從此，對語言和語言學習的觀念起了一個重大的改變，事實上，他也對心理學和哲學產生了極大的影響。

這不表示人人都認為有改變的必要，行為主義仍被奉行不渝。而不滿極端行為主義的人，也未必全心擁抱唯心論。

杭士基的語言理論也沒有得到普遍的認可，但即使你不喜歡，你也得了解它。

也許你已經猜到，我自己比較偏向唯心論，然而，我無意對你

灌輸任何一個教條，只是要指出重要的問題何在。只要做到這點，本書就算成功了。

二、笛卡兒對唯心論的貢獻

65

唯心論的傳統可溯自柏拉圖，但杭士基的思想和 17 世紀法國哲學家笛卡兒的淵源最深。

笛卡兒（Haldane & Rose, 1931: 115-118）關心人是不是複雜機器的問題，他認為不是。他認為不可能造出完全像人的機器人，你可以造出會說出許多話（如「我肚子餓」、「我想睡覺」等）的娃娃，但有兩點是機器人和人不同的地方。

首先，機器人只會依據「構造的性能」來行事，也就是說，它所能做的和所能說的都由建造的方式來決定，而它根本無法像人一樣靠知識行事。其次，它無法「像任何人一樣」視場合需要回答問題。

儘管電腦科技近來進步神速，笛卡兒的說法大致上還滿正確，雖然也有人認為未來可以造出完全適應環境的機器人來。也許明智的作法是不去預測電腦會不會很快就凌駕在人的能力之上，畢竟這種預測總是說不準的。

電腦最大的缺陷之一就是沒有情緒和情緒經驗，換言之，它缺乏人性，或甚至是動物性。經常使用電腦的人會說它們會「讀檔案」或「懂指令」，但必須知道這些說法都只是一種比喻而已，雖然有人十分當真。有一回我和某個大學電腦系的主任提到這個說法，他斷然反駁，顯然他的想法和我的不同。我當然不是說你不可以那樣說，但通常怎麼說都無關宏旨，只是談到人機差異時，怎麼說就大有關係了。

66

笛卡兒認為，人和機器人的差異，也正是人和動物之所以相異之處。他指出（Haldane & Rose, 1931: 116-117）：

不管再怎麼笨的人也可以把思想化為句子，把字串連起來，這真是不得了的一件事。反觀，不管再怎麼完美的動物也做不到這點。

後面這個說法還有爭議，就像很多養狗的人都認為狗聽得懂人話──即使它們說不出話來。我們在此暫且擱下這個爭論，到了第12 章就會詳細討論動物的溝通。

笛卡兒認為人之異於禽獸者，不在於牠們沒有說話的器官，因為「鸚鵡也能像人一樣發出字音，但是牠們卻不能像人一樣把思想化為語言」（Halden & Ross, 1931: 117）。

相反地，聾人的聽覺器官無法正常運作，但他們卻可以使用手語和其他方法和人溝通，而手語和口語同樣具有表達能力。笛卡兒表示，語言是人類特有的能力，不受生理異常所影響。

到了二十世紀，白露吉和她的同事研究聾人的手語，並且證實手語有文法，也會演變，所以是真實的語言。人腦總有本事去使用語言，儘管有時身體少了正常溝通的器官。參見第 11 章。

三、杭士基對唯心論的貢獻

67

(一)科學方法

就如同史金納的書高舉古典行為主義的旗幟，杭士基的書則標榜古典唯心論的立場。唯心論者的意見是，心智在語言行為上扮演重大的角色，在語言學習上也非常重要。討論語言的問題時，他們願意探究心智的歷程。

但這要從何著手呢？要理會科學方法──只研究可以公開和客觀驗證的事物的方法嗎？真如行為主義者所說的，概念、意義和內在表徵等都無法用科學來探究嗎？（見第 3 章關於科學方法的討

論）。

　　為了和行為主義斷絕關係，杭士基認為有必要背離他們取自物理科學的科學方法。杭士基脫離了標準的科學方法，並且帶動了一股風潮，這就是所謂的杭士基革命。

　　杭士基的想法是，研究人類行為的科學方法應不同於物理和化學的方法。[1] 其間之所以有差異是因為心智是人文科學的主題，而不是物理科學的主題。（雖然，物理科學中的觀察法實際上也是心智的產物）。

　　杭士基先反駁了心智無法以科學方法來探討的想法，因為，如果此一說法是真的話，那麼語言研究就無以為繼了，畢竟語言是心智的產物。

　　他提出一個大膽的建議，說內省法（introspection; 檢查自己的思想）是研究語言的好方法，這個說法在語言學史上既非空前，也不新奇，但卻是幾十年來頭一次有人敢這麼說。

68

　　這和行為主義者的信念完全背道而馳，因為行為主義語言學家只有一種蒐集資料的方法，那就是使用錄音機（或筆記本）記錄社區真正使用的語言，然後他們會有方法去分析這些樣本，如此而找出語言的規律。

　　用這種方法蒐集到的語言樣本稱為「語料庫」（corpus），直到現在還有語言學家認為這是唯一的科學方法，不過相信的人數已經比以前少很多了。

　　假定你是這種語言學家，你也知道英語有某種句型，但你想用客觀的方式證明它的存在。於是你拿出錄音機等著某人說出這個句型，然而你也許要等很久很久，甚至等了好幾年或一輩子都等不到。為了縮短時間，語言學家會想辦法「引發」（elicitation）想要的答案，也就是說，他們會實施測驗或和受試者對話，來誘發他們說出特定的結構。

　　杭士基認為這是個浪費時間又沒有必要的方法，只是為了去找

到你早已知道的東西。假如你是母語為英語的語言學家，你知道什麼是英語的好句子，什麼不是，這就是懂得英語的意義。因此語言學家可以直接去探測母語使用者的語言直覺，甚至可以從自己的內心裡去偵察。

杭士基在著作中對這點解釋得很清楚（1965: 20）。他問道，如果允許用內省法取得母語使用者的直覺知識，語言學是否就不算是科學？他的回答是，這只是一個用語的問題，換句話說，是個說法的問題，「根本無關宏旨」。然後他說：

> 然而，這個用語的問題確實和另一個重要的議題有關，即究竟成功的科學的特徵是對洞察力的追求呢，還是對客觀性的執著呢？社會行為科學的例子證明了，執著於客觀性無助於獲得洞察力或真正的理解。相反的，自然科學的例子卻顯示客觀性是得到洞察力的工具。

當一個世代的科學信念被下一個世代所推翻時，科學革命就發生了，而杭士基在科學方法上的見解確實造成了這樣的革命。*69*

讀者也許會像行為主義者一樣，對科學方法規則的變化感到不安。畢竟如果語言學家可以隨心所欲說出任何事，我們怎知他沒有作弊？即使他無心作弊，他是否也有可能說出足以印證自己理論的話來？

關於此點倒是有好幾道防火牆。第一，如果語言學家出版了他們對語言某方面的「直覺」，全世界其他語言學家就會睜大眼睛看是否與自己的直覺相符，否則根本誰也說服不了。

其次，除此之外通常也必須從觀察中導出某些預測，如果這些預測也得到了其他佐證的支持，這個理論就有更大的可信度。下一章就會以杭士基的理論（他宣稱說所有的語言規則都是「結構特定」structure dependent; 見第 6 章第五節）說明這個方法。行為主

義者要求證據，唯心論者也一樣，只是證據的性質不同。

　　有件事值得一提，即科學方法中的客觀性無法杜絕作弊，有一些行為主義心理學家杜撰研究結果（後來承認了）的案例。事實上，說不定方法不這麼講究客觀時，作弊的可能性反而會更少——只要大家都有取得資料的機會。其實很難想像唯心論者要如何作弊呢。

(二)理想的說話者和聽話者

　　這樣說來，杭士基對科學方法的見解是革命性的，但不僅如此，他有著不同於前輩語言學家的目標。他寫道（1965: 3）：

> 語言學最主要關心的對象是理想的說話者和聽話者，他住在一個說同樣語言的社區，完全懂得這個社區的語言，也不受一些與文法無關的狀況所干擾，諸如：記憶限制、分心、注意轉移、興趣、應用時的（隨機或常見的）錯誤。

　　這段話太精簡了，但含意很多，值得我們深究。首先，何謂理想的說話者和聽話者（the ideal speaker-listener）？在日常用語當中，我們是說話者也是聽話者，不過，杭士基使用這個詞去指稱一個科學上的典範。

　　物理學常會設定在「毫無阻力的斜面」上滾球這類的情況，然而在真實的世界中，這種情況根本不存在；在真實世界中，任何斜面都有阻力。但這會是一種有用的科學假想：假如我們可以弄清楚在這種沒有阻力的理想情形下會發生什麼事，我們就可以推測出真實世界有阻力情形下的原理。

　　同理，杭士基說的是：讓我們來設想一種理想的情況，讓我們假想世界上有一個理想的說話者和聽話者，他完全懂得當地的語言等來說。這樣的人並不存在，就像沒有阻力的斜面不存在一樣，但

這種理想情形很有用，因為它可以讓我們導引出真實世界的規則來。

　　理想的說話者和聽話者「不受一些與文法無關的狀況所干擾，諸如：記憶限制、分心、注意轉移、興趣、應用時的（隨機或常見的）錯誤」，意思是說，如果有人因為太累了而說 "I gave the book Mary"，卻不是說 "I gave the book to Mary"，這並不能告訴你任何文法的事。再者，如果有個人口吃，有時他說 "the-the-the man"，有時他說 "the-the man"，有時又說 "the man"，這並不表示這個人認為這個名詞片語有三種表示法。就如杭士基說的，這些根本和文法無關。

(三)本領和表現

　　杭士基作了一個很重要的區分，他用「本領」（compentence）來指稱說話者所擁有的母語知識，這和通常的含意（做事的本事）不同。對杭士基而言，每個人都有語言「本領」，這是我們對母語的知識，有別於他所說的「表現」（performance），而那是說話時的真實情形。

　　也就是說，表現是實際發生的，而本領是不會「發生」的，因為它是隱藏在內的知識。可以用九九乘法表來做比方，那通常存在你的記憶裡，是你的本領，一旦用在真實的計算時，那就是表現了。

　　杭士基的興趣是寫下本領的文法，也就是理想的說話者和聽話者的語言知識，如果能完成這樣的文法，那麼真實使用的語言就可以從這兒開始描寫。

　　那麼，要不要討論表現？杭士基不是沒有興趣，只是他認為以目前我們的知識程度，表現的研究太難了。他把心用在可能有成果的研究上。無論如何，他認為表現的文法要建立在本領的文法之上。他也認為，本領的文法比起表現的文法更能揭露人性的本質。

　　杭士基描述理想說話者和聽話者的嘗試招來許多批評，至少剛開始實是如此。人們抱怨道，語言學家應該研究真的語言，人的語言，而不是那些抽象而不存在的東西。然而杭士基回答是，這才是科學的正規作法。沒人責怪物理學家說，他們應該研究這個世界當中的真實物體，而不是去構思比原子更小的粒子。他對本領和表現的區分，也受到批評，因為這種說法也是一種理想化思考的產物。

　　和其他學科一樣，語言學也有不同的學派，而這毋寧是健康的現象。相信杭士基主張的人覺得反對的意見沒什麼，但不相信的人就覺得批評有理。雖然已經讓你知道我是個唯心論者，我還是要重申無意灌輸讀者特定的教條，只是把重要的議題提出來讓你參考。我認為，在重要的議題上，不要輕易接受我或任何的意見，除非你已經深入地思考了。

72

(四)下意識的知識

　　杭士基說我們關於語言的知識大抵是下意識（unconscious）的產物，我們有時可以把其中一小部分的知識提升到意識界來，但是那只是冰山的一角。有理由相信其中大部分都在我們意識不到的範圍。

　　「下意識的知識」（unconscious knowledge）一詞可能會引起一些哲學上的難題，甚至杭士基也承認「知識」或許不是最適當的一個詞。總之，我們似乎有一些知識是在我們意識範圍以外的。

　　想搞清楚這個問題，我們可以先從日常生活想起。我們和人談話，很多場合也得使用語言，這時我們只是張開嘴，話就出來了。

　　通常我們不會意識到我們是如何辦到的，我們或許會想到說話的意義，但卻很少會去注意到句子的文法結構。我們不會這樣想：「嗯，我要以代名詞起頭，接著放個動詞，最後再來個名詞……」。如果我們每次都這麼想，我們說話的速度一定超級慢，慢到無趣或無法溝通的地步。如果是這樣的話，不太知道文法的人

（其實就是大多數的人）恐怕什麼也沒辦法說。

　　但是頭腦裡一定有什麼東西在幫你生產句子，這些句子不會無緣無故就突然從嘴巴冒了出來。你說話時所做的絕不只是一個奇蹟而已，[2] 實在太神奇了，科學不能不去正視它。還好，由於語言學家和心理學家的研究，它已經不再那麼神奇了，只是還有一些我們還不明白的地方。

　　這個奇妙的事不只是你我在下意識中可以完成，連 4 歲小童也可以做得到，他們大多可以說得很流利，他們雖然會有文法錯誤，但大都無關緊要。了不起的是最後他們辦到了，而且他們也從來不知道有文法這回事，所以他們也不可能在意識中建造句子。然而，他們的腦子中一定發生了什麼才能有這樣的結果。

　　我盼望你開始看出這確實有科學家會感到有趣的問題來。大腦究竟如何處理語言，小孩子到底怎樣學會母語，這都是人腦研究的中心議題。對「內太空」的探索就和對「外太空」的冒險一樣刺激、一樣重要。

　　也許你還不怎麼信服那是奇蹟的說法，這有那麼神奇嗎？這不是智慧的運用而已嗎？儘管人們並不能意識到造句的過程！

　　我們在下意識裡「懂得」語言的想法或許你還不習慣，所以也搞不清楚我在說些什麼。為了讓你更明白我的意思，我舉一些例子讓你去注意到從未想過的事。

　　首先，請看（1）-（3）組中的句子。記住，前面有星號的句子不合文法。

1a　Kylie is small.

1b　*Kylie is much small.

1c　Kylie is very small.

2a　Kylie is smaller than Michael.

2b　Kylie is much smaller than Michael.

2c　*Kylie is very smaller than Michael.

3a　Kylie is too small.

3b　Kylie is much too small.

3c　*Kylie is very too small.

這幾個句子呈現出英語裡一組複雜的事實。如果你要向外國學生解釋，可以想見其中的困難。然而，我打賭，要是你的母語是英語，你根本從不會犯錯。（假如你的母語不是英語，你也不會在母語複雜的地方犯錯）。

74　　我還願意打另一個賭，除非你讀過語言學，你根本不會有意識地去想這些事。但你的表現就好像你知道一樣，儘管你之前從未有意識地想過。這就是杭士基所說的「下意識的知識」。

我們再來看另一個例子，如果你的母語是英語，你會明白以下的句型是對的，即使你從來沒有想過這個問題：

4a　John intends to go to London.

4b　John hopes to go to London. [3]

4c　John wants to go to London.

5a　* John thinks to go to London.

5b　* John believes to go to London.

5c　* John dreams to go to London.

在此，同樣的，如果你的母語是英語，那麼你會同意（4）的句子都是正常的英語句子，而（5）的都不是。你也絕不會犯這種錯誤，即使你從來沒想過這回事。

也許你會認為這是動詞意義不同的緣故，但事情沒那麼簡單，因為在法語裡，（5a）的同義句就可以成立：Jean pense aller a Londres.。顯然，你在不知不覺當中就有了這種句子結構的知識。

因為這點太重要了，所以再舉最後一個例子。

6a　John is too stupid to talk to.

6b　John is too stupid to talk to Sue.

兩句都是英語的好句子，但卻有不同的解讀。（6a）當中的 talk to，意思是「任何想跟 John 說話的人」（都太蠢了），John 是說話的對象。相反的，（6b）中的 talk to，意思是「John 跟 Sue 說話」（太蠢了），John 是說話的主角。

我們怎知（6a）當中 John 是說話的對象，而（6b）中 John 是說話的主角？和我們更有關的問題是，兒童如何搞得清楚這個區別？語言學家有方法解釋，只是必須藉助複雜的文法理論來完成，這太高深了，不適合在此討論。如果你有能力的話，可以去讀 Chomsky（1986: 105）的討論。

（五）語言能力是天生的

接下來很自然的就要談到杭士基另一個主張：語言的若干層面都是天生的，是生而有之的能力。

杭士基當初發表這個主張時，很多語言學家都無法接受，到了現在仍有許多反對者，因此這還是爭論的議題。不過，經過了幾十年，贊成的聲浪漸漸多了起來。

必須注意，杭士基說語言是天生的，他不是說特定的語言（如英語）是天生的。假如是的話，那全天下的小孩豈不都說同一種語言？其實他的意思是語言當中的一些原則（principles）是天生的，就是因為有了這些原則小孩子才能學會任何所接觸到的語言。

那麼，所謂天生的「原則」又是什麼？嗯，有些原則其實相當簡單，譬如：每個語言都有句子、每個語言都有名詞等等。不過，有些原則比較複雜，也比較有趣。到了下一章時，我們會仔細的檢視其中幾個原則。

杭士基認為除了人有一般智慧外，還有一些特殊的語言能力，就像我剛剛所說的原則。當然，這個說法未必為真，因為有些人認

為人類的所有成就都是來自同於一種智慧，不管是作數學題目、寫小說或是畫畫，用到的都是一般智慧。對這種主張的人來說，學習說話也用到一般智慧。然而，杭士基不認為如此，他認為心智中有一種特別的能力，只專門用來處理語言。

他又如何知道的呢？他舉出許多證據來支持這個說法。孩子大多在 4-5 歲左右就學會了語言的精髓，沒錯，他們也會犯錯，但多半無關痛癢。4 歲的孩子已能說出一口流利的話，差不多每個小孩都做得到，而不是聰明孩子的專利。學不會語言的孩子通常都有一些病理的情況，干擾了學習。幾乎每個孩子都學會一種語言，那種周遭都在使用的語言。

這表示，學習語言的能力和一般智力之間沒有相關，因為各種智力的孩子都學會了語言。隨著經驗和技巧的成熟，智力的確和語言能力有相關，但這和前面說的是兩碼事。前面說的是學會用語言溝通的學習能力，以及會判斷之前（1）-（3）的句子的能力（見第 5 章第三節）。

杭士基指出，在那個年紀時，孩子在其他心智活動上還做不出什麼特別的事。一般 4 歲孩童既無法演算數學，也不會作曲或寫小說。

當然，有些像莫札特之類的天才，小小年紀就會作曲，成大器。但我們看到幾乎所有孩子到了 4 歲左右都已有了不錯的語言能力。

他們的學習速度驚人。既然他們 1 歲左右才開始說話，只花三年的時間就有了這樣的成就！學外國語的成人，即便住在當地，往往要花更多時間才能精通那個語言，而且往往也學不到母語的程度。

孩子學習語言的速度很快的說法也遭致批評。有些語言學家說，3 年不算短，因為孩子清醒時，有很長的時間用在聽話和學習說話上。再者，他們的動機很強，因為這關乎他們的生存。事實

上，他們不只花 3 年去學，因為第 1 年也要算進去，那時他們應該也都在聽人說話。這點倒是不假，真的有證據說孩子在 1 歲左右時已有許多知識呢〔見（Mehler & Dupoux, 1994）；並參考本書第 13 章〕。不過，這未必意謂我們一定得同意孩子花很長的時間才學語言的說法。反之，後面一點更能強化孩子學習神速的論點。

　　杭士基說語言是天生的，還有一個證據，就是指要年齡適當，孩子可以學會任何他所浸淫其中的語言。世界上有 5,500-6,000 種左右的語言，然而只要時機對了，孩子可以學會任何一種語言。在澳洲英語家庭中長大的越南寶寶，會學到澳洲腔的英語，聽不出和其他澳洲孩子有什麼不同。（近來有很多這樣的例子。）反之亦然，在越南家庭長大的澳洲孩子也會說越南話。

(六)生物時鐘

　　如果語言潛能是天賦的，那麼為何寶寶沒有生下來立刻就會說話？同樣好的問題是：為何不一生下來就走路？有些動物的確是如此。

　　為何有些動物較晚學會走路，我們並不清楚，只知道每種動物都有它的生物時鐘，這樣每個物種的成員就可以約略依時行事了。

　　我們很多方面的發展似乎都有生物的時程表，例如，多數人的青春期大約都在相同的時間發生，當然個別差異和性別差異是存在的。杭士基認為，連死亡也有時程表，人的陽壽受到許多因素影響，但終究活不過某個年紀，這應是時程表的作用吧。

　　這樣說來，語言的發展或許也依照人類特有的生物時程表吧。稍後我們會繼續討論這個過程。

四、皮亞傑和杭士基的辯論

　　1975 年，巴黎附近的羅玉曼修道院（Abbey of Royaumont）有

一場知識界的盛事，被公認為人間最偉大的語言學家杭士基和最了不起的心理學家皮亞傑之間，有一場舌戰。兩人也都是享有盛名的哲學家。

這場辯論不只兩人與會，許多語言學、心理學、哲學、人類學、生物學、教育學、數學和社會學等領域的傑出學者也共襄盛舉。辯論一開始，皮亞傑和杭士基依序提出「立場」論文（position papers），各陳己見，接著展開所有與會者參與的綜合討論。

討論會的論文集題目是「語言與學習：皮亞傑和杭士基的辯論」，法文版於 1979 年在巴黎出版（Piattelli-Palmarini, 1979），英文版於 1980 年在美國出版（Piattelli-Palmarini, 1980）。二十多年過去了，這場辯論仍是語言學習、語言功能、語言哲學最佳的思想寶庫。但提醒讀者，這本書的難度還挺高的呢。

(一)辯論的要點

兩人最大的歧見是，杭士基相信孩童具有天生的語言原則，但皮亞傑明白的予以駁斥。

皮亞傑在他的立場論文中，提出兩個反證駁斥杭士基語言學習是天生的說法。首先，皮亞傑引用知名的奧地利動物學者勞倫茲（Konrad Lorenz）的論點：語言是天生的說法建立在兩個前提之一之上，然而兩者都不太可能成立。

例如，我們可以假定語言的天賦原則在演化過程中代代相傳，果真如此，那麼連在演化環節中最原始的動物，都應該有語言的潛能。我們應會同意皮亞傑的看法，這是「令人難以置信的」前提。

皮亞傑說，另一個前提是，語言的潛能只出現在人類身上，這表示語言是突然出現的，應該是突變所造成的結果。但皮亞傑認為這「在生物學上難以成立」（biologically unexplained）。他接著說：

何以隨機的突變會讓人擁有說話的能力本以難以索解，現在我們又要將其歸因於某種理性語言結構的天賦，這樣一來，這種結構也必然是隨機得來的。（Piattelli-Palmarini, 1980: 31）

皮亞傑的論點很有說服力，是很難想像這種事情會是隨機的。

如此說來，皮亞傑似乎占了上風，但杭士基卻出了一記漂亮的反擊。他說，他同意皮亞傑部分的論點，確實，演化的發展在「生物學上難以解釋」，但不能說是「在生物學上難以成立」。他接著說（Piattelli-Palmarini, 1980: 36）：

同樣的說法也可適用在身體的生理器官上，它們演化的發展也在「生物學上難以解釋」……。我們真的不知道為何隨機的突變會讓人擁有語言學習能力，但我們也同樣不知道為何隨機的突變會導致哺乳類的眼睛或大腦皮質。

皮亞傑反對杭士基天生論的第二點理由是，所謂「天生的」語言原則即使不是天生的也可運作的很好，反正那些是感覺動作智慧形成後「必然的」結果。杭士基說，第二點「我似乎比較在意」，然而，假如皮亞傑覺得因此而高興的話，他恐怕立刻就會被接下來的話潑了冷水：

然而，我看不出皮亞傑的結論有什麼依據，據我所知，所謂感覺動作智慧的形成要怎麼去解釋語言的現象並無紮實的研究，我初步看來，也看不出有任何可能性。（Piattelli-Palmarini, 1980: 36）

80

為了充實他的論點，杭士基把他所認為是天生的普遍原則列舉

了出來。其中之一是，語言規則是結構特定的（參見第6章），他並舉出支持的證據。杭士基的結論是：「就像生理器官，基本心智結構的特徵和來源無法用有機體和環境間的互動來解釋」（Piattelli-Palmarini, 1980: 51-52）。

杭士基在一次訪問中進一步闡述他的立場（Otero, 1988: 414-415）：

> 什麼性質決定代名詞的指涉對象……，一旦你搞清楚其中的規則，你會發現根本和皮亞傑所說的兒童早期的邏輯操作沒什麼共通性。
>
> 訪問者：換句話說，四歲孩子或許不知道把矮胖瓶子的水倒入高瘦瓶子時水量不變，但卻已展現出複雜文法規則背後的邏輯能力了？
>
> 沒錯。這些能力和皮亞傑測驗所測的邏輯能力沒有相關，孩子堆積木所用的能力和他的文法知識一點都不相似。

誰贏了羅玉曼修道院的辯論？這就要看你問的是皮亞傑派還是杭士基派？當然，這一點也不奇怪。

辯論文集的編者 Massimo Piattelli-Palmarini 覺得杭士基和他的支持者（如 Jerry Fodor）贏了。最近（Piattelli-Palmarini, 1995）他回顧這場二十年前的辯論，試著以這個觀點來評估得失。他說當他在編輯那本書時，他覺得他應該「保持應有的中立」，但是現在他覺得不受拘束了。他強力支持杭士基和佛德（Fodor）的論點，並且質疑皮亞傑等人的說法。

因為他說有些話在辯論當時「極力避免」，我們可以假定他在當時就接受了這些觀點。當然，這表示當年他已經有所偏袒，目前仍是如此，特別是他十分感激杭士基、佛德和其他的同道。可以想見，Piattelli-Palmarini 的論文一定受到皮亞傑派的輕蔑。

如果你想有自己的定見，可以去讀辯論文集（Piatelli-Palmarini, 1980）或（Piatelli-Palmarini, 1995）的文章。為了平衡起見，你也應該一讀Campbell與Bickhard（1987）和Loreno與Machado（1996）。提醒你，這些論文都滿深奧的，其實超出本書的水準甚多。

五、辯論是否終結了皮亞傑學說？

讀者別誤以為只有不同學派的人（如杭士基）才會批評皮亞傑學說，事實上，皮亞傑學派的人也有很多意見。在第 15 章我們會聽到這些批評，在此暫且不提。

1977 年 2 月皮亞傑網路討論區顯示，不只有古典的皮亞傑派，還有新皮亞傑派（neo-Piagetians）曾和皮亞傑共事者或依循其學說者，只是意見有些修正），更有「全新皮亞傑派」（new Paigetians）和皮亞傑沒有淵源，且理論的修正有時很大）。有一個全新皮亞傑派私下說他想開個圓桌討論會，議題是何謂皮亞傑派。顯然，這個名詞人言言殊。

皮亞傑學說和生成（杭士基）學說最大的差異是，是否有天生的語言原則。皮亞傑派就算承認有一些天生的語言傾向，也未必完全接納杭士基其他的主張，更遑論完全拋棄皮亞傑的見解。到了第 15 章我們會有進一步的討論。

82

註釋

1. 這並不意味杭士基認為有兩套不同的科學方法，他只是認為科學方法應該更寬廣一些。
2. 奇蹟一詞並不表示無法以科學來解釋。
3. 感謝 Peter Peterson 向我指出，此處語意幫不了大忙，因為 5 的動詞可以和 hope 連用，只要使用 that 子句作為捕語即可。

第 6 章

近看杭士基理論

一、天生的原則

假定我們要當真去看待這個說法：孩子有天生的語言原則，所　　*83*
以可以很快的從周遭環境中去吸取語言。那麼，我們要怎樣去找這
些原則呢？孩子的腦子裡語言如何運作，以目前的物理科學技術，
根本無從印證。如此，還有什麼辦法來解決這個問題呢？

十七世紀的德國哲學家兼數學家萊布尼茲（Leibniz,
1646-1716）寫道：「語言是人類心智最佳的鏡子」。杭士基不但
擷取了這個想法，而且還發揚光大。事實上，這成為他發現心智運
作的方法基礎，他主張有專門用以處理語言的心智官能（fac-
ulty），他想藉由語言結構和運作的探討來推導出這個官能如何工
作。

杭士基主張孩子與生俱來的語言原則包藏在大腦的線路裡，我
們因此可以說兒童出生時即有語言的「知識」，雖然這大都是下意
識的。當然出生時他一個語言也不認得，但是接觸了周遭的語言
後，寶寶的表現就好像他知道語言的文法一般。

隨著孩子語言的進步，他也歷經了許多種心智狀態，數年後，
他終於到達了一個「穩定的狀態」（steady state），語言就像大人
一樣。之後，再也沒有重大的發展了，當然每個人終其一生都不斷　　*84*
的會學到一些新詞彙，甚至是新的句型。

　　請注意這個語言學習觀和史金納的有何差別（見第 3 章）。史金納認為重要的事都是孩子身外的事件，媽媽和他人才是孩子學會語言的原因，孩子本身幾乎沒有任何貢獻。孩子腦中沒有什麼值得注意的事發生，至少沒有有任何科學價值的事。與此相反的是，杭士基相信語言習得的要點是心智內的事，他的使命就是去解開其中的謎。他設計出很天才的方法來達成這個使命。

　　杭士基的核心問題是：孩子生而有之、不必去學的語言知識究竟是什麼？你也許認為這是無法解答的問題，但杭士基找到了方法，他探索心智的主要工具是文法。在說明他如何工具之前，先得澄清所謂的文法意指什麼，這就是下一節的主題。

二、從社會階層的角度看文法

　　由於本書所使用的「文法」一詞與通俗用法略有差異，在此略須加以說明。

　　過去學校教的文法很重視「正用」與「誤用」之別，有時會以規則來表達，如：「句子不可用介系詞結尾」、「不可以使用雙重否定詞」等規則，要求大家使用「正確」的說法，而通常這指的是偏好某種方言而貶抑其他方言。

　　語言學家所說的方言分兩種：地域性的（regional）和社會性的（social）。地域性的方言是以地理區域來說的，但即便是同一區域，說話的方式也因社經地位而有區別：收入多寡、教育程度、工作性質等等，這就是社會性方言。

　　英語世界中學校教的「優勢」（prestigious）方言常是有錢、有勢、高教育的人說的話，而沒錢、沒勢、低教育的人說的話則屬「不正確」。雖然這個說法有些簡化，但大抵屬實。

　　這種文法教學的背後是英語有庸俗化和低劣化的隱憂，任何改變都被視為洪水猛獸。不過語言學家認為變化本是語言的常態，多

少個世紀以來一直如此，未來仍會如此。

　　和「優勢」方言不同的方言就被視為鄙俗不堪而需矯正。沒錯，有些人就是舌燦蓮花，語言技巧比較好，只不過這種人哪種方言都有，不是哪種方言的專利。

　　然而，許多人相信文法有對錯之分，在這兒，我請你拋掉這種文法的概念。這種概念儘管是大眾之見，卻和語言的科學研究無關。[1]從語言學的角度來看，所有方言都對，也都一樣有趣；對了，說 "I seen it"，"I done it"，"I ain't"，"them books" 等句子的英語方言也一樣合理。英語所有的方言都源遠流長，就算是那些「優勢」的方言也沒有在語言學上有較優越的地位。

　　語言學的科學探討不對方言的優劣進行價值判斷，只針對人如何學習和使用語言進行探究。

三、文法的科學觀

　　第 3 章提到孩子長大所說出的每個句子不太可能是從前都學過的，因為之後自己可以說出的句子可說是無窮無盡的多。杭士基認為，我們所說的句子不可能是背下來的，儲存在記憶裡的應該只是詞彙和造句的法則而已。

　　詞彙的記憶稱為詞庫（lexicon），其實就是辭典的美稱，只是這不是書架上的辭書，而是你的腦袋裡多年來學到的語詞總匯，或許是藉由天生的原則獲得的。沒人見過它的樣子，但語言學家時常對它的內容做出合理的推斷。

　　杭士基假定我們的腦中有一套造句[2]的原則，那就是文法。粗略地說，我們可以稱之為造句的法則，不過不是稍早所說的對錯規則。這些規則很少受到方言不同的影響，以語言學的角度而言，方言差異的影響微不足道。

　　現在讓我們仔細來看一些規則。

86

四、夠你用的文法

　　這不是文法書，有興趣來讀兒童語言的讀者恐怕也不會急著想學一堆文法，但是，本書有些部分還是得提到一些文法規則，只好請讀者忍著來學些基本的事實。我盡可能說得少、說得巧。

(一)詞類

　　任何語言裡的語詞都有詞類之分，不同的詞類在句子裡扮演不同的角色。至少有兩類詞——名詞和動詞，所有語言都有，這可能意謂名詞和動詞的概念是生而有之的。

　　英語大概有 9 種[3]詞類，不同的人有不同的算法。最常見的說法是：名詞、動詞、形容詞、介系詞、副詞、助動詞、加強詞（intensifier）、定詞（determiner）、連詞。代名詞是名詞的一個特例。[4]

87　　把不同詞類的詞組成句子，不是漫無限制，例如，（1）中每個都是英語的單詞，但卻造不出一個好的英語句子：

　　1　*ran the up by for and a

　　就算把詞序改了改，還是不成，這些單詞無論如何也造不了一個合文法的句子。

　　這個問題是它所選的單詞詞類不對，（1）當中單詞的詞類[5]分別是：動詞（ran）、定詞（the）、介係詞（up）、介係詞（by）、介係詞（for）[6]、連接詞（and）、定詞（a）。結構好的句子首先要選對詞類合適的單詞。

　　然而，光是這樣還不夠。雖然（2）有詞類正確的詞，它還不是結構良好的句子。

　　2　*stuck bottle his has finger Paul a in

　　不過，只要把詞序改一改，就會成為好句子：

3　Paul has his finger stuck in a bottle.

現在，我們知道好的句子有兩個條件：單詞的詞類要選對，而且要把它們的次序擺對。句法的研究正是討論這兩個條件的學問。

（二）認識名詞與動詞

我說過，動詞和名詞很重要，你最好見到就能認出。那麼你要如何才能認出它們來呢？或許給你定義，你背了之後就做得到。不過，我可不想這麼做。我可以有兩個選擇，一個是給你充滿漏洞的傳統定義；另一個是讓你去上一年的語言學課程，之後我可以給你比傳統更好的定義，不過我猜你並不想多花一年來修語言學。就算是這樣，名詞和動詞還是有些難解之謎。

所以我現在想讓你看看一些傳統的定義，並且指出其間的漏洞，希望你搞懂它們的意思。

首先來看一些定義，強生博士（Dr. Johnson）在 1755 年出版了第一部英語辭典，在他的定義裡，cat 是「一種常見的家畜」，這不是一個充分的定義，因為它也適用在dog之上。不過，強生顯然認為，假如讀者無法從描述中認出它來，再多的字也是枉然。他的目標不在提出一個密不透風的定義，而在於使讀者可以說出「啊，對了，我知道它是什麼」。

事實上，現代的辭典並沒有好到哪裡去。「詹伯二十世紀辭典」（Chambers 20th Century Dictionary）當中，cat 的第一條解釋是："a carnivore of genus Felis, esp. the domesticated kind or any of the smaller wild species"（食肉的貓科動物，特別是家庭馴養的種類，或體型較小的野生種），這個定義比強生多的只是添加了一個拉丁字 felis。假如你不認得這個拉丁字，你還是不知所云。

在處理名詞、動詞或其他詞類的定義時，我想採用強生的辦法，也就是捨棄密不透風的定義方式（也做不到），只是試著讓你說出「啊！對了，我知道你的意思」。其實，很多讀者應該已有這

個程度了。

先從（4）講起：

4　The actor wrote a book.

在（4）裡，actor 和 book 都是名詞，名詞不外「名字」或「標籤」，然而，如果我們想進一步下個定義，困難就來了。傳統上學校教的名詞定義是：名詞就是人、地、物的名字；而 actor 指的是人，book 指的是物，所以這個定義看來還沒問題。

89

不過，有些詞大家都認為是名詞，卻沒被這個定義所包含進去，所以這個定義還是有問題。例如，（5）當中的 meeting 和 hour，（6）當中的 happiness 和 blessing 都是名詞。

5　The meeting lasted an hour.

6　Happiness is a great blessing.

沒錯，如果嚴格一點，這些名詞沒有一個提到人、地、物。此外，還有許許多多類似的例子。

也許，改進的辦法就是在定義裡多加一些標籤，這樣一來，名詞就成了「人、地、物、事、時間單位或情緒」。如此一來，meeting, hour, 和 happiness 全都涵蓋進去了，因為一個是「事」，一個是「時間單位」，一個是「情緒」，但是 blessing 呢？事實上，還有很多名詞都不在上面的定義裡，例如：length, beauty, delay, weight 等，這個名單還可以很長很長。

讓我長話短說吧。其實添加再多的描述項目也無法得到令人滿意的定義，六十年前，世界上大部分的語言學家也都玩過這個遊戲，可是久久也得不出一個密不透風的定義來。從此以後，一直也沒人做得到。

也還有其他的方法來搞懂名詞是什麼，例如，它們總占據了句子某個位置，可是這個問題說來話長，我無意詳述。我們在下意識中知道單詞的詞類為何，因為我們總是使用得很好。由於以上已舉了若干例子，雖然我們無法予以界定，相信讀者都知道名詞是什

麼。你一輩子都還沒給名詞下過好的定義，卻還不是過得很好？相信你還會繼續存活得很好。

讓我們回頭看（4）：

4　The actor wrote a book.

Wrote 是個動詞，而動詞據說就是用來表達動作、事件或狀態（用過去教科書的話說，就是 "doing, being or having" 的單詞）。這個定義也有問題，因為「動作」、「事件」、「狀態」等字眼本身就是名詞，指稱這些情況的單詞很多也是名詞，如：fight, race, climb 是「動作」；disaster, earthquake, flood 是「事件」；content-ment, anger, love 是「狀態」。其中有些單詞湊巧具有名詞和動詞的雙重身分，如：fight, race, climb, flood, anger, love 等。一個單詞可以同時屬於幾個詞類。

90

我們現在也不想誤入歧途來給動詞下定義，我的目標仍是一旦你見到一個動詞你就認得出它來。動詞的例子有：run, eat, talk, like, make, give, sing, find, receive, play, resign。

英語動詞會因現在或過去的時態不同而有著不同的形式，例如：walk/walked 或 run/ran 等。現在你可有信心說：「啊！對了，我知道它是什麼」了嗎？如果沒有，那就繼續吧！還有其他的動詞，你看多了就會認識它們。其實你在下意識裡早就認識它們了，因為你一直都很正確的使用著它們。

句子（4）The actor wrote a book 中的 the 和 a 都是定詞，定詞很少，很容易認識。以前把 the 和 a 稱為冠詞，現在所說的定詞還包括了 this, these, that, those 等詞。*7*

(三)詞組結構

試看（7）這個短句：

7　Vicki laughed.

現在可以為這些單詞標上詞類：

8　[N Vicki] [V laughed]

其中 N 代表名詞，而 V 代表動詞。在同樣的情況下，我們可以為（9）標上類似的標籤：

9　The woman laughed.

貼上標籤的方法是：

10　[DET the] [N woman] [V laughed]

DET 代表「定詞」。

稍早我們提過好的英語句子必須符合兩個條件：

- 詞類的選擇必須合適；
- 詞序必須正確。

現在我們還可以再加上一個條件：

- 單詞必須組合成詞組（phrases）。

所謂詞組可以是一個單詞，也可以是一組單詞。你唸過代數吧，你知道數式可以用括弧表示，如：（a - b）＋ c; a -（b ＋ c）等。括弧的擺法會使兩個式子的結果不同，假使 a ＝ 5, b ＝ 3, c ＝ 1，則第一式的結果是 3，而第二式的結果是 1。同理，括弧也可以用來標示句子的結構，指示哪些單詞是同一掛的。括弧可以為句子帶來不同的意義，如（10a）和（10b）所示：

10a　[drunken lecturers'] wives

10b　drunken [lecturers' wives]

（10a）裡的 drunken 和 lecturers' 是一掛的，表示酒醉的是講師們；而（10b）裡的 lecturers' 和 wives 是一掛的，表示酒醉的是講師們的老婆。

不過這種因為詞組結構不同所導致句義的分歧並不常見。無論如何，藉由括弧來把單詞分組，才足以凸顯句子的結構，討論起來才方便。

現在試看（11）：

11　The woman laughed.

有三種把其中的單詞加以組合的方式：

11a   [the] [woman] [laughed]

11b   [the woman] [laughed]

11c   [the] [woman laughed]

（a）的編組方式意謂著每個詞都是個別獨立的，彼此組合起來。（b）表示，the 和 woman 合組成一個詞組，而 laughed 不屬於那個詞組。最後，（c）則認為 woman 和 laughed 是同一個詞組，而 the 則與它無關。

92

哪個方式才符合你的直覺呢？我們馬上就可以把（c）排除掉，因為比起和 the 的關係，woman 不可能和 laughed 更接近。實際上，最好的分析是（b）。假使你的直覺無法做到，現在讓我給你一個提示。

12   Vicki laughed.

如果 Vicki 是個女人（woman）而不是年輕的女孩，那麼，（12）可以描述（11）所說的事，如此，（11）裡的 the woman 就可以等同於（12）裡的 Vicki 了，亦即兩者可以是同一個人，更重要的是，兩者在句中都扮演同一個角色。

句子（11）和（12）都有兩個部分，一個指出誰做出笑的動作的詞組，另一個則是說明動作為何的動詞。傳統稱兩者分別是句子的「主詞」（subject）和「述語」（predicate）。主詞可以是單獨的名詞如 Vicki，也可以是一個包含名詞（如 woman）和定詞（如 the）的詞組。兩類主詞至少都有個名詞，因此也被稱為「名詞詞組」（noun phrases）。名詞詞組一定得包含一個名詞，而這個名詞就被稱為此名詞詞組的「頭」（head）。這一名詞詞組也可以有其他的內容，如定詞。

現在可以用（13）來標示以上的句子：

13a   [NP [DET the] [N woman]] [V laughed]

13b   [NP [N Vicki]] [V laughed]

在（13a）裡，the 的標示是定詞，woman 是名詞，不過還有個大括弧把 the woman 標示為名詞詞組。（13b）裡沒有定詞，Vicki 被標示為名詞，其外仍有一個大括弧，標示為名詞詞組，意謂著它同時有兩個歸類法。

以上兩句的括弧編排還不算完整，正如 Vicki 可以身兼名詞和名詞詞組兩個身分，laughed 也可以同時是動詞和動詞詞組。名詞詞組必然包含名詞而或許可有其他詞項，同理，動詞詞組必然包含動詞而或許也可有其他詞項。

如此我們即可以（14）來完成括弧的編排：

14a　　[NP [DET the] [N woman]] [VP [V laughed]]

14b　　[NP [N Vicki]] [VP [V laughed]]

現在我要來說說前面或許讀者感到疑惑的一點。我說過，the woman 和 Vicki 分別是所屬的句子的「主詞」，但我也說它們又是名詞詞組。兩種說法之間有什麼關係呢？

名詞詞組是該類詞組的名稱，而「主詞」則是說明詞組與句子之間存在的一種關係。該句的主詞很清楚，然而該句的名詞詞組就指涉不明了，因為單子句的句子（以上兩句均是）只能有一個主詞，卻可以有好幾個名詞詞組，例如，The woman took her lunch from her bag，其中只有 the woman 是主詞，但名詞詞組卻包括了 the woman, her lunch 和 her bag。

類似的情況是，我說過，句子中主詞以外的成分是述語，而前例中的 laughed 又是個動詞詞組。其中的差異，一如前段有關主詞和名詞詞組的討論：「動詞詞組」（verb phrases）是該類詞組的名稱，而「述語」則是詞組和句子的關係。當我們說該句的述語時，我們知道所指為何，但卻不知該句的動詞詞組是指哪一個。

嚴格說來，（14）句應該還要使用另一組括弧，稱為 S（代表句子），把整個句子囊括進去。

15a　　[S [NP [DET the] [N woman]] [VP [V laughed]]]

15b　[S [NP [N Vicki]] [VP [V laughed]]]

一旦句子變得更長更複雜時，括弧的編排就會越來越複雜。到現在為止，你可能都還可以應付得過去，不過隨著越來越複雜的句子，括弧編排可能會造成閱讀的困擾。為了減輕負擔，我不會把所有的括弧都放進來。例如，我在討論（15a）的句子時，如果不在乎名詞詞組的結構，那麼我也許會這樣表示：

16　[NP the woman] [VP [V laughed]]

我甚至可以丟棄更多的括弧，完全視當時我的重點是什麼而定：

17　[NP the woman] laughed

換言之，我只會擺進足夠用來解釋重要部分的括弧，但讀者須知這只是一種簡便的作法，必要時還是應該把完整的括弧全擺上。

現在我就要應用這些原則了。我要說明的是，還有比前面更複雜的名詞詞組，例如：

18　[NP [NP a woman] [Cl who lives near me]]（won a big prize）

我要指出的是，例句中名詞詞組裡還包含有一個子句，用 Cl 標示。子句就像是一個句子，只是稍有不同，此例中的子句很像 The woman who lives nears me，只不過用 who 替代了 the woman。我無意深入分析，除了想指出一點：在較大的名詞詞組 a woman who lives near me 中包含著一個句子般的子句；此外，其中也包含著一個較小的名詞詞組 the woman。第一組內括弧包住小的名詞詞組，第二組括弧則包住較大的名詞詞組。我之所以說這些的目的是要讓你熟悉某些概念，如此你才有辦法充分了解杭士基的語言習得理論。

我們不必停下來思考就可以造出和說出句子，顯然，我們多半是在不知不覺中完成的，不過，大腦某處必定有著某種「程式」（program），把詞語串組為句子。或許你可以把它想像成類似電

腦中的程式，不過這只是個比喻的說法罷，我不認為人腦就像電腦。重點是，我們似乎擁有某種可以在潛意識中造出句子的程式。

　　現在假定我們天生擁有詞類是什麼的知識，而且我們還知道，哪些是主要的詞類，哪些是次要的詞類。主要的詞類有：名詞、動詞、形容詞、介係詞；至於定詞、連詞等就像文法水泥把主要的詞類緊密的黏合在一起。這個說法儘管不怎麼完滿，但或許可以讓你獲得大概的印象。

　　我可以談深入點。想像大腦天生還知道，四個主要的詞類都可以成為相關詞組的頭，換句話說，名詞永遠是名詞詞組的頭，動詞永遠是動詞詞組的頭，形容詞永遠是形容詞詞組的頭，而介係詞則永遠是介係詞詞組的頭。

　　前面已介紹過名詞詞組和動詞詞組。The cat is very fat 句子當中，very fat 就是形容詞詞組，而 fat 則是詞組的頭。[very 是個加強詞，作用為形容詞詞組中形容詞的衛星詞（修飾詞）]。在 The cat is on the roof 當中，on the roof 是介係詞詞組，而 on 即是這個詞組的頭。[8]

　　現在稍停一下，因為你可能在抗議了。「你不是說杭士基認為寶寶天生就有這些知識嗎？」可是，寶寶還沒學到這些單詞，如此他又如何能夠貼上「名詞」、「名詞詞組」、「詞組的頭」等各種標籤呢？你說的沒錯。不過，杭士基不曾假定內在的知識一定得用文字來表示，他也沒有清楚指明這種知識要如何在大腦體現出來。問題是，我除了用文字以外無法表明孩子已知的知識。確實還有些未解之謎，讀者可以參考 Elman et al.（1996; chapter 7）。

　　這些先天的知識可能是細胞的排列方式，或是電流的組型，而證據顯示，它是我已經用文字表述過的某種表徵。

　　Katz et al.（1974）作了一個有趣的實驗，發現 17 個月大的女孩子表現出她們知道特定名詞（proper noun）和一般名詞（common noun）的區別。他們把這些小女孩分成兩組，然後給第一組的

小女生一個新娃娃，告訴她們：「這是Dax」；這時，桌上還躺著另一個外觀很像的娃娃，換句話說，Dax是個專有名詞。

他們也給第二組的小女生一個娃娃，同時說：「這是個dax」，換句話說，dax是個一般名詞。這時，桌上也有另一個類似的娃娃。

之後，他們要求第一組的女生「拿Dax給媽媽看」，結果每個孩子都拿先前實驗者展示的娃娃。當第二組的女生被要求「拿個dax給媽媽看」時，卻是任意挑選其中一個娃娃。問其他問題時，這組女孩似乎把兩個娃娃視為可互相替換的角色。

反之，第一組女生總是選取原先展示的娃娃，這意謂著這些小女孩可以分別出特定名詞和一般名詞的差異，即使他們從未聽說過那個詞。

此外，當使用盒子（而非娃娃）重複這個實驗時，上述這種區分就消失了，每一組孩子在挑選盒子時，都很隨意。這表示其實她們明白，娃娃可以有個別的名字，然而盒子可不行。

有一件事是相當肯定的，即沒有人曾特意去教導這些 17 個月大的小女生名詞是什麼，更別說是一般名詞和特定名詞的區別了。然而，她們表現出來的就好像是暗中知道這些一樣。有許許多多的實驗證明了孩子在很小的時候就擁有一些不教而會的知識，我們到了第 13 章時會提些這類的實驗。

第 5 章的後半段談到許多我們所展現出來的文法知識，儘管我們或許從未認真的思考過這些事。

五、認識心智的一種方法

杭士基主張，句子背後有著抽象的心智結構，無論哪種語言這些結構大致相同。然而，要經過種種的運算後才會浮現出個別語言的句子型態。這些運算就是隱藏的文法，也就是驅動語言操作的引

97

擎。

受到大腦結構的影響，這些運算是受到一些限制的，由於這裡不適合談太深入的語言學，所以我只能舉淺例說明。

以下兩個句子一般都認為彼此有關連：

19a　The baby is eating a snail.

19b　Is the baby eating a snail?

暫且假定（19b）是從（19a）演變而來的，這個說法其實太過簡化，因為我們省略了很多技術性的細節。不過為了目前的討論方便起見，我們如此假定也無傷大雅。

假如我問你其中的演變過程是什麼，你的答案可能是：「拿走 is 然後移至句子的左前方」，這個說法在本例中是對的。不過還有其他類似的例子：

20a　Dad will come home soon.

20b　Will Dad come home soon?

21a　Sally could play in the team.

21b　Could Sally play in the team?

除了 is, will, could 之外，還有少量的詞只要搬移就可以造成問句，這些包含了 shall, can, would, must, may, might, has 等等，暫且稱它們為「is, will 等詞」。

把前述陳述句改變為問句的規則可以叫做「規則 A」：

A　　從左至右審視句子，一看到「is, will 等詞」，即將之移至句子的左前方。⁹

不過，儘管這條規則在這些例子中運行無阻，然而有證據指出，原則上我們並不使用這個規則，甚至小孩子也不用這條規則。

為了了解這個道理，且先看以下的句子：

22　The girl who is chasing Peter is his friend.

先前我們也見過類似的句型，即（18）。本句的主詞是 The girl who is chasing Peter，相信你看得出來，這是個較大的名詞詞組，裡頭包含一個較小的名詞詞組（即 the girl），與其相鄰的是較大的名詞詞組的另一個部分，是個子句（Cl）。

現在試著把規則 A 應用到此例中，看是否可以得出問句來。我們從左至右審視句子，一看到「is, will 等詞」，即將之移至句子的左前方。第一個遇到的是在 is chasing 當中的 is，於是我們就將其移至句子的左前方，然而結果變成了：

23　*Is the girl who chasing Peter is your friend?

我們一定做錯了什麼，因為（23）不是形式正確的問句。現在如果把規則 A 修改成規則 B，我們就會得到正確的答案：

　B　從左至右審視句子，一看到構成句子主詞的名詞詞組之後的「is, will 等詞」，即將之移至句子的左前方。[10]

規則 A 要你找第一個「is, will 等詞」，而規則 B 找第一個構成句子主詞的名詞詞組之後的「is, will 等詞」。（22）的主詞名詞詞組是 The girl who is chasing Peter，因此我們得找其後首先出現的「is, will 等詞」，而那就是第二個 is，所以就把它移至句首，就成了（24）：

24　Is the girl who is chasing Peter his friend?

規則 B 也可以應用在先前提過的其他例子中，如 The baby is eating a snail, Dad will come home soon, Sally could play in the team 等。雖然規則 A 應用到這些例子時也可以得出答案，但用在（22）就出錯了，可見規則 B 較為正確。

其實 A 和 B 是兩類不同的規則，規則 B 提到了「名詞詞組」和「主詞」等文法觀念，而規則 A 一個文法觀念也沒提及。規則 B

99　　被稱作為「結構特定」（structure-dependent）的規則，但規則A
不是。因此，規則 A 較為簡單，它不涉及任何文法結構，而且它
不正確。

　　想想，人在說句子時，語音裡並沒有任何記號告訴你哪些片段
是名詞詞組，哪些又是主詞，什麼也沒有。這些都是抽象的觀念，
很顯然必定是源出於內心。反之，如果你想聽聽是否有 is 或 has 等
特定的詞，你非從實際說出的句子聲音中去找不可。

　　因此你會想，兒童在學習造出問句時，他們自然就要去聽取實
際出現的特定詞，應該不會去為抽象的名詞詞組或主詞來擔心。對
於（19）、（20）、（21）等短句，應用規則 A 就會得出正確答
案了，然而碰上較複雜的（22）時，就沒輒了。

　　一個可能性是，孩子最初的確應用規則 A 在短句上，等到遇
上像（22）這種稍微複雜的句子時，就改用規則B了。如果事實果
真如此的話，我們應該預期孩子在長句上會犯如（23）這種錯誤。
但他們從來不會犯下這種錯誤。杭士基（Chomsky, 1976: 30-33）由
這些事實得出一個結論，也就是從頭開始，孩子就會應用內含文法
知識的規則了。要能做到這點，他們一定先天就有語言規則的知
識，這些規則都是結構特定的，也就是說，它們都和文法結構有
關。

　　杭士基的論辯有點複雜，不過只要你試著了解，你會發現它其
實滿有啟發性的。現在你最好停下來回想一下要點為何，如果腦袋
一片空白，就回頭去複習一下。

　　杭士基的論證非常精彩，無論對錯，它都表明了：語言的特性
可以怎樣用來形成先天論的假說。當然，先天論需要證據證明，而
且也得有某些假說來讓我們一窺心智的本質，當然這需要一些天分
才辦得到。

　　不僅如此，支持的事證也存在。杭士基說孩子從未犯下類似
100　（23）的錯誤，如果這個說法一直沒有遇到挑戰，他的推論是對的

可能性就越大。既然有證據顯示先天論為真，那麼語言規則是結構特定的原則也不會侷限於英語，更能應用在全人類的語言。反之，如果證據證明孩子的確會犯下那種錯誤，那麼他的論辯就會崩解。當然，這未必會導致整個理論全面瓦解。

六、參數

前面說過，杭士基認為有些語言的原則是大腦先天就有的，近年來，他更聲稱有些「參數」也是先天的。以我們的目的來說，「參數」（parameters）就等於「變項」（variables）。如果你還不明白，那麼你就回憶一下代數，數學式當中的字母就是「變項」，因為我們可以賦予它們不同的數值。在此，「參數」大抵就是這個意思。

我要借用個比喻來說明杭士基的意思，這個比喻也是他最早提出的。想像腦中有可以調整設定的旋轉鈕（這只是個比喻而已，腦中實際上不存在旋轉鈕），假如寶寶有意識的話，或許他開始自問：「我周遭的人們說的究竟是什麼語言呢？」（這當然也是個比喻）。過一陣子，寶寶發現旋轉鈕要調至某個設定才能懂那個語言；或許更可能是旋轉鈕根據孩子耳朵所聽到的語言自行調整設定。這些旋轉鈕也就是以上所說的參數或變項，需根據某個特定的語言而進行調整。調整妥當後，只能聽見某個語言。

如何才能更清楚地說明這些內容呢？至今被提出的參數多涉及技術性的語言學理論，對毫無語言學基礎的讀者而言，要找出適當的例子並不容易。在此僅舉一例，聊以解惑。

（25a）是個英語句子，（25b）是其義大利語的譯文。

25a　John is eating（eats）a pear.

25b　Giovanni mangia una pera.

　　[　John　　　eats　　a　pear]

101   假使之前我們已經提過 John 的名字，我們若還想再提及他，
在英語中你可以說：

26　He is eating（eats）a pear.

在義大利語中，同一個句子並不使用代名詞，這就成了：

27　Mangia una pera.

　　　[eats　　a pear]

它的意義和（26）的英語句子完全一樣，義大利語言學家早就
在文獻中報導過此事。語言學家還說，可以在（27）中使用代名
詞，但只有在特別強調的情況下才用。像西班牙語等有些語言也有
同樣的情形，這種語言被稱為「丟掉代名詞」（pro-drop）的語
言，因為它們在主詞的位置時可以丟棄代名詞。

　　一旦你知道某個語言是「丟掉代名詞」的語言，你可以對它做
出許多預測。例如，你知道義大利語允許這麼說：

28　Mangia una pear Giovanni.

這個預測是對的。進一步地說，假如你知道英語不是「丟掉代
名詞」的語言，你也可以預測它不會有類似（28）的說法，而這個
預測也是正確的：

*Is eating（eats）a pear John.

這是個強而有力的機制，亦即，假如你知道甲語言的句子結構
的某個特性，你通常可以預測其他的特性。

　　「丟掉代名詞」的相關研究還在持續的進行當中，事實遠比以
上的說明複雜得多。（參見 Hyams, 1986, 1992; Weissenborn, 1992）

　　假定語言的一些事實足以讓你推知其他許多的事實，又假定寶
寶在學習語言途中發現了這個語言的某一事實（例如他會丟棄代名
詞主詞）。

　　最後，再假定寶寶關於語言原則的先天知識讓他自然推測出許
102 多其他的事實，這就可以解釋何以寶寶在極短的時間內就學會了他
的母語，原來他根本不必學習語言的全部！他們只需學習某些事

實，而其他的部分則會自動的由先天的語言知識所填補上來。

　　換言之，一旦每個參數都設定妥當，其他事情就自己擺放的安安穩穩，把全部的參數設定值擺平，你就會擁有一個完整的語言。如果調整至其他設定，你會獲得另一個語言。

　　雙語使用者的設定情形會是另一個有趣的問題，特別是其中一個是 pro-drop 的語言，另一個不是的例子，就像英語和義大利語。文獻裡有很多說法，但太技術性了，在此略而不談。

　　不過，這終究只是一個理論罷了，儘管有相當多的研究在探討相關問題。這是個極具想像力的理論，如果被證實的話，將會產生許多令人振奮的後果。不過，和任何科學研究一樣，它也有可能是錯的。

註釋

1. 然而，還是要提醒一句。人們常根據你說的話來評斷你；如果你的話不符合某些被認可的形式，人家會認為你不夠聰明或教養不夠，這樣你可能就得不到好工作。這不公平，但社會確實存在這種態度。這純粹是社會的偏見，如同人們從衣著來判斷人一樣，但語言偏見造成的傷害更大。

2. 更精確的說法應該是「衍生出」（generating）句子，造句（constructing sentences）是表現，而衍生句子卻是本領的一部分。兩者的差異超出本書的範圍，讀者可以參閱杭士基 Aspects of the theory of syntax（1965）書中有關 "competence" 和 "performance" 的討論。不過那本書很多的見解都被杭士基和其他人新近的著作所修正。

3. 一些語言比 9 個還多。

4. 嚴格說來，是名詞詞組的一個特例。名詞詞組下文會作解釋。

5. 在某些上下文的脈落中，這些詞的詞類（1）既非句子也無結

103

構，就很難為這些詞定出詞性來。這裡是依最常見的詞類來標示的。

6. 這兒我稱為介係詞的，視情況而定，有些語言學家會稱為副詞。

7. his, her, my, your, our, their 等曾被稱為「所有格代名詞」（possessive pronoun）者，有時也被包含在定詞當中，只是還有爭議。

8. 當代文法家心目中，所有形容詞詞組都要有形容詞。傳統文法當中，形容詞詞組則不然，係由意義所界定的，當時很多介係詞詞組雖然不含形容詞也被稱為形容詞詞組（adjectival phrases）。

9. 實情遠複雜於此，因為把 Jane broke her arm 改為 Did Jane break her arm 時就不必依循這個規則。這裡的陳述句沒有助動詞，因此要把稱為「虛擬助動詞」（dummy auxiliary; do 及其變體）位移。我們不必深入研究，畢竟不影響本文的主要涵義。

10. 其他句型則有賴規則的修正，可能得把「將之移至句子的左前方」改成「移至主詞名詞詞組的左方」，看 "John, your sister is running late" 這個例子就明白了。

第  章

孩子說話需要我們敲邊鼓嗎？

一、開場白

　　世界上大概可以均分成兩種人，第一種人使用童言童語（baby-talk）和寶寶說話而樂此不疲，另一種人則視之為道德瑕疵而不為。後者恐怕擔心此一作法會延緩孩子的幼稚期，他們認為教孩子說「狗」和「羊」並不比說「狗狗」（doggy）和「羊咩咩」（baa-lamb）來得困難。此外，大人（甚至孩子）使用 baby-talk，給人的感覺好像有點做作或是太孩子氣了。

　　毫無疑問，許多為人父母者使用 baby-talk 時並不加以思索，他們就只是付諸行動。不過有些語言學家則認為這後面大有學問，因為它能促進孩子學會語言。這個觀點於是變成了一個爭議。

　　探討 baby-talk 的語言學家通常不喜歡這樣稱呼他們的研究主題，一方面是這個說法具有輕蔑的負面意涵，一方面是他們有必也正名乎的想法。結果他們如何稱呼呢？「媽媽經」（motherese）是一個常聽到的稱呼，不過並不討喜，原因是爸爸、嬸嬸、叔叔、甚至陌生人也都插一腳。其他的說法還有：「對孩子說的話」（child-directed speech, CDS）、「對嬰兒說的話」（infant-directed speech）、「父母經」（parentese）、「褓母經」（caretaker speech）、「褓母話」（nursery talk）、「褓母的語言」（nursery language）及「褓母的行話」（caretaker register）等。

104

105　　本書使用「媽媽經」一詞，儘管「對嬰兒說的話」才比較正確。原因是後者太文謅謅，我寧可捨文（雅）就（通）俗而使用「媽媽經」，只要讀者不要太望文生義即可。就像一般使用「母語」一詞時也不那麼計較其真實性。

二、佛格森論 baby-talk

　　佛格森（Ferguson, 1977）用的是 baby-talk 一詞，並稱其為「簡化的用語」（simplified register），亦即較一般成人的說話還簡單的說話方式。他說 baby-talk 僅是一大串簡化的用語之一，其他同類型的還有：對重聽者、外國人、智障者、兒童等說的話。他甚至說情人之間的情話綿綿也是其中一種，有點像 baby-talk。我有一回向學生提到此事，他們全都否認他們會如此向情人說話，不過有些人卻證實聽過姊姊、哥哥、表妹、朋友對情人這樣說話！（「親愛的薇薇夫人：我有一個朋友她有一個問題，……」）

　　許多寫過媽媽經的作者都說很多語言都存在媽媽經，而且特色是到處相同。包括布朗（Brown, 1977）的眾多作者也說，baby-talk 有超過一百種以上的特徵不同於成人之間的對話。佛格森則努力想把這些特徵分成幾類，包括：簡化（simplifying）、澄清（clarifying）、表述（expressive）等。

(一)簡化

　　簡化歷程的一個實例是把句子的形式簡化，如 Daddy go work。對照成人的用語，這句話少了助動詞 is，動詞 go 也省去了詞綴-ing，介係詞 to 也省略了。另一個可能性是，go 代替了過去式的 went，或者 go 代替了過去分詞的 gone 而少了助動詞 has。對孩子而言，形式不變的 go 有其優點：可以作用在三個不同的情境，任由對方自行增添詮釋。

在 baby-talk 當中，動詞較少，某些「支持性的動詞」（support　*106*
verbs）用得較多，例如：go bye-bye, go walkie, do wee-wee 等。修
飾詞（modifiers; 形容詞、副詞等）也較少。

在 baby-talk 當中，另一個簡化的特徵則是使用名字來替代代
名詞，例如，不說 "I want（an）apple"，卻說 "Baby want ap-
ple"；不說 "Do you want（an）apple?"，卻說 "Baby want ap-
ple?"。很多詞在語音上予以簡化，如 stomach 變成 tummy，Grand-
ma 變成 Nanna，brother 變成 bra 等等，不一而足。

此外，詞彙量較小，單詞集中在少數幾個話題領域裡：（a）
身體部位：handy-pandy, tootsy（-wootsy）, toothy-peg, nosy-posy,
botty（-wotty）；（b）動物：moo-cow, baa-lamb, bow-wow, piggy-
wiggy, birdie, bunny, horsie, gee-gee；（c）食物：nana（banana）,
googie（egg）, bicky（biscuit）, veggie（vegetable）, mato（tom-
ato）；（d）人名：Mummy, Daddy, nanna, Grand-dad, Pop, Bubby。

可以發現在身體部位的用詞中，有許多押韻的，特別是 "-y"
（念作 /i/）結尾的詞，這聽起來很親暱，也許這也是為何用在 baby-
talk 的原因。不過整件事也可以倒過來理解，也許正因我們用這些
話來說給寶寶聽，所以這些話就有親暱的味道。**2**

(二)澄清

佛格森的簡化歷程包括：重複（次數多於成人間的對話）、放
慢速度說話、誇張的語調等。（想像對著一個小孩子說：「你好可
愛喔！」）

(三)表述

這類包括：提高嗓音和孩子說話、偶爾使用密謀式的悄悄話，
其作用在於拉近和孩子間的距離。

（四）討論

佛格森baby-talk的特徵清單引發許多爭辯。首先，所謂的「簡化」本來就是見仁見智的觀念，某人認為簡單的，在他人看來未必如此。

其次，許多作者也指出，如果孩子要完整學會一個語言，他必須簡單的結構也聽、複雜的結構也聽，否則就得不到語言系統的全貌（參見 Gleitman et al., 1984）。有時跟孩子說的話某方面簡單，其他方面卻顯得複雜。其中的問句常比成人間的對話來得多，而問句在句法上是複雜的，但同時它往往是短句，也就是易於處理（Newport et al., 1977）。

理查與葛樂威（Richards & Gallaway, 1994: 262）說：

現在大家都認為，有助益效果的簡化應能減輕學習者的處理負擔，足以達到這個目的的特徵有：重複、常規活動、記憶提示、提供支架、意義的透明化、停頓、說話速度、工作的分解（見 Wesche[3]）。

至於佛格森說「澄清」是 baby-talk 的特徵又如何？其實，此說也有爭議。布朗（1977） 主張「簡化」和「澄清」其實相似度很高，不如歸為同一類，就叫做「簡化／澄清」。後來，理查與葛樂威（Richards & Gallaway, 1994: 262）建議，「澄清的特殊形式可以歸在易懂度（intelligibility）的大帽子底下，例如，強化本來輕音的、減縮的、語音變弱的特徵」。

至於「表述」的特性呢？除了提供溫暖友善的語言環境外，並無明顯的跡象顯示它們的確有助於語言特定特徵的學習。

理查與葛樂威（1994: 263）認為除了佛格森所說的作用以外，baby-talk還有這些功能：注意力的因素、回饋、示範（提供正確的

句子和對話結構的範例）、對話的參與、常規的教導等。　　　　*108*

　　布朗（1977: 20）也提出以下有趣的主張，更激起了更多的辯論（BT = baby-talk）：

> 現在[在眾多語言所發現的]令人應接不暇的 BT 事證，足以駁斥杭士基及其門徒的說法，他們說如果沒有先天成分的助力，光憑父母複雜卻句法貧乏的說話樣本中，學前兒童是無法學會語言的。

　　大家確實公認，杭士基所說的兒童接觸到的是父母貧乏的語言，是有些言過其實。然而，布朗接著說的話卻也是強辯。

> 然而父母所說的話不但結構完整，而且完全針對幼兒的心理語言能力來調整，結論自然是先天成分的需要性不再存在。

　　然而，我們馬上就會發現，事情沒那麼簡單。

三、史諾早期的研究

　　到現在為止我只是告訴你媽媽經是什麼，你或許以為這個領域平靜無濤，只是偶爾聽到羊咩咩和牛姆姆的叫聲。

　　不過遠方卻傳來戰鼓聲。這個領域有些研究者正在努力鑽研：如何證明杭士基的說法是錯的。

　　第 6 章提到，杭士基主張寶寶天生就懂得語言的部分知識，那不是某個特定的語言（如中文或英文），而是語言裡頭注定要有的東西。

　　我之前只是引述了對媽媽經的觀察報告，但還少了紮實的實驗

研究。史諾（Snow, 1972）作了嚴謹的實驗，之後引起很大的爭論。她想知道，媽媽之所以用那種方式對寶寶說話，是否為了讓孩子更容易去習得語言？

109

　　史諾研究了 24 對母子，其中 12 個孩子年約 9.5-12.5 歲之間，另外 12 個孩子則為 2-3.5 歲之間。為了簡化起見，前者被稱為 10 歲組，後者被稱為 2 歲組。*4*

　　她還問另一個問題：媽媽對自己的孩子和別人的孩子說的話會不會不同？說不定媽媽只有在對著自己的孩子才會「開動」這種特別的說話方式。母親的直覺可能是這種說話方式的原動力。

　　她安排 2 歲組和 10 歲組的母子各一對同時到達實驗室，每個媽媽要針對自己的和別人的孩子完成三個工作，*5* 實驗者當時並未在場。這三個工作是：

- 看圖說故事；
- 教孩子用不同的方式為塑膠玩具分類；
- 向孩子解釋一個物理現象。

　　最後一項作者未提供事例，不過大概就是洪水、暴雨、森林火災之類的吧！媽媽說的話被錄音下來，然後謄寫為逐字稿。根據某種計分方式，為這些句子的難易程度進行評估。

　　當然，要決定某個語句比其他語句更複雜其實並不容易，不過史諾作了以下的假定：

- 用詞較多的句子較複雜；
- 句子越長越複雜；
- 有複合動詞（compound verbs）的句子比有簡單動詞的句子複雜*6*；
- 有附屬子句（subordinate clauses）的句子較複雜；*7*

110

- 主要動詞之前的單詞越多，句子就越複雜；
- 第三人稱代名詞越多，句子就越複雜。*8* 第三人稱代名詞孩子不易理解，因為有兩種解釋方法：

1. 可以指稱句子裡其他的名詞詞組，而判斷所指為何則涉及複雜的規則；

2. 可以指稱對話情境中的人或物，情境不同指稱的人物也會隨之而變；也就是「情境指示詞」（deictic items）。

史諾還假定重複句子或句子的片段會促進理解，這可以是句子的全部或部分，也可以是句子的結構或意義，或用不同的方式重述意義。被當成重複的要件是，要在原句後三句出現，並且要有主詞和動詞。

每個語言學家或許都有各自評斷句子難度的方法，但或許大多都可以接受史諾的標準。

史諾還想知道直接面對孩子和錄音給孩子兩者是否有所差異，這個問題源自面對孩子或許才是關鍵的想法吧！（面對孩子可以「啟動」媽媽經！）

媽媽們不知道實驗的目的，只知道是要研究「孩子如何學會說話」，這當然會引發研究倫理的質疑：你可以對你的合作對象說謊嗎？這樣做是否有違當事人的人權？問題是，如果你透露真相（即你想研究他們的說話方式），他們也許就會受到影響，結果就不真實了。這個兩難的局面尚無滿意的化解之道，還好史諾自有分寸，實驗結束後她也把實情告知媽媽們，並請求他們同意使用錄音資料。而她們也都同意了，假使有人反對，她就只能刪除該筆資料。

史諾陸續作了第二和第三個實驗，第二個實驗只是強化實驗一的細節，而第三個實驗則使用了本身不是媽媽、和小孩子也沒有經常接觸的受試者。這些女士只為孩子錄音，但並未當面面對孩子。工作內容和計分方式和之前相同，顯然史諾想知道身為媽媽與否是否是關鍵。

史諾的實驗結果如下：媽媽對孩子說的話比對其他成人說的話更簡單、更冗贅。錄音談話比起當面說話更加複雜，對象是 10 歲組時說的話比對象是 2 歲組的來得複雜，然而，媽媽和不是媽媽的

111

受試者之間並沒有差別。

　　值得注意的是，當面說話時媽媽的句子長度減少了許多。

　　讀者也不會奇怪，媽媽在對 2 歲組說話時各類的重複也比對 10 歲組來得多，史諾認為重複在教導孩子上具有明顯的價值，此外她還認為重複可以提示詞組或子句等結構的邊界所在。

　　史諾認為媽媽對孩子調整說話的方式有兩方面的價值：

　　1. 使得談話簡單、有趣、易懂；

　　2. 是「專門設計來協助孩子學習語言的」，儘管媽媽們並非出自於有意的動作。

　　杭士基（1968: 23）ⁱ先前主張「母語使用者是在極為匱乏的例證[即語言刺激]下習得文法的」。此外，他還主張（1965: 4）「自然的說話記錄應該會有無數的錯誤開頭、不合規則的情況、半途改變計畫、等等」。史諾就針對這些想法寫道（p.561）：

112　　　本研究的發現強烈表明，中產階級的孩子並不是在充滿錯誤、胡言亂語、複雜的語料環境中學習語言的，他們所聽到的是相當一致、有組織、簡化的、冗贅的句子，看起來很像是規畫完整的「語言課程」。

四、紐波特等人的研究

　　史諾（Snow, 1972）立刻受到其他學者的圍剿，其中最主要的反應來自紐波特等人（Newport et al. , 1977）。他們報導了一個類似史諾研究的實驗，其中只有稍許的不同。他們也探究母子檔，但他們也還錄了媽媽們對研究者的談話。這些說話樣本被拿來和史諾的樣本互相比較。

　　這個實驗和史諾的實驗還有一個差異，就是對話的方式不同，

紐波特只是自然地和媽媽們談話，而媽媽們也被要求與孩子自然地
談話。

此外，紐波特把焦點放在幼童身上，並未使用年紀稍長的孩子
（不過卻用了成人）。幼童共分三組：12-15 個月大、18-21 個月大
及 24-27 個月大。最後一組差不多等同於史諾的 2 歲組。

15 對中產階級的母女檔半年之間來實驗室兩次，每次 2 小時。
開始時媽媽們也是被告知研究的目的是孩子的語言，不過第二次結
束時也了解到真正的目的，最後也都同意資料的使用。

所有的談話都被轉寫分析，以了解有多少句子的形式是完整
的、句子的平均長度為何、句子又有多複雜。結構的複雜度用兩種
方式測量：

- 每句有幾個句子節點（sentence-nodes），即子句數；
- 每句的變換長度（derivational length）。

1977 年以來句法理論變化太大了，以致於現在沒有人會拿「變
換長度」來做複雜度的指標了。粗略地說，如果一個句子既是問句
也是被動句（Was Kim arrested by the police yesterday?），它就比單
純的被動句複雜（Kim was arrested by the police yesterday）。若一
個句子同時是問句、被動句及否定句（Wasn't Kim arrested by the po-
lice yesterday?），則它比單純的問句、或單純的否定句、或單純的
被動句，都要複雜。

讓我們來看看紐波特等人的結果。[10] 他們報導說，媽媽對孩子
說的話乍看之下確實比較簡單，句子較短、語音較清晰完整。對孩
子（60%）和對成人（58%）說的話大多完全合乎文法，其餘是結
構完整的詞組，如 "the ball"，"under the table"，"OK"，"thank
you" 等等。這種結果似乎反駁了杭士基有關孩子是在貧乏的語言
環境中學習語言的說法。

這樣說來媽媽經的確夠格成為簡單的教學語言。不過，作者說
假如這是對的，媽媽經有多項令人不解之謎。首先，在理想的教學

語言中，你應該會找到大量的簡單、主動態、詞序為「主詞+動詞+受詞」的陳述句。然而，若依此標準來看，媽媽經卻比成人間的對談複雜，前者只有 30% 是陳述句，而後者卻高達 80%。

　　再者，理想的教學語言應該是一次只教一個新的句型，因為教學原理說一次只能介紹一個困難的材料。依此標準，媽媽經還是比成人的談話複雜，前者句型較多，也有較高的不一致性。問句和祈使句（命令）在成人的對話中很少出現，而媽媽經當中 18% 是祈使句，44% 是問句。只有一項發現符合媽媽經較簡單的說法：比起成人用語，其子句數量確實較少。

114　　理想的教學語言應有的第三個原則是隨著孩子的程度由簡而繁，但這點也沒得到印證。紐波特等人發現在長度、易懂度和文法性等方面，媽媽的話和孩子的話之間並無顯著的相關。

　　根據作者的說法，媽媽經當中只有非常少的部分會影響孩子的語言，通常是和特定語言有關的文法詞素（grammatical morphemes）和局部的文法規則。

　　文法詞素是指帶有文法信息的詞尾，例如，英語名詞的複數詞綴，*11* 這種詞綴每個語言不同。*12* 紐波特等人所說的影響層面就是這類的詞綴。

　　此外，他們也提到「和特定語言有關的文法規則」。這個和前面所說的文法詞素有和不同？其實，雖然不是每個語言都有英語的複數詞綴，但還是有若干語言有這個特色。

　　反過來說，英語的助動詞（verbal auxiliaries）就絕無僅有了。例如 "Sue is eating her lunch" 當中助動詞 is 和動詞 eating 結合起來表達持續或進行中的動作。許多語言則只用一個主要的動詞就可以表達同一個概念了，例如，法、德、義等語只用相當於 "Sue eats her lunch" 的語句就可以表達進行中的動作了。

　　再說英語的 "Sue is eating her lunch"，轉成問句就是 "Is Sue eating her lunch?" 助動詞被調到了句子前面，是個醒目的位置。意

思是助動詞或許可以引起孩子的注意。

同理，在否定祈使句，如 "Don't eat until I tell you" 中，（否定）助動詞也移到了句首，這是個醒目的位置。然而，此種情形並不發生在一般的陳述句上，如 "You can eat your lunch now"，此時助動詞 can 不在句子前頭。

既然杭士基主張文法知識大多是先天的，就表示文法大多也是適用於所有的語言的。先天的知識自然就得表現在所有語言之上；反之，不具普世性的文法就不可能是先天的知識。

115

所以，紐波特等人的結果並無法推翻杭士基先天論的主張，因為，媽媽經對於普世的文法並不產生影響，只對語言的特定現象造成影響。因此，這個研究事實上削弱了史諾所謂「杭士基錯了」的說法。

最後，他們說媽媽經有三點具有教學的價值。

1. 情境指示詞（deictic terms）。根據情境所指稱的對象會變化的詞。例子有：there（ "There is a ball" ）, here（ "Here" is your giraffe" ）, that's（ "That's your nose" ）。媽媽經中 16%的句子有指示詞，成人語言只有 2%有指示詞，指示詞或許有助於詞彙的學習。

2. 擴展（expansions）。例如，假如孩子說 "Milk allgone"，媽媽也許會回說 "Yes, the milk is all gone"。媽媽經當中 6%是擴展，而成人語言中自然不存在擴展。

3. 重複（repetitions）。媽媽經當中 23%涉及重複，藉由重複，孩子得以複習或比較不同的語言形式。

然而，作者提醒我們，這些特徵並不足以區別何者為因、何者為果。媽媽或許知道她正在跟小孩子說話，她可能認為這樣做有效。

紐波特等人的研究意謂著，史諾所謂媽媽經是理想的教學語言是經不起考驗的。

五、魏斯勒與丘里佛考

魏斯勒與丘里佛考（Wexler 與 Culicover）的《語言習得的形式原理》（*Formal Principles of Language Acquisition*, 1980）是一本技術性很高的書，對語言學初學者而言並不適合。但該書從 66 頁起關於媽媽經的討論則相當淺白。

該書也討論史諾和布朗（Roger Brown）等人的主張，即對孩子說的話很特別，其中所含的信息有促進他們學習語言的功效。作者引述布朗的話：「父母說的話結構完整且精巧微調（well-formed and finely tuned）」以因應兒童的需要。

作者評論道，提出上述主張者很少解釋何以簡單或微調有助於孩子學語言。即便證實的確有效，卻也不盡然表示先天的成分就不需要。

魏斯勒與丘里佛考認為，簡化的語言有助於孩子學習語言的說法若要成立，則必須先說明簡單的句子究竟如何在語言的資料和文法之間搭起橋樑，然而此一問題卻乏人問津。

魏斯勒與丘里佛考之所以認為即使是簡單句子也無法使孩子學會文法的主因是，孩子根本無法單從簡單句子中演繹出文法來。這下問題就來了，因為孩子明明就從中學到文法，這點杭士基承認，魏斯勒與丘里佛考也承認。

紐波特等人（1977）評論道，媽媽經的主張既不能證實也不能推翻語言先天論，此說甚是。再者，「媽媽經如何幫忙？」的前提是「媽媽經有幫到忙嗎？」，而那正是史諾所探討的問題。

Horning（1969）提議說，應該先教孩子限量的詞彙和文法，隨著能力增進後再伺機擴展。然而魏斯勒與丘里佛考卻認為這種縮限語言的作法無法解決語言學習的問題，這只是讓孩子得到更少的信息，這樣又如何能解釋孩子終究學會了語言呢？如此一來，先天

論反而還更可信。

　　魏斯勒與丘里佛考說，成人對孩子說的話確實有些特徵，然而　　　*117*
這些特徵未必能解決孩子學習語言的問題。

　　他們反覆強調，他們不是說媽媽經對語言學習毫無效果，他們
只是認為不管媽媽經如何，先天的語言成分也無法完全拋棄。

六、發現的程序

　　魏斯勒與丘里佛考之所以說有必要假設大腦裡有個先天的語言
成分，是因為光憑直接檢視句子並無法得出文法來；兒童必須有個
什麼「提早教育」（head start）方案才辦得到。打個比方說，單從
物體表面是看不出原子的結構來的。

　　你也許還相信，直接聽到或看到英語句子的形式，你就可以計
算出英語的文法來；這個過程被語言學家稱之為「發現的程序」
（discovery procedures）。一大群具有同樣信念的語言學家花了好
幾十年想找出發現的程序，卻失敗了。

　　為了讓你了解這是怎麼一回事，在此介紹一個失敗的嘗試。在
第 1 章裡，我提到布萊恩用以解釋雙詞句的「樞紐文法」，他甚至
建議這套文法可以解釋多詞句（Braine, 1963b）。

　　他認為兒童會學到某類詞總是出現在多詞句的某個位置裡，例
如，名詞或名詞詞組位居第一個位置，動詞或動詞詞組位居第二個
位置。對以下的句子而言這是對的：

1　Mummy drink coke.

2　Teddy sleep now.

　　布萊恩說，如果我們在第二個位置放一個假詞，孩子會當它是
個動詞。（他們不會知道這個標籤，但是在下意識的層次裡他們會　　*118*
這樣分類的）。例子：

3　People kivil.

之後他們也學到：位居第一個位置同樣的名詞或名詞詞組在其他句子中，也可以出現在別的位置上：

4　Teddy kiss *Mummy*.

5　*Mummy* kiss Teddy.

6　Teddy kivil *Mummy*.

7　*Mummy* kivil Teddy.

還有一件事。第六章提到沒有「衛星」（satellites; 修飾詞）相伴的名詞既是名詞又是名詞詞組。例子（1）-（7）的第一個位置全是名詞詞組，而其後全是跟著動詞。

在某些句型結構裡這些位置會產生變化，例如，（8）的問句會是（9）：

8　Scott is a baby.

9　Is Scott a baby?

例句（8）符合布萊恩樞紐文法的描述，即 Scott 是名詞也位居第一個位置，而 is 是動詞（詞組）也位居第二個位置。到了例句（9），位置就對調了。因此，布萊恩就說他的理論只適用於簡單、合文法的陳述句（simple, grammatical, declarative sentences），而這些才是最基本、最常見的句型。他的分析涉及其他複雜的層面，我就略過不提，總之我已經引述其精要之處。

比佛等人（Bever et al., 1965）對布萊恩的理論提出批評，他們反對英語大多數句子是簡單、合文法的陳述句的說法，他們分析了媽媽和 6-30 個月大孩子的對話，而 432 個句子當中，只有 258 句是完全合文法的，且僅有 48 個句子是簡單陳述句。

他們也反對「一旦知道名詞出現在某一個位置，以後都可以預測在哪個位置可以看到名詞」的說法。恰恰相反，在簡單陳述句中某個位置出現的詞類其實變化多。比佛等人用以下的例子說明：

10　The book weighed one kilogram.

11　*One kilogram was weighed by the book.

類似的例子如：

12　The book cost fifty dollars.

13　*Fifty dollars were cost by the book.

還有不能預測的位置如（14）和（15），兩者皆合文法：

14　Meg sent the book away.

15　Meg sent away the book.

如果我們 it 用來替代 the book，那麼只有（16）才合文法，（17）就不合文法了：

16　Meg sent it away.

17　*Meg sent away it.

可見名詞詞組的位置並不能從一類句型推論到另一類句型。比佛等人總結說，簡單陳述句的表達方式變化多端，位置和詞類的關係也不固定。

同時生成派（generative）語言學家也試著證明，何以發現的程序是不可能存在的，他們假定控制句子表層結構的是底層的抽象結構。並非所有語言學家都是生成派語言學家，但是在找尋發現的程序時全都碰了壁。

是否接受生成派文法在此並非重點，重點是所謂發現的程序從未被證實。如果這個說法錯了，那麼比佛等人以及杭士基等眾多的語言學家也都錯了。

120

七、史諾轉向

史諾在後來的研究（1986）所持的立場和 1972 年不同，或許有人覺得她前後不一很不對，但我不認為這樣，事實上研究者覺得今是昨非而修改理論並不是一件可恥的事，反而是光榮的事。這其實是理論進步的原因：不斷的研究加上不斷的修正。

史諾承認以前對媽媽經的看法有兩點「失之簡化」，其一是來

自 Levelt（1975）的看法，即媽媽經對孩子來說是理想的「語言課程」（language lessons），她說：「這種解釋是研究結果的過度推論」（Snow, 1972: 72），史諾本人固然未曾使用「理想的」這樣的字眼，但也發表過類似的說法。在此再度引用先前摘錄過的一段話（Snow, 1972: 561）：

> 本研究的發現強烈表明，中產階級的孩子並不是在充滿錯誤、胡言亂語、複雜的語料環境中學習語言的，他們所聽到的是相當一致、有組織、簡化的、冗贅的句子，看起來很像是規畫完整的「語言課程」。

第二點失之過簡之處是指沒有先天語言成分的說法，史諾這麼說（1986: 72-73）：

> 當然，辯稱一項複雜的行為完全是天生的或後天的其實很不智。複雜能力的發展常有賴於先天和環境因素的交互作用，兩者都很重要。然而，像語言這樣複雜的行為，先天因素可以解釋多少變異，這個問題並不荒謬，就好像某些能力（如算術能力）比起其他能力（如歌唱）的發展，環境因素可能就較吃重……。關於階段一（Stage 1）的研究，正確的結論應該是，杭士基所謂語言刺激（linguistic input）不重要的主張無法得到證實（unproven）。

承認早期的研究有些錯誤之後，史諾於是修正了她的主張。她引述了葛萊曼等人（Gleitman et al. ,1984）的見解，即對兒童說的話最簡單者卻未必對語言學習最有利。

葛萊曼等人引述魏斯勒與丘里佛考（1980）的見解，孩子並未從反面證據（negative evidence）中得到幫助，也就是說，從來沒

有人會去告訴孩子說你這個句型是錯的。如果孩子自己推導出一個規則，然後用來產生出一些對的句子，另外有一些錯的句子，他永遠無法修改這條規則，因為不會有證據告訴說他錯在哪裡。葛萊曼等人想說的是，孩子如果沒有遇見到全方位各種複雜度的的語言實例，那麼他一定會形成錯誤的規則。

然而，史諾認為，即使孩子從未因為文法錯誤受到直接的糾正，他們仍有可能從成人那兒得到某種負面的回饋反應。「任何想澄清孩子意思的反應（any response that reflects a need to negotiate about the exact meaning）都可以算是負面的回饋」（Snow, 1986: 77）。史諾說沒有資料告訴我們這種反應出現率有多少。

換句話說，如果成人表示聽不懂孩子的話，他就在告訴孩子說，那句話有些不對勁。這樣並沒說清楚究竟是哪裡不對勁，但至少會讓孩子試著用不同的方式來說出同一個意思。

史諾（依循 MacNamara, 1972; Pinker, 1979; Schlesinger, 1971; Wexler & Culicover, 1980 的說法）主張兒童會考量成人句子的意義後，計算出句法的規則。這就涉及對重要單詞的理解以及對成人在特定的場所裡會說些什麼的猜測。若是成人說了兒童可以從場所預測出來的事物，對他的理解就大有助益。然後，「在幾千次的經驗中，孩子觀察到指稱主事者（agent）的詞都位於指稱動作（action）詞之前，於是孩子就演繹出規則來說明那些語意要素的次序」（Snow, 1986: 78）。這個過度簡化的規則會隨著孩子接觸到更多更複雜的句子後得到修正。請注意，史諾說的就是一種發現的程序了。

史諾（1986）說，檢視媽媽經會發現句子的內容侷限在「現在式、具體名詞、有關孩子正在做的事、有關孩子身邊正發生的事」（Snow, 1986: 78）。她這兒想討論的是早先對媽媽經是否依據孩子的語言程度加以「微調」（fine-tuning）的爭議，雖然研究結果傾向於說沒有，但最近的研究又發現了有微調的證據。然而，微調

122

似乎多依據孩子的理解力而非表達力，而且多半和詞的選擇或意義有關，與句法關係較小。

　　史諾下一個問題是：假定媽媽經確實受到孩子語言能力的微調，那麼究竟媽媽們是如何辦到的？她們怎麼知道要調到哪個程度？她的答案是，這是因為媽媽說的句子大多是用來回應孩子的句子，而大部分是孩子先提出了一個話題，媽媽就予以回應或加以擴展。

　　孩子「是不稱職的談話伙伴」（Snow, 1986: 81）這點，可以解釋何以媽媽經充斥著問句：這代表把談話的球做給孩子，而擴展（expansion）則是促進孩子能力的手段。因為媽媽們緊跟著孩子的話題，所以說的都是意義相關且孩子易懂的話。

　　這種說話方式早在孩子開始說話前就開始了，這意謂著媽媽們不只是被動回應時才這麼做。然而，史諾相當謹慎，她說（1986: 84）：

　　　有語意關連（semantic contingency）促進語言發展的發
　　　現，但卻無假說來解釋這是如何辦到的……。因此，語意
　　　關連的助益性並未完全明白。

　　我認為史諾立場的改變可以部分解釋何以 1980 年代媽媽經研究方向改變。有些研究者這時展開了新的方向，下節所提的實驗很有趣但也很嚴肅，其觀點值得深思。

123

八、狗狗經

　　Hirsch-Pasek 與 Treiman（1982）檢視了人們對狗說的話，他們聽從葛萊曼的建議稱之為「狗狗經」（doggerel）。他們發現狗狗經很多特徵和媽媽經很像，例如，句子短、重複多、文法錯誤少。

他們認真的看待這事，並找了四名婦女及其狗伴作為受試者，婦女年紀介於 25-32 歲之間。（狗的年齡不詳，但我猜都不在學語的階段）。其中兩名婦人有子女，兩個沒有。

受試者被告知實驗目的是為狗實施智力測驗，狗必須做一些事，如找出藏在紙杯下的骨頭，或穿過鞋盒子的小洞找到球等。

受試者成對進行，當某位女士和她的狗在測驗時，另一位女士和其寵物在會客室等待。接者，兩人互換角色。實驗者（僅僅）錄下會客室裡受試者和寵物及實驗者的對話。當實驗者離開會客室時，他提醒受試者要狗狗「準備好」參加測試，這樣做的目的是鼓勵她和狗說話。之後女士們的說話樣本又被採集。

媽媽經的平均句長據稱是 4 個詞，而這個實驗中狗狗經則平均為 3.5，成人間的談話為 9.36。

媽媽經中陳述句較少，祈使句和問句較多，狗狗經亦然。兩者都以現在式的動詞居多。

媽媽經有許多句子重複的現象，狗狗經也不例外。就像媽媽們常重複寶寶的聲音，狗主人也會重複寵物的叫聲。

對孩子和寵物說的話比起對成人說的話，不但更合文法也更簡單，也有更多的附屬問句（tag questions）。然而，媽媽經和狗狗經有一點不同，即前者含有許多指示詞（deictic），而後者與成人對話無異。 *124*

這些結果的啟示饒富趣味，證據顯示，句子之所以結構良好是因為精短之故，而非特意如此。如果句子拉長，不管是對狗狗還是成人說話，不合文法的例子就會增多。作者認為媽媽經也不例外。

作者們拿 Levelt（1975）的話開刀，他說媽媽經完全因應孩子的語言程度。然而，狗狗經和媽媽經如此相似，使得這種說法啟人疑竇，畢竟狗沒語言呀。作者也反對紐波特等人所謂媽媽經是迎合孩子的智力程度一說，畢竟小狗的智力還略遜孩子一籌呢。

媽媽經和狗狗經雖然在句法上如此相似，但 Hirsch-Pasek 與

Treiman 卻認為它們或許在別處有所差異。例如，媽媽經使用情境指示詞的表達法。就如史諾（1977）的說法一樣，他們也指出狗主人不會像媽媽一樣問這種問題：「這是什麼顏色？」

九、芬諾的研究

芬諾（Anne Fernald）的研究也令人耳目一新，在以芬諾（1993）為主的一系列研究中，她提出了媽媽對孩子發聲方式（vocalizations）的見解（又見 Fernald, 1992）。我認為她的見解很有說服力。

當父母或其他成人和孩子說話時，他們的說話方式很特別，不僅說得慢而且音調高，就有如要迎合孩子的音高一般。句調的調型平滑誇張（smooth and exaggerated），「完全不像大人那種高低起伏連珠砲似的（choppy and rapid-fire）調型」（Fernald, 1993）。當然這些都不是新聞。

隨著媽媽的目的不同，音調也會調整。在安慰孩子時，她會用「長而平的下降調型，有別於警告或禁止時的短促調型」（Fernald, 1993: 51）。這些特徵在許多文化和語言當中都得到印證，英語、各種歐洲語言、日語、中文、甚至是南非的 Xhosa 等。芬諾說，日語和中國話的音調範圍比英語和歐洲語言來得窄，而最寬的音域則發生在美國媽媽身上，或許是文化因素使然。「在中產階級美國人的文化裡，情緒的表達不僅被包容而且被鼓勵，而在亞洲文化中誇張的臉部和聲音表情則較不被允許」（Fernald, 1993: 61）。

芬諾指出一件有趣的事，她說早期的研究重點是母親是否藉由和孩子的互動來教他們句法和語意，但實情是早在孩子開口說話之前母親就用簡化的語言和誇張的語調來和他互動了。芬諾說這表示「對嬰兒調整說話的方式也有學語前（prelinguistic）的功能」（Fernald, 1993: 65）。

在嬰兒第 1 年當中媽媽發聲方式的作用有些轉變，最初的作用
包括提醒、安撫、取悅、警告，之後轉為引導注意及調節情緒和興
奮狀態。到了 5 個月左右，聲音和臉部表情用來讓孩子理解媽媽甚
至是他人的感覺和意圖。

芬諾把第二和第三階段劃分得很清楚（Fernald, 1993: 72）：

> 5 個月大的嬰兒在接受讚許時開懷、禁止時受驚，這是受
> 到媽媽的聲音直接影響之故，這種不同的反應不必假定孩
> 子已有解讀母親情緒的能力。聽到悅耳的聲音高興、刺耳
> 的聲音難過，是十分自然的事，不一定要了解到聲音背後
> 的情緒動機才辦得到。

不過到了 8 個月時，孩子可以適當的了解大人的情緒，在不清 *126*
楚該喜歡或害怕一項事物時，孩子會看著母親尋求信息。這表現的
是母子連心的信任感，如果媽媽誇張的臉部和聲音顯出喜悅的表
情，寶寶會去抓取物體，若給的是恐懼的信號，他就會放棄。
（Fernald, 1993: 72）

芬諾認為誇張的聲音和臉部表情可以讓孩子得知媽媽的情緒狀
態，媽媽經裡的音調比成人的談話更能傳遞情緒和溝通意圖。

在芬諾（1989）的實驗當中，句子的內容被濾除掉了，只留下
韻律成分，令成人受試者去猜說話者的溝通意圖。結果發現媽媽經
（音調較誇張）猜對的機會比成人的談話要高。芬諾（1993: 73）
說道：本研究「間接印證情緒和溝通意圖經由媽媽經的誇張音調彰
顯出來的假說」。

最後，到了第一年結束時，重音和音調可以幫助孩子從語流中
感知到語詞和其他語言單位來。在媽媽經中，媽媽特別強調的語詞
會位於詞組末尾而有較誇張的音調尖峰。反之，成人的話語中，重
要的單詞有較多不同的聲音表現法。

芬諾站在極端的立場辯說，「這種特別的聲音行為是演化的選擇」（Fernald, 1993: 65）。這個觀點源自達爾文及其追隨者的天擇說。

假定某種昆蟲吃某種綠色植物，具有越像該植物顏色的保護色者，越容易逃過鳥的吃食，顏色偽裝得不夠者，終於難逃一劫。如此，適應良好者自然被選擇繼續存活與繁衍，具有同樣特質的後代因而孳生不息。

當芬諾說媽媽的聲音行為是演化的選擇，她的意思是它有益於孩子的生存及繁衍。她自己也知道這是個強烈的主張，沒有理由說她一定正確，只是她的立論很有趣很聰明。比起說媽媽是在教導句法，她主張的範圍較小，也較為可信。

她所主張的生物（演化）論述很有趣也具有說服力，但我無意深究。有興趣的讀者可以參閱芬諾（1993）。

媽媽經的爭議尚未解決，淺見以為媽媽經是教導句法的手段一說很可疑，然而，芬諾的意見似乎就可信多了。

註釋

1. 有人認為 baby-talk 不同於媽媽經，但兩者其實差別不大。
2. 同一個聲音出現在某些字的縮寫版而為成人所使用，至少在澳洲是如此。Postman 縮為 "postie"，cab-driver 縮為 "cabbie" 等等。當你對某些人不高興時，你不會使用這種友善的暱稱。反之，有一些縮寫版有輕蔑的涵義，如 "polly"（politician），"chalkie"（school teacher），"clippie"（female bus conductor）等。
3. Wesche 的文章收錄於 Gallaway 與 Richards（1994）。
4. 其實她在文中稱兩者分別為「10 歲的情況」及「2 歲的情況」，但我不準備咬文嚼字。

5. 所有的工作都經隨機化，一半的媽媽先和自己的孩子在一組，之後才和別人的孩子在一組，另一半的次序則反之。同樣的，一半的媽媽先和 2 歲的孩子在一組，之後才和 10 歲的孩子在一組，另一半的次序則反之。

6. 複合動詞即動詞加上一個以上的助動詞，如 have seen; is studying; might have been; will be going。

7. 附屬子句即句子裡主要子句以外的其他子句：My father was still up *when I got home*; *When I got home*, my father was still up; Jane said（*that*）*she would score a goal*; Ask the boy where he lives.

8. 第三人稱代名詞包括：he, she, it, they, his, her, hers, its, theirs, theirs, him, then。

128

9. 在 1992 年的擴充版當中的第 27 頁。

10. 有興趣知道轉寫的編號、計分方式者，請參閱原文。

11. 複數詞綴從拼字上看只是加了 "-s" 或 "-es"（book-books; box-boxes），但從發音上看就複雜多了；有的結尾是/s/（books），有的是/z/（apples），有的是/I z/（boxes）。

12. 雖然法語在拼字上複數詞綴有-s，但發音通常是無聲的。

第 8 章

學習如何表意

一、開場白

　　海樂地（M.A.K. Halliday）的語言發展論和先前所討論的各家　　*129*
說法大異其趣，和杭士基理論更有天壤之別。例如，杭士基從不覺
得語言的社會面有趣而可用科學方法加以探討（見 Chomsky, 1979:
56-7）。反之，海樂地熱衷於語言的社會面及語言發展的社會因
素，且不以為恥。

　　海樂地肯定杭士基對語言學的貢獻，但也捍衛使用其他途徑探
究的權利：

> 杭士基之所以偉大是把自然語言形式化（formaliza-
> tion），亦即把語言視為某種形式的系統來探討。這種作
> 法的代價是高度的理想化（idealization），他所無法考量
> 到的變異性（variations and distinctions）恰好留給關心社
> 會語言學的我們研究。（Halliday, 1974: 84）

　　海樂地的意思是，如果一定要從形式化的角度出發，那麼他就
無法研究他有興趣的課題。很多（不是所有）的社會語言學家可能
會說同樣的話。

　　海樂地拒絕完全以形式系統進行探究，並不表示他自己不用形

式規則（formalism），本章圖 8.1 複製他的圖，就具有形式運算的特色，只是有別於杭士基的形式系統。海樂地只有在方便時利用了形式規則，他並不想提出一整套形式系統來解釋所有的語言發展現象。

海樂地不能簡單的被歸為「社會語言學家」（sociolinguist），在他自己的著作（1974: 81）中他形容自己偏向社會語言學，但很快就補充說如果可能的話他寧可丟掉「社會」（socio）兩字，因為在這篇文章出版前 10-15 年間，語言學的意義發生了大轉變。

海樂地經常推崇英國語言學家佛斯（J. R. Firth, 1890-1960），後者對他的影響至深，他對以語意為主、社會導向的語言分析之興趣也是來自於佛斯。

海樂地說，在他的學生時代，「語言學還是在社會情境中探究語言的學問，大家都假定社會因素應被考量」。然後，一切都變了，害得他必須使用「社會語言學」來說明他的工作，事實上他最想用的是「語言學」一詞。

他指明那個轉變就是杭士基所引起的那場變革，他在許多著作（Halliday, 1978: 89-90; 1979: 181; 1991: 417-30）中都挑明了他和杭士基的方向不同，而實情也大抵如此。

海樂地感興趣的是他稱為「個體間的觀點：人和人之間的語言（互動的或行為的語言）」，而杭士基則持「個體內的觀點：大腦中的語言（知識的語言）」（Halliday, 1974: 81）。然而，兩者是「互補而非互斥的」觀點。人們往往依據自己的性向（或興趣）接受了一個觀點，然後就排斥另一個觀點，視之為無物，這在其他學科當中也是屢見不鮮的事。

我先前說過，海樂地的取向跟很多人（不只是杭士基）的不同。史金納或許是個「環境論者」，因為他主要的興趣是孩子四周的世界。固然海樂地的興趣也是環境（特別是人文環境）的角色，他的興趣不止於此；不同於史金納，他不是行為主義者，他承認語

言是人類意識的產物。[1]

　　前面這句話固然也適用於皮亞傑，但海樂地和皮亞傑也有巨大 　　*131*
的差別。皮亞傑注重孩子和外在世界的接觸，然而卻鮮少觸及孩子
的社會環境；反觀海樂地卻視之為關鍵。（第 15 章將提到的）卡
蜜洛夫（Karmiloff-Smith）的取向淵源於皮亞傑和杭士基（以及佛
德；Fodor），也和海樂地不同。

二、學習如何表意

(一)前言

　　如果要用一個短語濃縮海樂地的語言發展觀，那非《學習如何
表意》（*Learning How to Mean*）莫屬，這是 1975 年他出版的書的
標題。它揭櫫海樂地的觀點，即兒童的語言發展應從語意的角度來
看待。他說，沒錯，完整的探討也要涵蓋文法和音韻，他也如此作
了，然而，語言發展許多重要的現象不能不用語意觀點來解釋。
〔參見（Halliday,1975, 1978, 1979, 1991）。〕

(二)「表意」是什麼意思

　　在此應先了解海樂地所謂的「表意」是什麼意思。當他使用
「學習如何表意」一詞時，他的「表意」代表的是參與某活動或使
用某技能。因此，這和「這個句子表達什麼意思」（What does this
sentence mean?）裡的「表意」是不同的，也有別於杭士基視「意
義為一種知識的功能（a function of knowledge）」的觀點。

　　我們可以引用海樂地（Halliday, 1973: 25）所舉的例子來說
明。這個例子顯示某些牌戲的語言使用很嚴謹，如在合約橋牌
（contract bridge）中，叫牌規則（bidding system）有好幾個選項，
但每個選項都有其適用的條件。譬如，「紅心 4」只有跟在「3 沒 　　*132*

有王牌」或「鑽石 4」之後才有意義,在「黑桃 4」之後就沒有意
義了。

　　海樂地此種(非常特殊的)語言使用不僅涉及說出「紅心 4」
的能力,也和說出的時機之適當性有關。這個體系不僅和說話者的
知識(能力)有關,也和在語言所提供的選項下,說者—聽者可以
表達什麼意義有關。

　　海樂地評述說,在牌戲中適度說出「紅心 4」(four hearts)的
能力,

　　　有時被認為和(不論場合)會說 four hearts 的能力是不同
　　　的,但只種區別太造作了:它們僅是情境的區別,玩合約
　　　橋牌叫牌時說出 four hearts 和其他場合時說的意思不同。

　　對生成派語言學家而言,在打橋牌的場合中如何叫牌是世界知
識的一部分,而非語言系統的內容。然而,海樂地不承認這種區
分,他說(私人通訊):

　　　別人所謂的「語用學」(pragmatics)在我來說只是個例
　　　(類別)的語意學。當然可以隨你高興叫它一個名字,但
　　　我想把語用學當成一門獨立的學科,(對語用學和語言
　　　學)已經造成傷害。

　　海樂地認為社會提供了多種意義,我們必須從中選擇。他把這
種情形叫作「意義潛勢」(meaning potential):

　　　兒童的任務是依據自己的社會模式建構一套意義體系。這
　　　個過程在他的腦袋裡發生,是認知的歷程。而且在社會互
　　　動的背景下發生,少了社會背景,這套意義體系就無法建

造起來。（Halliday, 1975, 139）

(三)兒童是主動的參與者

　　海樂地強調兒童不是語言被動的接受者，而是主動參與培養語言能力的過程。從呱呱墜地起，兒童就和母親及他人互動，彼此合作以求溝通。新生兒意識到他人的存在，而且知道人是有別於物的。[2]他們也會意識到別人企圖與他們溝通，並會用各種方式回應。

　　愛汀堡大學的 Trevarthen 對這個過程曾詳加研究，幾年前他曾上某個名為「語言與大腦」的電視節目秀，其內容是 Trevarthen 正在研究媽媽和寶寶的相互遊戲（interplay；他稱之為「跳舞」 "dance"）。媽媽抓起寶寶的雙手前後上下的搖動，一邊凝視著寶寶的雙眼，一邊說話微笑，還一直前後點頭。打從一開始，這就不是媽媽的個人秀，事實上是雙人舞，就如 Trevarthen 說的，是一場舞。有時是寶寶引起活動的。有一次，媽媽做出緩慢拍手的動作，寶寶就把手放在她的手背上，使用自己的肌肉力量跟著移動。如果你不曾看過那個節目，只要去看看任何母親和寶寶玩的情形就足夠了。事實上，不一定要媽媽才行，爸爸或寶寶的照顧者也行，雖然通常是媽媽。海樂地徵得同意，引用 Trevarthen 的著作。

　　任何理性的觀察者都不會懷疑寶寶對媽媽會有反應，也會和她溝通互動（communicative interaction）（Halliday, 1978: 90）。也就是說，嬰兒早在語言還未出現前，甚至只有幾週大的時候，就在溝通了。海樂地認為互動的能力以及察覺到別人和他互動的能力是天生的（1978: 91），但不相信杭士基所主張的語言能力先天論。

　　和 Trevarthen 一樣，海樂地把這些活動稱為「前語言」（pre-speech），有「表達」（聲音和姿勢）但缺乏語意內容。

三、原型語言（第一期）

海樂地說，區分前語言和原型語言（protolanguage）很重要，後者直到 9 個月大才會出現，而且除表達外還有語意內容。

134 9 到 18 個月之間，[3] 嬰兒建構了原型語言，是未來發展出來的語言的前身。這個期間嬰兒忙著搞懂這個世界：探索有哪些事物、這些事物之間的關係以及它們的特性為何。拜 1980-1990 年間的研究之賜，我們現在已知這些過程其實早在頭幾個月（甚至頭幾週）時就發生了（見第 13 章）。

然而，海樂地說「透過意義─亦即對話（conversation）的交換，實體（reality）誕生了」（1978: 90）。當然這句話現在就必須根據前述的新發現而作修正。海樂地同意 8-9 個月（原型語言出現點）之前有意義的行為（meaningful acts）已經出現了，但到了這個時候才會併入語意系統（semantic systems）中。他又說（私人通訊）：

> 說意義始於出生時，我沒意見⋯⋯但我不認為這和「透過意義的交換，真實誕生了」之說有任何衝突。換言之，如果你連新生兒和媽媽之間的注意力交換也定義為是有意義的行為，它仍是一種分享、一種交換，而這才是關鍵。

無論如何，海樂地提到嬰兒參與「對話」，就意謂著嬰兒參與了表達和接收（production and perception）的歷程，雖然他兩個歷程都提到了，但並不怎麼作區分。他說，透過對話兒童構築了一個實體的圖像（a picture of reality），可知對話是很重要的；更重要的是，對話使兒童得以建構「社會的記號」[4]（social semiotic）。

「社會的記號」是海樂地（1975: 139）所使用的專有名詞，意

思是「界定或建構文化的意義系統」。然而，文化孕含某種意義系統的說法不見得是真理，[5]其實從字面上解讀，還不見得能讀出什麼意義來。把「界定或建構」改為「根源於」（derived from），恐怕還更具有說服力。在別的作品中，海樂地對「社會的記號」有較充分的說明：

> 「社會的記號」就是透過人們的觀點所解讀出來的事物的實體……孩子並非從外界直接獲得已經做好的意義潛勢或實體；反之，孩子自己創造（creating）出意義來，而不是模仿出來的。（Halliday, 1978: 92）

135

　　構成社會的記號之各種意義係透過語言及其他管道來完成的（Ha-lliday, 1975: 139）。

　　經由媽媽及重要他人的合作，孩子創造出意義來，這是海樂地語言學習理論的中心思想。[6]孩子和重要他人的交換（exchange）「發生的背景，是外界存在的實體，而這個實體則是一種社會性[非物質]的建構——例如，是房子而不是一堆木頭磚瓦」。

　　在語言來臨之前，孩子就在「學習如何表意」，亦即學習如何做出意義的行為（acts of meaning）。所謂「意義的行為」不只是溝通的行為。假如嬰兒被別針刺痛哭了起來，這是個溝通行為（communicative act），其中送出他很痛的訊息[7]；但依海樂地的看法，除非再加上些什麼，要不然不能稱為「意義的行為」。這個「什麼」就是「符號的」（symbolic）行為，因刺痛而哭卻不算是符號的行為。

　　請注意，沒有任何邏輯上的理由非得用 want 來表示「需要」的意義不可，其他語言可能用 zunk 來表示同樣的意思。同理，為什麼用 biscuit（而非 blogblog）來表示餅乾的意思，也沒什麼道理可說的。總之，一個詞的形式和它的意義之間的關係是武斷的，這

就是當我們說「語詞是代表意義的符號」的意思。因別針刺痛而哭就不符合這個條件，哭叫不因語言而異，它不是意義的符號，而是直接傳遞了嬰兒痛的事實。因此，在海樂地看來，詞的使用是意義的行為，然而哭叫（或打噴嚏、打嗝）就不是了。[8]

然而，不只是語詞才可以作為符號使用。海樂地認為，嬰兒的符號溝通能力是 4-5 個月大開始的，這是一段長達好幾個月的過渡期。

海樂地（1975）詳細記載了自己的兒子 Nigel 的語言發展史，他許多有關語言發展的主張都是根據這些觀察的結果。例如，他說（Halliday, 1991: 419）孩子第一次用手抓取看到的東西，代表「第一次和環境有了符號的接觸」。然而，在這些文字發表之後，（1980 年代末期以至 1990 年代）很多研究顯示嬰兒的能力在極小的時候就已經出現了（見第 13 章）。Mehler 和 Dupoux（1994: 106）的實驗顯示，寶寶在 1 週大就認得媽媽的臉，如此一來，所謂「和環境有了符號的接觸」可以大大的提前，海樂地有關第一次用手抓取看到的東西代表第一次和環境有符號的接觸之說便需要修正。

無論如何，海樂地說上述的行為可以解讀為：「好有趣喔，到底是什麼呢？」當然，他的意思不是孩子會說出這些話，只不過表示孩子可能有這些意義。所以說這是意義的行為。

不是每個人都同意這個解釋，畢竟這只是觀察者的想法而已，「啊，看起來寶寶好像要表示一個想法，用大人的話來說就是：好有趣喔，到底是什麼呢？」永遠無法證實這是正確的。他用的是敏銳的投射法，加點想像力，投射到孩子的內心世界。海樂地說（個人通信）：

> （支持意義不是大人發明的）證據是大人犯錯時（並非罕見）嬰兒會知道。此外，我的解讀都是有情境可以依循

的，因為同樣的符號（signs）不斷的被使用，因此意義也
就越來越清楚了……。而且，如果我們的反應令他滿意，
嬰兒會讓我們知道的！

海樂地也許會說，嬰兒學會成人的語言表現是循序漸進的歷
程，後來的發展是建立在先前發展的基礎之上。

用手抓取看到的東西是可以解讀為：「好有趣喔，到底是什麼
呢？」的意義行為，這點需要進一步探討。意義的行為可以用各種
形式出現。海樂地的兒子 Nigel 發出尖銳聲，但那也可以是「任何
行為，只要足以引起孩子和他人共同去注意第三者即可」。

請留意，這個尖銳聲不像不自主的大叫，而這個第三者既不是
人也不是物，而是一件事，例如，突發的噪音或一道亮光。「在
此，意義的行為已經清楚的展現出來了；意義也是兩造共同營造出
來的，唯有透過某個符號的交換，物理現象才構築為經驗」（Hal-
liday, 1991: 419）。

孩子逐漸建立起意義的體系，適合各種不同的情境。新事件發
生時，就會對意義體系產生影響，迫使它改變。

9 個月大時，Nigel 有個體系包括五種意義。這種意義潛勢讓
孩子有選擇意義的機會。其中三個意義用姿勢表達，兩個用聲音。
用姿勢表達的都是要求別人作某個行動，可解讀為：「我要這
樣」、「我不要這樣」及「（再）做那件事」。用聲音表達的比較
像是被動反思的主張（assertions of passive reflection）：「讓我們
一起」、「看——好有趣啊」。

這些姿勢具有「圖像性」（iconic），亦即從姿勢本身看得出
所欲表達的意義，和武斷的符號（arbitrary symbols）不同，後者的
符號與意義之間沒有直接的關係，後者也才是語言表達的大宗。然
而，海樂地評論道：

有理由這麼想……Nigel 實際的能力超出這個方式，他使用圖像式的姿勢，並非他沒有能力使用武斷的符號，而是他不知道怎樣的符號才能讓別人明白。

　　海樂地說，原型語言的發展不見得是普遍的現象，即使是發展出原型語言的孩子之間，也會有個別間和社群間的差異。不過這樣孩子的語言功能會在「行動」（action）和「反思」（reflection）之間遞變，也就是說，兩端是「做為行動的語言」（language as doing）和「做為思考的語言」（language as thinking），其餘的功能則介於兩端之間（Halliday, 1979: 178）。

　　海樂地（1975: 5）說，他所說的「功能」（function）有兩種意義，一是某個詞在句子結構裡所扮演的角色，例如，在 Cats eat mice 當中，cats 是「行動者」（actor），mice 是「目的者」（goal），而 eat 是（行動的）「過程」（process）。生成派文法也有類似的觀念，只是不會賦予動詞角色，因為動詞被視為其他角色（行動者、目的者等）的根源。[9]

　　「功能」的第 2 種意義是此處最要緊的，可以想成是孩子在使用語言時的用途（use），不過這個意思會隨著孩子的發展成熟而改變。

　　海樂地說，Nigel 在 9-12 個月大時有四種語意功能：（a）「工具性」（instrumental）；（b）「調控性」（regulatory）；（c）「互動性」（interactional），以及（d）「個人性」（personal），其中每一項，他都發展出意義潛勢（Halliday, 1979: 177）。

　　這些功能在接下來的討論中非常重要，因此值得一一深入的介紹。海樂地為每一項功能賦予一個小名，方便讀者記憶。例如，「工具性」功能的小名是「我要」（I want）功能。Nigel 藉由這個功能獲得事物，可以是「物品或服務」（goods or services）。剛開始的時候，很多東西他是看得到卻搆不到，只好利用旁人來協助

138

了。

　　「調控性」功能（小名是「照我的話去做」，do as I tell you）和「工具性」功能有些類似，目的是掌控他人（不是掌控東西）。不管如何表達，這個功能的意思是「替我作這件事」，目標是某（些）人，如果第三者搶去做這件事，孩子恐怕會不高興。

　　第三個是「互動性」功能，小名是「你和我」（me and you），它比較偏向「做為思考的語言」的一端，而偏離「做為行動的語言」。在 Nigel 想和某人（通常是媽媽）在一起時，就會使用這個功能。他常會拿圖片吸引媽媽的注意，這個動作意味著「跟我一起看這張圖」。

　　第四個是「個人性」功能，小名是「我來了」（Here I come），和孩子自我主見（self-assertion）的發展有關：　　　*139*

> 它的朝向是向環境外展的，但屬於反思而非行動的模式。
> 環境對孩子的影響是它成為孩子思考和感受的焦點；意義
> 是「我喜歡」或「我想」。

　　12 個月大還處於原型語言階段時，Nigel 的語意系統涵蓋這四項功能。按照海樂地的說法，語意體系除了包括一組選項之外，還包括進入這個體系的「入口條件」（a condition of entry）。此階段的語意體系可以用圖 8.1 呈現，該圖取自 Halliday（1979: 179）。四項功能在圖最左一欄（標題：功能；function）中呈現，他們表示四個最初的選項，也是進入後面路徑的入口條件；亦即，你所選擇的第一個選項決定了接著你會碰到的選項。後面的選項顯示在標題為「內容體系」（content systems；語意體系 semantic systems）的欄位當中[10]。假定我們選第一個功能「工具性」，接著我們面對兩個選項：「普通的要求」（demand, general）及「特定的要求」（demand, specific）。假定我們選「特定的要求」，之下我們又有

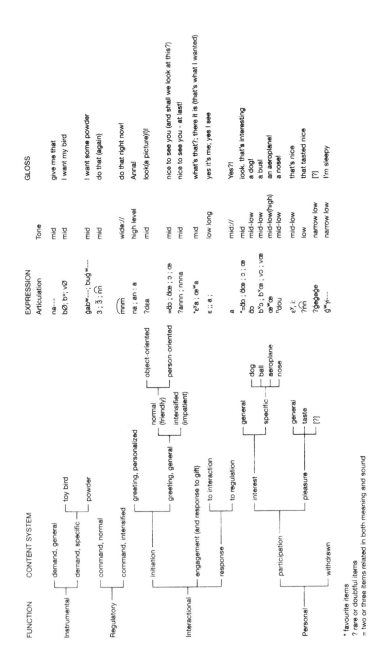

圖 8.1　海樂地：12 個月大時的 Nigel
（感謝海樂地和劍橋大學出版社）

兩個選項「玩具鳥」（toy bird）和「奶粉」（powder）（只是很多選項的代表而已）。當我們選「特定的要求」時，我們就滿足了進入「工具性」的入口條件。這一串的路徑定義了某種意義，Nigel 表達這個功能的方式列於「表達語」（expression）標題的欄位中。最後一個欄位「大意」（gloss）則顯示成人可能的說法。

12 至 17 個月大時，Nigel 擴展了這些功能的使用，而且還添加一個新的功能：「想像性」（imaginative），這是為了玩耍的目的而使用某些意義，小名是「讓我們假裝」（let's pretend）。

此外，「我想」（I want）的這種個人性功能演變成為「探索性」''（heuristic）功能，即把經驗組織起來的功能，小名是「告訴我為什麼」。方式為問問題（「那是什麼？」）或提出觀察（「那是…」）。[12]

稍後兒童就進入了惡名昭彰的 Why? 階段，這裡的「惡名昭彰」（notorious）一詞是我說的，不是海樂地說的，因為很多成人都覺得這時期的孩子真是折磨人。給了他最好的答案後，他還是回頭問你 Why?，而不管大人怎麼努力回答，他還是不死心。

我猜，孩子正在享受新發現的問話之樂，因為可以要大人回話，因此有好一陣子，問問題比得到答案還重要。然而，會問「為什麼這樣？」對兒童的語言發展十分重要，就如海樂地說的，「這種『為了學習而有的意義』（meaning for learning）功能可能是從原型語言邁入語言的關鍵力量」（Halliday, 1979: 178）。

海樂地又列出第 7 個功能，「訊息性」（informative），小名是「我有話跟你說」。雖然這是大人語言中相當重要的功能，但卻是兒童最晚出現的功能。

在 Nigel 第一期（原型語言期）尾聲時，Nigel 大約使用了 50 種意義。（數目很難估計，因為每日甚至每週使用的意義不同，而且有增有減）。

在描述這些功能時，重點都放在 Nigel 主動性的溝通上，因

此，可能有人會問，功能的使用包不包括理解呢？海樂地（個人通信）指出，他認為包括，因為大人說「安靜點！」時，孩子確實變得安靜些。這是個「調控性」的功能。不過，重點放在孩子主動性的使用「都是出於我觀察的角度，我專注在 Nigel 所說的，而非他所聽所懂的上面」。

四、過渡期（第二期）

Nigel 接下來就進入第二期，進入成人語言的過渡期（transition），這時意義的數目大量增加。以 Nigel 為例，高達 150 之多。這個增長的現象，不同理論背景的語言學家都觀察到了，也被稱為「詞彙爆炸」（vocabulary explosion）。參見本書第一章。

142 　　對海樂地來說，這不僅是詞彙爆炸而已，還是意義和文法的爆炸，當然這三者的關係非淺。意義和文法的爆炸不易觀察，因為證據多半來自他們所聽所懂者，而非來自他們所說者。平均說來，三方面暴增的現象大概出現在 18 個月左右。

　　海樂地觀察到，第二期之初，孩子一時只能表現出一個功能，他或許是觀察者（observer）或介入者（intruder），但不能兩者皆是。然而，到了期末時，他就可以同時表現出兩個功能，這已經是成人語言的特徵了。就 Nigel 而言，第二期持續至 2 歲結束時（Halliday, 1975: 30）。

　　第二期時，個人性及探索性的功能整合在一起。先前說過，個人性功能涉及使用語言來「表達他的獨特性，以有別於他的環境」（Ha-lliday, 1975: 20）。它即是「我來了」的作用，在孩子和環境之間劃定界線。探索性功能使用語言來探索環境，即「告訴我為什麼」。兩個功能整併成海樂地所謂的「學習性」（mathetic）功能。

　　因此，孩子自我認同的功能與探索世界的功能合而為一，兩者

皆涉及「作為學習的語言」（language as learning），而這個功能
又會引進新的意義，因而需要新的詞彙，也需要新的結構。

那麼，此時孩子最需要甚麼結構呢？例子之一是類別（clas-
ses）：詞類（如動詞、名詞）以及詞組類別、子句類別等。這些
類別又和結構的功能（structural functions）有關，如動作者、過
程、目標者等。（記住，海樂地所說的功能有兩個意思，一個是本
段所說的結構的作用，一個是之前一直討論的語言功能）。

在個人性和探索性功能整併成學習性功能的同時，另一件事發
生了。其他的語言功能也合併為「語用的」（pragmatic）功能，這
就涉及「做為行動的語言」，亦即，用來與人互動及掌控人或物。
這些活動會引發更多的意義、詞彙以及文法結構（如請求＋喜歡的
物品）。

從原型語言過渡到成人語言的階段，文法出現了。[13] 這點何以
重要？先前我說過，原型語言只有兩個層次：內容（意義）與表達
語（聲音或姿勢），但沒有文法穿插其間。而在成人語言裡頭，語
意和語音之間，卻有著文法做為之間的「橋樑」。

尤其重要的是，新出現的文法結構，讓語用的和學習的功能可
以同時出現在同一個句子當中。以前，各種功能只能單獨使用，不
能同時使用。

18 個月時，隨著詞彙的成長，對話（dialogue）也跟著發展。
海樂地認為，對話和詞彙共同標示著 Nigel 第二期的出現（1975:
48）。

人們在對話時扮演多種角色，並賦予對方角色：說話者（spe-
ak-er）、說話對象（addressee）、回應者（respondent）、問話者
（questioner）、說服者（persuader）等。雖然這些角色都是語言行
為裡特有的，但對整個發展來說仍具有重要性，因為「它們是社會
互動的管道（channel）和範本（model）」（Halliday, 1975: 48）。
在說話行為（act of speaking）中，說話者就只扮演說話者的角色

143

（role of speaker）；在對話當中，就不只有那樣。這時，說話者的
角色不僅意謂：「我跟你說」，它可能還表示：

> 「我需要訊息，而你必須提供給我」。對話涉及人際互動
> 的純語言形式，同時，它有清楚的原則，規範了人要如何
> 扮演角色、分配角色、接受或拒絕被分配的角色。（Hal-
> liday, 1975: 49）

海樂地說，Nigel 在 18 個月大前兩週時，就搞懂對話的原則
了。然後他可以回答 Wh 式的問題，「假定答案是問話者已經知道
的事」；例如，「你在吃甚麼？」──「香蕉」。他也可以服從要
他做事的指令、認真聽人說話並繼續談話、對他人所給的回應加以
反應、開啟一段對話並回應他人的談話。在這個階段，他唯一開啟
對話的方式是問：「這是甚麼？」。

參與對話的能力，使孩子得以展現出語言中學習功能的力量，
他現在就有能力來尋求訊息和詞彙。同樣重要的是，對話的能力把
孩子帶入了第三期，這樣就能發展出成人的語言來：

> 藉由語言中的角色扮演，對話向一把鑰匙打開了語言系統
> 中的「模態」（mood；陳述、疑問等），甚至整個人際的
> 要素（interpersonal component）。藉由這個要素，說話者
> 把自己融入了語言結構中，然後得以表明他與其他參與者
> 的關係、他的態度和判斷、他的承諾、願望及其他種種。
> （Halliday, 1975: 50）

如此說來，對話和文法是第二期最主要的發展，也是導入第三
期成人系統的推動力量。儘管文法和對話的原則在第三期之初就有
眉目了，但完全的掌握還有待時間琢磨。

144

　　儘管原型語言不是母語（即成人語言），但它有表達語意功能的特質，才能促成成人語言中「後設功能」（metafunctions）的發展。也可以這麼說，打從呱呱墜地起，成人語意系統裡的「主動」（active；或人際）要素以及「反思」（reflective；或意念 ideational）要素（參見後文）早已存在。在每個時期裡，語意系統不是以一組規則（a set of rules）來表現，而是一個伴隨著入口條件的選項體系[14]（a system of choices）。

五、成人語言（第三期）

　　第一期的時候，語言使用約有 6 種功能，在第三期時，卻只有 2 種主要的功能：「意念性」和「人際性」。到底第三期的功能和第一期的有甚麼關連？為什麼海樂地說第二期的功能從 6 種遞減成 2 種時，那兩種的名稱是學習性和語用性，而到了成人語言時又用不同的名稱？

　　答案是，學習性和語用性指的是分開來的功能，各自是一種選項。每個句子不是其一就是其二，不可能兩種功能兼有。成人語言的特徵卻是兩者（「意念性」和「人際性」）可以並存於同一句中。海樂地說（個人通信）：

145

> 應該了解，相對於學習性和語用性，「意念性」和「人際性」並不兩組全新的名詞，只不過是語意內容作了一番調整。實情是：（1）學習性和語用性的「內容」（content）演化成「意念性」，而（2）學習性和語用性的「對比」（contrast）演化成「人際性」。從文法的角度上來看，兩者的內容變成「及物性」（transitivity），而對比則成為「語氣」（mood）。

　　成人語言另有第三個功能稱為「文本性」（textual），文本指正在使用的語言，而非只是被引用的語言。因此，一個詞單或句單就不是文本。[15]「文本性」功能允許說話者或書寫者以適合於情境的方式運用「語篇」（discourse）。請留意，上面用「說話者或書寫者」，這和一般把文本侷限於書寫的想法有一些出入，海樂地也用來指口語。

　　現在我們已經知道，成人語言的語意體系有三個功能：「意念性」、「人際性」和「文本性」，它們都由語言使用時的情境因素所（同時）激發。例如，對話中所牽涉的社會歷程會激發起意念功能；[16]對話者之間的社會關係會激發起人際功能；[17]「在整個開展場景中對話的部分」（what part of the conversation is playing in the total unfolding scene）會激發起文本功能[18]（Halliday, 1978: 75）。

　　這三種功能不僅由社會情境因素所驅動，它們在對話語言上也展現出不同的面貌。意念性功能表現於包含動詞和名詞詞組的結構，[19]以及事物的名稱等。人際性功能表現於句子的語氣、語態動詞和副詞（modal verbs and adverbs）、對話中的評論和表示意見的態度。

146　　海樂地認為透過這些方式，說些什麼、說的情境、所使用的語言的本質三者之間就取得了聯繫。如此，「大部分孩子所聽到的就可以以有跡可尋的系統化方式和情境聯繫起來」（1978: 74）。意思是，這種方式大大促進孩子的語言發展。孩子透過對話中所見所聞所感者，察覺到其他對話者的態度，也洞悉對方對彼此的態度。

　　海樂地在多處〔如（Halliday, 1978: 93; 1979: 180-1）〕均提及，他十分敬佩母親或其他與孩子親近者的「追蹤」（tracking）能力。這是母親或他人對孩子的聲音或姿勢反應的能力，這時孩子還不會說話。

　　在任何時間，她都知道他知道些什麼；她不僅了解他，也

知道他了解到甚麼程度。因此她用他可以懂的方式去說
話，當然話不是說給一般大人聽的，而是估量了孩子的程
度之後才說的。（1979: 181）

海樂地認為，在樂觀的情況下，這類的追蹤能力可以促進孩子
的語言，並且有助於他使用語言去學習事物。

既然提到了媽媽及重要他人，就不能不提海樂地對杭士基的質
疑。討論媽媽經時（第 7 章）提到，杭士基說孩子是「在有限貧乏
的語言刺激下」學會語言（1968: 23; 1972: 27）。他又說（1965:
4）：

把自然語言記錄下來審視，會發現許多起頭錯誤、不合規
則、中途改變心意等的例子。語言學家和學語的兒童的難
題是，想從這些表現出來的資料，分析出說話者──聽話
者精熟使用的內在規則系統。

海樂地（1975: 45）看法不同：

儘管很多人不這麼想，但其實孩子所聽到的語言通常很一
致、構造良好、與情境相符。一般說來，他和大人互動的
內容，通常不是充滿註解、文法深奧（anacolutha）[20]、高
詞彙密度、深思良久文謅謅的語篇，而是文法暢達、通俗
易懂的日常談話。他有很多例證可以依循用來建構文法。
他從別的孩子所聽到的自然不一樣，但這種不同卻可以讓
他做為借鏡。（這不是反對先天論的辯詞，[21] 但卻反駁了
用先天論來解釋的必要性）。

147

六、結論

(一)海樂地著作的廣度

本章的重點依然是幼兒的口語，但須知海樂地的筆觸不僅止於此。他甚至探討到學童的語言發展，他和門徒對教育中的語言有廣泛的研究。

第5章提到，杭士基說所有的孩子都有學習語言的能力，而這個能力和智力沒有關連。我當時說，這不表示智力和語言表現毫無關係。只要我們把範圍侷限在日常用語時，杭士基會說兩者是無關連；不過，一旦觸及文雅或藝術性的語言使用，他就不會不承認兩者確實有關。

海樂地關切充分發展孩子語言潛能的教育目標，這就涉及了口語和書寫語言了。海樂地理論追隨者在語言與教育方面論述極多。〔例如，（Christie, 1985）〕。

海樂地也論及語言的語言學分析，他的論述被稱為「系統功能性文法」〔systemic-functional grammar；見（Halliday, 1961, 1967, 1968, 1994）；並參見 1994 的書目〕。[22]

海樂地及其追隨者的另一個興趣是比句子還大的語言單位〔（如 Halliday & Hasan, 1976; Martin, 1992）〕，此外還有詩詞中的語言、語言的電腦分析——幾乎任何和語言有關的主題他都有興趣。有興趣的讀者可參見其早期作品集（Kress, 1976）。

海樂地著作的補充讀物可以參考 Clare Painter（1984），她在雪梨大學跟著海樂地作博士研究。她除了依循海樂地的研究路線外，也因詳細探討自己的孩子 Hal「如何學習表意」而發表了獨特的創見。

148

(二)分開的星球

　　海樂地的語言發展理論有許多重要的洞見，無法以生成派語法的觀點來探討。反之亦然。海樂地說兩者是互補而非互斥的觀點，誠哉斯言！然而，如何互補法目前尚無從得知，或許在遙遠的未來吧。從甲說跨至乙說，似有隔世之感，目前仍難以預見兩者將來要如何整合！

註釋

1. 海樂地最近在私人通信中寫道：「現在我不認為它是意識的產物，而是它必要的一部分。（我在討論 Gerald Edelman 大腦演化的研究時曾說『高級意識就是意義』）」。

2. 參見支持這個想法的實驗，雖然作者並非海樂地的信徒；見 Mehler 與 Dupoux（1994）。

3. 這是約略的數字，別處亦然，總是有個別差異。

4. 海樂地的專有名詞有一本參考書，見 de Joia 與 Stenton（1980）。

5. 雖然海樂地向我指出，這是「記號人類學」（symbolic anthropology）標準的觀點。

6. 這裡（以及本章）我避免使用「獲得」（acquired）一詞，因為海樂地多次〔如（Halliday, 1978: 89）〕反對這種用法，他認為這麼說就好似語言像財貨一樣，孩子必須從「外邊」（out there）取得。

7. （原文用 it 替代 he 和 she）我向寶寶道歉，因為在此處和別處把他的性別拿走了，但我總不能一直這麼寫：he/she 或 him/her。

8. 當然，哭聲也可以編成為有意義的語言碼。

9. 見 Gruber（1976）。Gruber 的這些觀念可能是獨立產生的，不過海樂地對功能的觀念可以追溯自一九五〇年代。〔見（de Joia &

Stenton, 1980: x）寫的前言〕

10. 海樂地向我解釋此處為何使用「內容體系」而非「語意體系」，因為後者「通常在成人語言的脈絡中使用，以與文法區別。然而，……在原型語言沒有文法，只有一種尚未分化的「內容」體系（這是從 Hjelmslev 的觀點說的，已有別於「表達」expression），因此內容體系較傳神」。

11. 詹伯二十世紀大辭典把 heuristic 定義為「作用於或導致發現；有志於發現……」。

12. 這項發展非常複雜，詳見 Halliday（1984）。

13. 「文法即詞彙文法，亦即它包含詞彙」。（Halliday, 1974: 86）

14. 我問海樂地規則和選項體系的差異時，他給我以下很長的回答，值得全文照錄：「我想，選項體系在概念上與一組規則差異很大，選項體系把語言當成（產生意義的）一項資源（a resource），而不是（構造裝置的）清單。更明白的說，選項體系是類型的概念（paradigmatic concept），當我們描述某事物時，即闡明它和其他事物的關係。反之，一組規則是串接的概念（syntagmatic concept），當我們把某事物和其他所有事物取得關聯時，這是想到才加上去的做法（我認為這是選項和規則最根本的差異）。選項體系是開放的系統，而一組規則是有限的（這是系統和組之間的本跟差異，因為沒有『一組所有可能的句子』這種概念）。第三，選項體系會產生意義（semogenic），但一組規則只有傳達意義的作用，意義是來自於外的。第四，選項體系或許有其歷史，不斷與環境互動而變化，然而一組規則與歷史無關，規則不含變化，有賴外在的能量才能變化，畢竟規則只是靜態的概念」。

15. （比較傳統上對「使用」use 和「引述」mention 的差別）。

16. 海樂地使用「場域」（field）來指稱這個社會歷程。

17. 海樂地使用「主旨」（tenor）來指稱這個關係。

150

18. 海樂地使用「模態」（mode）來指稱這個關係。

19. 這就是海樂地所稱的「及物性」（transitivity）。

20. 詹伯二十世紀大辭典對 anacolutha 的定義是：不合句法的詞串，句子前後的文法不吻合。 Ancolution： anacoluthia 的一例；複數 ： anacolutha。

21. 先天論（the nativist hypothesis）是指主張存在某種先天原則的假說，也稱為 the innateness hypothesis。杭士基多次反對把這個名詞掛在他頭上，因為幾乎所有的語言學家和心理學家（包括行為主義者）都接受某些事情是先天的，無依的問題是在哪裡畫出分界線。我們以看出，海樂地同意兒童有先天的傾向對人比對物投注更多的注意力。他也相信先天的記號（semotic）原則：「即幼兒先天即有表意的傾向……問題是這些原則有多少語言的成分。如果這意謂人腦有能力形成具有成人語言特性的系統，則當然它已經就是這樣了─然而它必須靠成長才能達到這個地步……出生時並不如此……我不相信文法的藍圖會刻蝕在新生兒的大腦的說法」（個人通信）。

22. 在 de Joia 與 Stenton（1980: viii）書上的前言中，海樂地說：「我不是理論家；我之所以對理論議題有興趣純粹是因為不得不如此，因為我提出的解釋必須依附在某種全新的理論架構當中」。這個解釋夠充分了吧。

第  章

大腦的兩個半球（A）

一、物質的腦

第 6 章提到，杭士基認為他對語言如何運作的見解原則上（in *151*
principle）是對的，即使他無法確切說出這些運作在腦中如何執行。
但大腦很顯然參與語言的運作，現在應該是到了探討腦功能的時候
了。

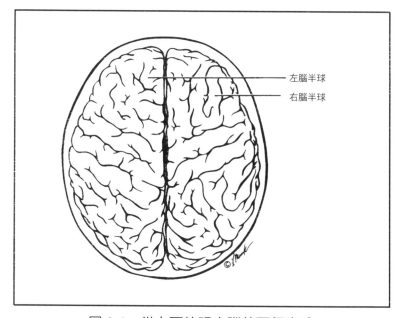

圖 9.1　從上面俯視大腦的兩個半球

　　如圖 9.1 所示，人類大腦有兩個半球。表面上相當對稱，很難看出形狀的差異來。然而，有理由相信兩個半球功能很不一樣。比起右半球，左半球似乎和語言以及數學更有關係。

　　然而，要提醒大家一件事。人們常說：「語言位於左半腦」，這實在是太簡化的說法，之後我們就會知道事情不這麼簡單。這就是為什麼我上面那句話說得比較謹慎：比起右半球，左半球似乎和語言以及數學更有關係。

　　反觀，右半球似乎和空間關係以及笑話、諷刺、比喻的理解等比較有關。同理，「空間關係及雙關語的理解位於右腦」的說法也失之過簡。市面上很多書冠上諸如「開發你的右腦」或「兩腦並用」之類的標題，不管書裡的內容如何的好，書名總有誤導視聽之嫌。稍後我會回頭批評此事，現在的任務是把左右兩個半球搞懂。

152

　　你也許認識某個中風的病人，他的說話和語言是否受損？甚至你認得很多中風病人，是不是所有病人的說話和語言都受損？有趣的是，有些病人的語言能力局部或全部受損，但有些人則不受影響。為什麼會這樣？

　　中風通常 ' 使某部位腦的血流受阻，因而造成該處腦組織受到破壞。兩個腦半球的血流是分別供應的，因此，一側受阻並不傷及另一側，只有受阻的那個半球受到傷害而已。

153

　　若損害發生在左腦，說話和語言有極大的機會受到波及，影響程度則視部位及幅度而定。說話和語言能力的喪失或局部喪失稱為失語症，治療失語症（aphasia）是語言病理師（或語言治療師，名稱依國家而異）的職責。

　　如果傷及右腦，語言能力或許稍受阻礙，但也許並不特別明顯，和失語症的性質也有所不同。右腦受損的病人說話看來沒什麼困難，但是一陣子之後困難開始浮現。他們的問題出於複雜的語言使用，例如，表達或理解邏輯的爭論、故事、笑話、諷刺等。

　　過去三十年來，右腦在語言上扮演的角色逐漸被認識清楚，它

在廣泛的語言處理工作上的重要性都已被證實（Beeman & Chia-
rello, 1997; Chiarello et al., 1990）。無論哪個半球中風，語言治療
都可以幫助復健，但嚴重受損時，進展就可能微乎其微。

　　過去幾十年來，很多研究發現，右腦對於單詞的意義內容以及
詞之間的語意關係很有貢獻。只不過在這方面，左腦的貢獻更大。
有人主張，右腦擅長處理的單詞短而常見、具體而易於入畫。

　　有些右腦傷患患有「左側忽視症」（left neglect），他們對於
物體的左側或視野的左側容易視而不見。以語言表現而言，他們也
會忽視書寫文句、書本扉頁、圖畫的左邊。他們很容易撞上左側的
東西，平分線段時過於偏右（因為左側被忽視了）。這些都不是因
為看不見，而是忽視的緣故，甚至連心像都有這個毛病。

　　Bisiach 等人針對左側忽視症的義大利患者作了一些研究（Bi-
siach et al., 1981; Bisiach & Luzzatti, 1978; Hellige, 1993）。這些受
試者都對米蘭廣場很熟悉，研究者要他們想像自己站在大教堂前的
廣場，面對著大教堂，然後描述在心像中所見到的事物。他們可以
說的很好，只是對於廣場左側的景象完全略而不提。

　　下一步是要求受試者假想站在教堂前背對著階梯（即換個方向
看廣場），然後也來描述心中所見的事物。這時，右邊的建築物都
鉅細靡遺，可是左邊的卻也都略而不提。有趣的事，現在的左右恰
好跟剛剛的相反。所以，問題不是他們對左右景物的知識不足，也
不是想像力有問題，而是當下的左側全都被忽視。

　　如果要一個左側忽視症患者畫一個時鐘，他畫出來的 1 至 12
的數字全都擠在鐘的右邊，結果左半邊什麼也沒有。

　　偶而也會見到右側忽視症的左腦患者，但機率很低，情形也不
嚴重。

　　我們再把主題拉回中風。雖然患者多係老人，但年輕人甚至孩
童有時也會罹患。年紀越輕，復原的機會就越大。

　　中風另一個後遺症是半身癱瘓。大腦半球掌管對側的身體功

154

能，即左腦管右半身，右腦管左半身。所以，如果中風傷及右腦，身體左側很可能就會受到影響，反之亦然。

中風提供左右半球各司其職的證據，也說明了左腦比右腦對語言的影響更深。

然而造成腦傷和語言受損的不只有中風，車禍、戰爭傷害、或其他意外事故也可能造成類似的後果。

到目前為止，我對左腦和語言的關係仍是含糊其詞，應該可以更精確一點。左半球有兩個區域對語言功能相當重要，若因中風受損，恐怕會造成說話和語言的問題。這就是「布洛卡區」（Broca's area）和「渥尼基區」（Wernicke's area），參見圖 9.2。

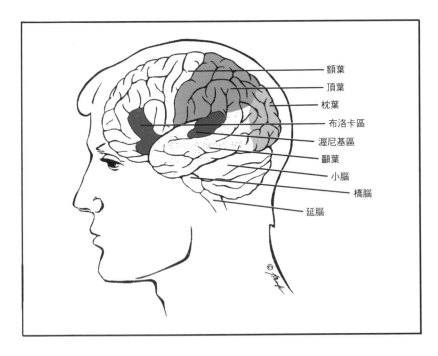

155　　　　　圖 9.2　大腦的左半球：顯示出布洛卡區和渥尼基區

「布洛卡區」受傷通常造成說話的困難，如果他們會說話，句子通常較短但可以懂，也常丟掉文法詞素，如複數名詞結尾-s、動

詞過去式結尾-ed等，也常漏掉「虛詞」或「功能詞」，如「定詞」the、a；「介係詞」in、for；「助動詞」could、have等等。不過，這類病人對於他人說的話倒是多半可以理解。

反觀，「渥尼基區」受損的病人對於他人說的話就不太理解了，說出的話固然流暢卻聽不出什麼意義來。他們會插入很多與話題無關的詞語（jargon），甚至很多不知所云的話。

「布洛卡區」受傷所引起的失語症稱為「布洛卡失語症」或「運動型失語症」（motor aphasia）；「渥尼基區」受損的失語症稱為「渥尼基失語症」或「感覺型失語症」（sensory aphasia）。Gregory（1987: 809）有以下的評論：

> 渥尼基所描述的失語症有很嚴重的理解困難，因此有時被稱為「感覺型失語症」，但其實這個名稱不太合適，因為表達性的障礙也發生在病人身上，只是這種問題多係語詞使用和選擇的問題，而不是說話構音的問題。

有時受傷範圍大到涵蓋上述兩個區域，因此兩者的症狀都表現了出來這就稱為「全失型失語症」（global aphasia）。

直到最近，大家都以為失語症完全可以依據受損的部位來命名，但這已不再被視為正確的了。很多時候，即使同樣都是「布洛卡區」受傷的病人，其症狀也不盡一致，「渥尼基區」受損時亦然。再者，現代的技術顯示大腦的語言活動遠比先前所想的更複雜，下一章將有更深入的討論。

偶爾甚至有左腦嚴重受損者，其說話語言卻完好無傷。Antonio Damasio（1994）轉述一個名叫 Phineas Gage 的病人的故事。1848年時，25 歲的 Gage 發生一件意外。他是一名鐵路工人，領著一班工人鋪設橫跨 Vermont 的鐵路，工作包括炸開巨石以架設鐵軌。一天炸藥提前引爆，一根鋼棒從他左臉頰穿透顱骨底部，直奔腦部並

從頭頂穿出。這枝鋼棒「沾滿了血跡和腦漿」（Damasio, 1994:
4），持續飛出然後掉落在 100 呎（30 公尺）外的地上。鋼棒長約
3 呎 7 吋（1 公尺），口徑為 1.25 吋（3 公分），重達 13.25 磅（6
公斤）。

157 　　Gage 奇蹟似的大難不死，更神奇的是，劫後數分鐘他居然還
可以開口說話，而且還若無其事的持續說話。醫生問他事件經過，
他可詳細告知。

　　Phineas Gage 經歷了可怕的災害，卻只有很小的傷，身體也復
原得極好，只有左眼失明。四肢沒有癱瘓，說話不受影響，感官功
能正常。

　　然而，不幸的是，很快就發現他的性格大變。之前他性格開
朗，人緣極佳，被老闆認為工作很有效率。現在他待人無禮，缺乏
耐性，口出穢言（之前不會）。他的變化大到朋友不認得，也丟了
工作。他從此工作一個換過一個，後來開始癲癇發作。1861 年，
他死於極嚴重的癲癇。

　　Phineas Gage 令人感到興趣的原因有二：一是錯不在身上的悲
劇故事令人同情，二是巨棒穿腦卻言語無礙具有科學價值，可以對
本章的主題（語言與大腦）有所啟示。

二、失語症知識的起源

　　雖然自從古希臘時代起就已有失語症的報導，但有關它的本質
的知識到了十九世紀才真正被發現。馬克達克斯（Marc Dax）、保
羅布洛卡（Paul Broca）和卡爾渥尼基（Karl Wernicke）等三位人
士在其中扮演重要的角色。

158 ## (一)馬克達克斯

　　大腦兩個半球各司其職的知識起源於十九世紀中葉，此後進展

相當緩慢。

1800 年左右，法國醫師馬克達克斯在離地中海不遠的 Sommieres（位於 Nimes 和 Montpellier 的中間）的鄉間執業，有些他的病人在戰爭中受了傷，所以他以軍隊外科醫師從事醫療工作（也為平民看診）。

有些病人有腦傷，而且有語詞記憶喪失的問題。其中一個名叫 Broussonnet 的患者，是有名的自然學者。他在突發的感官動作喪失後，也突然喪失語詞記憶，這種情形多是腦出血（haemorrhage）或梗塞（thrombosis）的後遺症。達克斯猜想腦傷和語詞記憶喪失有因果關係，他無從知道病人腦子的哪一側受傷，但在那人的喪禮中他得知，遺體解剖發現左腦有極大的患部。

直到 1811 年為止，達克斯一共遇見了三位突發性語詞記憶喪失的患者，他們都在左腦有組織損害的情形。此後，他又見了幾位類似的病人，並且仔細觀察罹病的大腦部位。1836 年他參加一個在 Montpellier 舉行的醫學會議，並宣讀了一篇題為「左腦的損傷和思想符號的遺忘」的論文，[2] 這是他唯一在研討會上發表的論文。

古希臘人已經觀察到，失去語言和腦傷之間有關係。但是達克斯觀察到失去語言和左腦受傷有關，這是現代最重要的發現之一。在呈現過證據之後，他在論文中說道：[3]

> 有了前述的證據之後，我想我可以下結論說，不是左腦所有的疾病都會干擾語言記憶，但一旦語詞記憶被腦病所干擾，我們就應該在左腦中追尋它的根源，即使兩腦都有病變，也應在左腦中尋找。

在這段話之後他又說：[4]「現在有一個有趣的問題有待解答：為什麼語詞記憶的喪失會發生在左腦，而不是右腦受傷？」確實是個有趣的問題。他說他期望在還沒有滿意的答案之前，他的報告對

159

這類疾病的診斷和治療有所幫助。

這篇論文有如石沈大海，激不起任何漣漪，很快就被人遺忘了。很可惜！達克斯在一年後過世，他生前無從得知，他的論文居然會在他死後的一百五十年之間引發出巨大的迴響！[5]

(二)保羅布洛卡

1861 年時，巴黎的神經科兼外科醫師保羅布洛卡見了一名腿部嚴重感染的患者，他對這名病人多年半身不遂且不能言語（除了少數幾個字外）的事感到興趣。少數他會講的字之一是 tan，因此人家也叫他 tan，但其實他的本名是 M. Leborgne。

布洛卡見過他的幾天之後，tan 死了，於是布洛卡為他做了遺體解剖，他發現左腦額葉有局部的損傷。在下次巴黎的人類學會會議上他報告了這個病例，並展示了病人的腦子，可是沒有引起太大的關注。

幾個月之後，布洛卡又在人類學會會議報告了第二個類似的病例，說也奇怪，這一次他成功吸引了眾人的目光。

會議之後開始了一場激烈的辯論，布洛卡不喜歡與人爭辯，但他仍然被視為力主大腦不同部位各司其職的要角。

Ornstein（1997: 50）、Springer 與 Deutsch（1989: 11）都說，一開始布洛卡並未察覺到兩個病人的說話喪失和左腦有關；的確有這個可能。但更可能的情形是，在還沒有更多證據之前，他不肯妄下結論。這種慎重的態度與他整個研究生涯的表現十分吻合。

無論如何，在之後的兩年當中他都保持沈默，其間他又收集了 8 個左腦的病例，對於這些病例，他只說：「我無意下結論，我必須等新的發現」〔引自（Joynt, 1964）〕。後見之明告訴我們說他過度謹慎，但顯然布洛卡很有科學精神，不肯遽下斷語。從他的論文看來，和很多人一樣，他沒聽過馬克達克斯的名字。

最後，在 1865 年 6 月的人類學會的會議上，布洛卡宣稱：「就

像我們用左腦指揮寫字、畫圖、針線等的動作，我們也用左腦說話」。*6*

　　圖 9.2 顯示後來被稱為布洛卡區的位置。技術上來說，布洛卡區位於左腦額葉第三腦回的後部，在運動皮質（motor cortex）之前。皮質是蓋住兩個半球的一個薄層灰質（grey matter），運動皮質主司隨意肌的活動，也包括說話運動。

　　布洛卡還主張，控制說話的半球就是掌管慣用手的半球，雖然後來發現此說過於簡化，但他畢竟是站在對的方向。我們在本章 9.2.4 節中將討論慣用手（handedness）的問題。

　　布洛卡發現，左腦受傷不僅干擾說話（speech），更會影響語言（language）。左腦受傷也會損及讀寫，這些觀察被之後的研究證實了。

　　之後發生了一個小插曲，馬克達克斯的兒子Gustav Dax，本身也是個醫生，寫信給醫學出版社，說布洛卡蓄意不提他父親的論文。布洛卡回信說他從未聽過達克斯其人其文，他也找不到那篇論文在 1836 年宣讀的紀錄。Gustav Dax 於是找出那篇文章，並將它出版。

　　接下來是一陣口角，有人居然說那篇文章是兒子自己寫的。布洛卡於是親自到 Montpellier 檢視醫學會議的紀錄，但是他找不到相關的證據，也找不到載有該標題的會議議程表（Joynt, 1964: 211）。從此孰是孰非的爭議不斷，誰才是發現左腦和語言喪失有關的第一人一直無解。1877 年在布洛卡發表論文之後，有人要他針對這個爭議發言。根據 Joynt 的轉述，布洛卡說他親自檢視了馬克達克斯父子的文章，在詳細比對了兩人的寫作風格和表達法之後，他承認馬克達克斯確實在 1836 年寫了那篇論文，但卻從未拿去宣讀或出版，或許是因為文中沒有病理驗證的資料。

　　無論如何，布洛卡的論文比達克斯更有說服力，他不但翔實記載了病變的位置，也對病人的病史充分敘述。

(三)卡爾渥尼基

　　接下來，一名 26 歲的德國神經科醫師卡爾渥尼基在 1874 年又有了新發現，他發表了一篇論文（Wernicke, 1874），報告 9 名不同類型的失語症患者。他用前兩個病例來舉證說腦中除了布洛卡區之外，還有第二個語言區。

　　渥尼基所說的就是顳葉第一個腦回的前三分之一處（參見圖9.2），它深入了側溝（Sylvian fissure）的內部。渥尼基區為在主司聽覺的皮質部位後方。是否記得布洛卡區靠近說話運動區，看來，布洛卡區和渥尼基區都分別靠近控制說話和聽覺的皮質區。

　　渥尼基所說的那兩個病人說話流利，音調正常，但不知所云（Caplan, 1987: 50）。渥尼基（Wernicke, 1874: 66-67）如此描述其中一名病人：

162　　　Susan Adam，59 歲，突然在 1874 年 3 月 1 日生病，原因
　　　　不明。……雖然她說話有點混亂，但一些表達還算清楚，
　　　　只是回答問題時一片混亂……她在所有談話中都混進了一
　　　　個無意義的字 "begraben" ……她的情形被診斷為譫妄
　　　　（confusional state），因為沒有其他身體的問題，就被轉
　　　　到精神病房，……病人有時可以正確無誤的說話，然而完
　　　　全聽不懂別人的談話。

　　渥尼基說她之後進步很快。1874 年 4 月 20 日他認為她持續有進步，然而如果叫她自己寫字，她卻寫不了幾個字，她也無法聽寫。只是讓人不解的是，如果寫下來讓她抄寫，她沒有問題。渥尼基說，「失寫症（agraphia）是她最大的語言困難」（Wernicke, 1874: 70）。

　　他對第二個病人的描述如下（Wernicke, 1874: 70-71）：

Susanne Rother，75 歲，1873 年 10 月 7 日送進 Allerheiligen 醫院。她有各種極度老化的徵象……。她的精神狀態是譫妄加失語。問她話得到的都是混亂的回答，要她聽指令行事，不是不能就是一片混亂，讓人感覺有失用症（apraxia）[7]……她展現不出有要溝通的動機。她的主動詞彙和前例相比很小，不過大到可以排除是運動型失語症[8]（motor aphasia）。失語症可由語詞的替代和扭曲得到證實。

該患者同年十二月病逝，遺體解剖顯示中風導致左腦顳葉第一腦回有軟化的現象。至於第一個患者（Adam），他說：「左腦顳葉第一腦回的局部傷害也得到印證」（Wernicke, 1874: 73）。渥尼基設法說明這兩個病例都不是布洛卡失語症患者，而且很成功的證實了第二個語言區的存在。

他所做的不止於此，他也仔細的描述了和這個部位有關的失語症。他進而提出一個語言和語言障礙的一般理論，這個作品對於後繼的理論產生了深刻的影響（Geschwind, 1969）。

163

儘管在失語症上獲得成就，渥尼基的生涯並不怎麼幸運。他的訓練是精神科醫師，也期望在那方面有所表現，他寫了一本有關的書，但沒什麼影響力。後來由於和醫院的行政人員有了嚴重的爭執，因此他的事業發展得不是很順遂。

1905 年 6 月 13 日他和同事騎車外出，行經一輛載滿木材的貨車時，渥尼基跌到然後被貨車碾過胸骨。他多活了四天，在 6 月 17 日終於撒手人寰，得年 57 歲（Geschwind, 1969: 10）。

(四)慣用手

記得嗎，布洛卡說掌控語言和慣用手的腦在同一側，而我說這太簡化了，雖然大方向是對的。那麼說話語言和慣用手真正的關係又如何呢？

　　通常對人群中右利手的比例都估計為 90%，但這個數字恐怕太篤定了些，Holder（1997）說數字應在 70-95%之間。為什麼有那麼大的伸縮空間？因為科學家對於判定的標準還沒有共識。你如何判定右手寫字左手打網球的人呢？這或許是因為這人本來是左利的，但到了學校被迫改用右手寫字，這個解釋可能對，也可能不對。

　　無論如何，大多數人都是右利手，不管哪個文化都是如此。史前的洞穴壁畫、工具武器等證據都看得出自古以來都是右利的多。

　　Nicholas Toth（1987）研究距今約一五〇至二〇〇萬年前北肯亞的器物，很多是遠古人類在製造石器時所廢棄的遺物。

164　　Toth 不厭其煩還親自使用當地的石頭來製造石器，目的是發現古代製造石器的技術。結果他發現當地只用了一種稱為「用力槌擊」（hard-hammer percussion）的技術，也就是使用石槌斜面敲擊石塊，以去除一些屑片。

　　可以有兩種方式進行：一種是輪流敲擊石塊的兩面，讓屑片從兩側剝離；另一種是只敲擊其中一面。Toth 所感到有興趣的是後面一種，因為慣用手不同在石器上所留下的痕跡也會不同，因為這個技術是一手拿著石塊，一手用工具敲擊。

　　Toth（1987: 110）的結論是，人類對右手的偏好在 140 至 190 萬年前就已存在了。

　　陸生哺乳類動物在慣用手（或慣用蹄 pawedness）上不同於人類，它們在左右利的分布上剛好是一半一半。何以如此，原因尚不清楚，但動物沒有語言可能意謂著它們大腦的組織方式會有異於人類。

　　也許人類的慣用手具遺傳性（那動物難道不是嗎？），統計顯示親子間的慣用手具有高度的相關。然而，Springer 與 Deutsch（1989: 147）卻說：

父母都是左利的子女，其慣用手的經驗很可能是不同的。

先天（基因）與後天（經驗）在統計數字中混淆不清，很
難知道哪個才最重要。

這在所有先天或後天的爭議中都是常見的問題〔見（Medawat,
1961: 122-124）〕。

慣用手和語言在大腦裡的組織方式又有何關連呢？在Montreal
Neurological Institute 一項著名的研究中，研究人員用巴比妥酸鹽
（sodium amobarbital）輪流將大腦兩個半球麻醉，然後實施語言測
驗，結果顯示95%右利者的語言優勢腦是左半球，而70%左利者也
是如此。15%左利者語言的優勢腦在右半球，另外15%左利者兩半
球的語言能力平分秋色。這個結果的效度和受試者中是否有慣用手
不明的人有關。

有研究顯示左利者中風後復原較快，但原因不明。

(五)兩性差異

心理學家使用許多認知測驗（包括語言測驗）來探討兩性差異
〔見（McGlone, 1978, 1980; Springer & Deutsch, 1989; Joanette et al.,
1990; Hellige, 1993; Kimura, 1993）〕。

一般的結論是，女性在語言技能、算術計算、某些視知覺等作
業上比男性要好。視知覺作業中包括從一組相似的圖形中找出兩個
完全相同的項目。女性贏過男性的語言測驗例子有：寫出以某個字
母開頭的英文字或寫出所有語意相關的語詞（「寫出任何和學校有
關的語詞」）。

男性比女性擅長的包括：某些視知覺測驗（找出一個較大的圖
形裡的一個小部分）、空間測驗（在腦海裡旋轉一個圖形）、數學
推理問題。

這些當然是從統計上的角度來說的，並不是每個女性的語

言都贏過每個男性，也不是說每個男性的視知覺或空間能
力都贏過每個女性。Hellige（1993: 233）就說：

當然，兩性在所有這些測驗上都有很大的重疊，而且兩性的平
均數差異通常小於變異數。兩性在認知能力上的差異，原因和生物
及環境因素的交互作用有關。

兩性差異的一個解釋是，他們在大腦的解剖或（和）功能上有
所差異。差異是什麼，在文獻上有許多說法。

很多研究顯示，在語言和空間能力上，男性的腦側化（lateral-
ized）比女性更加明顯。換言之，女性的這些能力比較廣泛分散在
兩個半球之上。如果真的是這樣，這就可以解釋何以男性單側中風
後罹患失語症的機率較高。在女性來說，左腦中風後，相關的運作
可以由右腦來執行。另一個主張是說，女性胼胝體（corpus cal-
lous）有個稱為 splenum 的部分比較肥厚。胼胝體在哪裡呢？兩個
半球中間有一個「中縱裂」（median longitudinal fissure）把兩邊分
開，這個溝漕底下有一大束的神經纖維連結兩個半球。關於女性
splenum 比較肥厚的說法，齊木拉（Kimura）的評論是「這個發現
後來有反駁的也有證實的」（1993: 87）。

如果腦的前半部受損，女性比男性更易罹患失語症。齊木拉
說：

因為局部的腦傷出現在後半部的機會大於前半部，且男女
皆然，這就可以解釋何以女性較不易罹患失語症。女性的
說話機能較少受損，這不是因為說話能力平均分布在腦
中，而是關鍵的腦區域較少受損。

我已經大略描述了腦和語言的關係了，假使時間和篇幅允許的
話，我可以說得更多。可是即使是如此，我們的討論也不可能非常

深入。

　　語言學家可以妙筆生花的大談語言結構的原理及其如何組織的道理；神經學家可以極盡能事的鋪陳語言在大腦中如何組織的方式；問題在於如何讓兩邊的說法整合起來。本章開頭我就說，杭士基只管解釋驅動語言的原理，而不費心去注意這些原理如何能在腦中實現；我們也真的沒辦法知道。 *167*

　　也許不是缺乏聰明才智之士，或許根本就是做不到。有的科學家認為一切的科學說法到頭來都得用物理來解釋，這種說法稱為「化約論」（reductionism）。但也有人不認為這是好的或可能辦到的想法。

　　一般多半認為，抽象的語言學原理應該可以對應到大腦的神經元活動上，可是杭士基卻反對這個說法。他甚至說，鞋子應該是穿到另外一隻腳上，意思是語言學的發現穩當得很，該調整的是物理和生理學家，他們應該調整理論來因應語言學的發現。如果讀者對於這個見解感到興趣、也認為有足夠的基礎能力的話，不妨參考杭士基（1996a）的第二章。

註釋

1. 出血也會造成中風。
2. （直接抄 p.167, n.2）
3. （直接抄 p.167, n.3）
4. （直接抄 p.167, n.4）
5. 詳見 Orstein（1997）以及 Springer 與 Deutsch（1989）。
6. （直接抄 p.168, n.6） *168*
7. 「腦傷（非麻痺）所導致的失能，無法執行自願而有意的身體動作」（詹伯二十世紀大辭典）。
8. 即布洛卡失語症。

第　10　章
大腦的兩個半球（B）

一、20 世紀的科技

　　前面說過，多數人的說話語言和左腦有關一事，是 19 世紀時　　*169*
針對腦傷患者進行遺體解剖才發現的。

　　20 世紀當中，新的科技也已經證實了達克斯、布洛卡和渥尼
基等人的先見之明，同時也進一步擴張了我們這方面的知識。本節
就將介紹這些新技術。

(一)分腦手術

　　有關左右腦差異的知識，最戲劇性的增長是來自分腦（split-
brain）手術。嚴重癲癇（epileptic）患者在醫療上使用外科手術切
除聯繫左右腦的神經連結，聽起來很嚇人，但醫師認為唯有進行這
個手術，哪些為重複性劇烈癲癇所苦的患者才能過正常的生活。

　　從頭頂往下看，我們的大腦兩個半球中間隔了一道「中縱裂」
（參見圖 9.1），下面有連接兩側半球的神經束，就稱為「胼胝　　*170*
體」。分腦手術的目的就是要切開胼胝體，好讓兩側的聯繫中斷。
如此一來，就可以阻止一側的癲癇（epileptic seizures）發作傳遞到
另一側去。

　　1940 年代期間，美國大約進行了 30 個左右這類的手術，結果
有很詳盡的研究。醫療團隊的主持人史培利（Roger Sperry）就因

為他在這方面的研究而在 1981 年獲頒諾貝爾獎。

　　動手術之前，就預料到病人的行為會有很多變化，就如同之前有許多胼胝體受損的病人所發生的一般。然而，史培利卻發現，分腦手術之後的病人日常行為卻沒多大的改變，這讓他非常意外。史培利說（1974：6），說話、語文智力、計算、動作協調、語文推理和回憶、性格和氣質等等，都「令人驚異的」保存著。

　　儘管這些結果都很不錯，但是病人還是有一些缺陷。史培利總結地說：

> 在分離之後，左右腦在有意識的心智活動中，多半各自獨立地運作。每個半球有各自的感覺、知覺、思想意念，這些都和另一側的經驗完全脫離關係。每個半球各有各的學習經驗，誰也進不了對方的記憶。在許多方面，每個分離的半球似乎都有各自「獨立的心智」。（Sperry, 1974：7）

　　他們發現，如果分腦病人矇起眼睛用某隻手觸摸東西，左、右手的結果會有很大的差異。

　　前面說過，多數人用左腦控制身體的右側。假如分腦病人用右手觸摸東西，他毫無困難說出那事物的名稱，因為語言也是位於左腦。

　　反過來說，多數人用右腦控制身體的左側，正常人用左手持物時也可以說出名稱，因為訊息抵達右腦後也可以傳遞至左腦的語言中心處理。然而，分腦病人就無法傳遞這個訊息了，因為胼胝體已經被切開，訊息無法互相傳遞。因此，分腦病人用左手持物就無法說出名稱了。然而，他可以靠觸摸從一堆東西找出相同的東西來。

　　同理，這種病人對左視野的刺激、左腳碰觸的物品、右鼻孔聞到的氣味（嗅覺不由異側大腦控制，而是同側大腦），都無法說出名稱。

史培利（1974）、Joanette 等人（1990），以及其他學者警告大家不要從分腦研究過度推論到正常人身上，Joanette 等人指出，分腦病人自幼即罹患嚴重癲癇，因此腦部很早就受傷了。此外，這些病人各有不同的病史，因此無法視為一個同質性高的群體。

(二)剝除一側大腦的手術

大腦科學欠（嚴重的）癲癇患者很多，因為他們不只在分腦手術上是小白鼠，在半腦摘除術（hemispherectomies）上也是。對大眾來說這個手術聽起來很恐怖，可是外科醫師說不做的話病人更慘。比較起來，手術可以給他們更好的生活。

大眾對於癲癇患者有一些不必要的排斥和恐懼，其實很多病人生活很正常，看起來和常人也沒什麼兩樣。也是成功商人的板球選手 Tony Greig 就有癲癇症。

172

有些孩子因為嚴重的癲癇導致某側半球鈣化和退化，於是就動了半腦摘除術。其實，這未必把整個半球完全摘除，只是把全部或大部分皮質組織（包括運動和感覺皮質）切除。這個詞也涵蓋「半邊皮質切除術」（hemidecortication）'（Carson et al., 1996）。

丹尼斯與惠特可（Dennis & Whitaker, 1976）研究三名動過半腦皮質摘除術的癲癇患童，那時他們只有 5 個月大。手術是為了防止日後癲癇的惡化，以及避免傷及另一個腦半球。丹尼斯與惠特可（1976）研究時，他們已經 9-10 歲了。

其中一名兒童的右腦皮質已摘除，在判斷這些句子的正確性時沒有困難：

a　*I paid the money by the man.

b　*I was paid the money to the lady.

c　I was paid the money by the lady.

亦即，他說（a）和（b）不合文法，而（c）則沒錯。另兩名兒童左腦皮質被摘除，但無法正確判斷這些句子。丹尼斯與惠特可

的結論是，這兩個孩子聽不懂被動句的意思，也無法理解和主動句詞序不同的句子。

左腦中風的患者也有類似的判斷困難，對於 "The policeman was killed by the gangster" 這種句子，病人無法判斷誰死了。好像他們無法處理 was, -ed, by 這類的句法線索，然而大多數人都可以下意識的利用這些線索以及相關的語意來理解句子。

丹尼斯與惠特可也探討了一個 16 歲的女孩，她在 5-7 週大時因腦傷而造成左腦嚴重的癲癇。在其他治療失敗後，在 16 歲時摘除了整個左腦。當時她的顳葉只有一般的四分之一大，而且還有其他的異常處。

為她實施語言測驗，結果發現她對被動句有很大的困難。她用主動句的方式去理解這些句子，亦即她把 "I was paid the money by the boy" 理解成 "I paid the money to the boy"。此處她完全忽視結構的線索，只聽到 "I-paid-the money-the-boy"。

丹尼斯與惠特可說她犯錯的機會大於巧合，而記住她只有右腦可用。這個病例進一步證實左腦對句法的處理相當重要。

丹尼斯與惠特可提醒一件事：很小的孩子左腦受傷以後，復原的情形比大人要好。一個世紀以來，我們已經知道，3 歲之前左腦的語言區如果受損，語言學習就會受到很大的阻礙，但他們恢復得極好，也可以學習語言。同樣的傷害若發生在成人身上，就無法復原得那麼好了。90%以上左腦受傷（多是中風）的成人在語言處理上有顯著的困難，或許成為永久性的問題。

有證據顯示，左腦要到兒童期的某段時期之後才會成為語言的優勢腦，這個過程稱為「腦側化」（lateralization）。根據來尼伯（Lenneberg, 1967）的說法，腦側化發生於 2 歲到青春期之間，這段期間是孩子靠「接觸」（by exposure）學習語言的時期。

Stephen Krashen（1973）提出不一樣的看法，他說腦側化不是年紀大小的問題，而是語言接觸的問題。他認為這個過程通常到了

5 歲就完成了（因為孩子屆時多已學會語言了），雖然之後任何時候只要他接觸到語言，他仍可以學習。

現在拉回到丹尼斯與惠特可，他們說孩子從中風中復原有兩個彼此對立的解釋：

1. 某個腦受傷時，另一個腦就會接手掌管它的功能。這表示腦側化（如左腦擅長語言）一定是在出生之後發生的事，晚於嬰兒期。

174

2. 另一個可能是，早在嬰兒期兩個半球就已有差異，但是小孩的腦在受傷時有很大的重組能力，這種能力就稱為「可塑性」（plasticity）。

丹尼斯與惠特可所研究的兒童腦傷發生於幾週大，而後來他們無法正確判斷被動句和其他句法結構，這讓研究者推斷可塑性相當有限，而且生命早期大腦已有不對稱的現象了。[2] 所以他們傾向於第二個解釋。

葛詹尼加（Gazzaniga, 1988）提出一個和丹尼斯與惠特可結果不相容的看法。他先指出一般而言左腦受傷會導致語言和思考受損，但右腦受傷則波及空間定向能力。他接著說：

> 然而，兒童腦傷的情形完全不同。一歲之前右腦受傷對日後語言和空間能力的發展都不利，特別的是，左腦受損只對空間能力有影響，語言卻大部分保留。換言之，在語言思考發展期間腦子活躍的特定區域有別於最後的地點。（Gazzaniga, 1988: 62-63）

這個驚人的主張和丹尼斯與惠特可的說法不同，後者說 5 週之前左腦摘除會在日後造成典型的語言障礙。其實，「5 週之前」和「1 歲之前」之間還有很大的伸縮空間，而且個別差異也很大。如同其他腦與大腦的問題，這裡的真相仍然渾沌未明。

(三)腦部造影

近年來，拜日新月異的腦部造影技術之賜，語言和大腦的關係研究突飛猛進（Posner & Raichle, 1994; Raichle, 1994）。

電腦斷層掃瞄（Computerized axial tomography; CAT）

電腦斷層掃瞄就是經過電腦處理的 X 光攝影，可以照出腦部不同切面的顯影來。CAT 是 Computerized axial tomography 的縮寫，有時只稱 CT，代表 Computerized tomography。比起普通的 X 光攝影，CAT 提供較完整的訊息。主要用於醫學檢查，如偵測腦瘤或中風部位。它未必如願，如果受傷部位太小或還在腦傷初期，無論如何，它是很有用的診斷工具，但在語言的研究上價值有限。

正子放電掃瞄（Positron emission tomography; PET）

正子是像電子的基本粒子，只不過它帶正電，而電子帶負電。

CT 可以顯示腦的形狀和結構，但不能顯示它的功能。傳統研究大腦與語言的人無法在頭上挖個洞然後從中窺視[3]，即使真的這樣做了大概也看不到什麼。這個限制現在固然仍然存在，但 PET 允許研究者窺探正在處理語言的腦子，這真是個驚人的進步。

PET 可以顯示大腦的血流情形，因此可以看出受試者進行某項心智工作時哪個大腦部位比較活躍。它也可以顯示活體大腦葡萄糖或氧的代謝情形。

在作 PET 時，先把放射性的水打入血管，據說這對身體無害。[4] 一分鐘之內進入大腦，10 分鐘後放射性就褪除到無法使用的地步。放射性對於腦中粒子的定位是很重要的。

近來研究者使用這個技術來探討左右腦在認知作業上的差異，這對語言研究者來說也是非常有趣的。在一項研究當中，[5] 7 名受試者執行四個階段的作業，並接受 PET 攝影。

1. 凝視螢幕中的＋號。

2. 持續凝視螢幕中的＋號，並監視螢幕上閃示的名詞（如plate, scissors, child 等）。名詞出現在＋號之下，或從耳機傳來。

3. 注意看提示詞，然後覆誦出來。（如此就有動作輸出）。

4. 看到螢幕閃示的物品名詞，然後說出施用於該名詞的動詞。（如 wood - chop; meat - cut。這樣就有了語意處理的成分了。

每個階段都作 PET 攝影來觀察腦血流因作業不同所產生的變化。「只要注視語詞」也會造成右腦的活躍（字母的圖形造成的影響）。

研究者認為一看到語詞，受試者就不自主的執行了語言的分析，儘管沒人要他們這麼做。

有趣的是，左腦語言區的活動量不因受試者是讀、念、還是執行語意作業，而有所差異，表示受試者在被動地看著提示詞時已經作了某種語言分析了。

這類的研究未來肯定會產生令人耳目一新的結果。一個重要的發現是，再怎麼簡單的作業也都涉及許多大腦部位，所以，若把大腦分化看得太簡單，例如說「語言位於左腦」，就錯了。

那麼，達克斯、布洛卡、渥尼基等人有關語言中心位於腦子特定區域的說法又該如何對待？布洛卡或渥尼基區若受傷當然會造成語言困難，這看中風病人的表現就知道了。然而，這些部位正常只是語言表現良好的必要條件，而非充分條件，從上述的 PET 攝影研究就可以得知，再怎麼簡單的作業也都涉及許多大腦部位。前面也說過，即使兩個中風病人都在布洛卡區受傷，他們的語言症狀也不盡然相同，這使得語言治療師的工作較具挑戰性。

177

磁振造影（Magnetic resonance imaging; MRI）

磁振造影不但用於醫學診斷，也用於語言研究。其優點是，與 CT 攝影不同，它不具侵犯性。CT 攝影和 X 光照相一樣，身體會

暴露於放射線之下，有危險性。MRI 仰賴超音波而非放射線，然而，它也可以做出腦部的切片造影。

這種機器會產生很強的磁場，結合無線電波後，可以使體內的氫原子放射出電子信號。這樣就可以在活體身上偵測出氫分子的位置，由於水裡有氫分子，故我們體內充滿氫分子。藉由這些小的電子信號，機器可以顯影出組織和骨髓。MRI用來偵測癌症，無法在X光或CT中顯像的小的腦瘤也可以從MRI中來發現。它被認為是目前最具威力的造影診斷工具。

這項科技安全性高，未來的大腦研究可以大幅增加研究對象。這項科技可以用來探討兩個半球的差異。

功能性磁振造影（functional MRI; fMRI）是最新的發展，可以顯示腦部最活躍的部位。血液裡的葡萄糖和氧會被發射中的神經元所吸引，因為發射需要燃料。人針對不同的刺激做出反應時，腦內活動的情形因而可以藉由 fMRI 一覽無遺（Carter, 1998: 26）。根據 Raichle （1994: 41）的說法，fMRI 優於其他顯影技術之處有：

1. 不必注射（包括放射性的）任何物質以取得影像。影像信號直接來自腦組織血管中氧含量的變化。

2. 可以指認活躍位置的解剖構造，也知道是什麼刺激所引發的。

3. 空間解析度（解像力）比 PET 還好。

4. 裝備良好時，fMRI 可以即時監測血流裡含氧量的變化。

此外，據稱 MRI 對生物體的威脅性很小。

(四)其他技術

二十世紀中也有許多不如分腦手術神奇的技術被發展出來，用以探討兩個半球的差異。

雙耳監聽測驗

　　雙耳監聽測驗（dichotic listening test）用雙軌錄音座播放不同的聲音（單詞、數字、音調等），分別透過立體聲的耳機同時送入兩隻耳朵。例如，左耳聽到 3，右耳聽到 6。心理學者 Donald Broadbent 首先在 1954 年利用這種技術探討記憶力和注意力。

　　首先使用這個技術來探討兩耳聽力差異的是 1960 年代在 Montreal Neurological Institute 工作的齊木拉（Doreen Kimura）。她播放三對互相競爭的數字，如先是左耳聽到 3，右耳聽到 6，隔了半秒鐘，另一對數字又出現。兩耳開始聽到數字的時間是同步的。受試者聽完後要回憶出所有六個數字，次序不拘。結果發現，多數右利者對右耳聽到的數字回憶的比較正確。

179

　　齊木拉於是提出兩種假設：

　　● 左顳葉專門負責語言；

　　● 連結右耳至左腦的神經通道比起連結左耳至右腦的神經通道更有效率。

　　後來有研究顯示右腦是語言優勢腦的病人左耳較佳，因此證實了齊木拉的說法。

　　齊木拉的發現（1961）是第一個使用正常受試者來驗證兩腦差異的研究。（記得嗎，達克斯和布洛卡的病人都有腦傷）。

　　齊木拉接著測試右腦的分化情形。之前針對動過右腦手術的患者的研究已經發現右腦職司音樂（musical tone），因此這次齊木拉在雙耳監聽測驗中播放韓德爾的音樂片段，兩耳同時聽不同的片段，接著連續播放四個片段，要求受試者指出哪個是先前聽過的。

　　先前對數字顯示出右耳優勢的正常受試者，這次在音樂作業上卻顯出左耳優勢來（Kimura, 1964）。

　　儘管兩耳之間的差異不大，但畢竟還是具有統計上的顯著性。

巴比妥酸鹽

1949 年時 John Wada 發表了一種可以不用手術就將某個半球麻醉的技術，讓另一個腦不受麻醉腦的影響（Joanette et al., 1990: 37-38; Springer & Deutsch, 1989: 22）。這種效果很短暫，但足以探討兩腦之間的差異。

透過 Wada 技術，就可以判定哪個半球主控語言。這種訊息對腦部手術很重要，以免動刀的過程中誤傷及語言中樞。

頸部兩側各有一條輸往腦部的頸動脈，⁶Wada 自某一側的頸動脈注射巴比妥酸鹽（Sodium amytal; sodium amobarbital），如果那一側（多數人是左側）恰巧是語言的優勢腦之所在，那麼病人就無法回答問題。如果注入另一側，就不會如此。這就可以判定哪一側是語言的優勢腦。

Joanette et al.（1990: 37, fn. 5）如此解釋這個測試實施的例子不多的原因：「由於這種測試較具侵犯性，也有若干風險，當代的醫療倫理委員會恐怕很難批准將他用在失語症病患身上」。

腦部的電活動

大腦有電流的活動，可以用腦電圖（Electroencephalogram; EEG）來顯示它的頻率波動。它可以顯示腦子從事語文工作時，左腦的電活動比較活躍。這又是左腦是語言優勢腦的一個證據。

腦電圖僅記錄腦電流的活動，其中一種圖形稱為「誘發電位」（evoked potential），顯示的是偏離基準波形（baseline）的情形，故有正有負。它可以描繪出刺激呈現後 500 毫秒當中的腦電活動， 這種儀器可以顯示偏離的震幅大小（高度）以及反應時間（latency），即刺激至電活動開始的時間。

一個關鍵問題是，從事語文活動時，左右腦的電活動是否有差異。這方面文獻已經累積很多，但此處不準備深究。對我們來說，只要知道這種技術也證明了語言主要由左腦掌控就足夠了。

二、結語

　　本章略述二十世紀神經學的研究，可以預見二十一世紀將會有更令人驚嘆的發展。

　　儘管有了這些知識，失語症的臨床問題仍然非常棘手，目前真正的困難是，腦部一旦受傷，就沒有完全恢復原狀的可能。治療多半以改善病患的情形為主，並再教育病人與殘障共存。

　　腦半球的知識對幫助病人很有用，但那不是唯一的價值。這種知識讓我們得知語言的正常使用情形。

註釋

1. 就是切除半邊的皮質。
2. 然而 Springer & Deutsch（1989）指出，他們的結論未免下得太快了，畢竟他們沒有使用控制組來比較。另外，統計也有些問題，所以問題應該還未定案。
3. 有時為了某種緣故是會這麼做的。
4. Neil Smith 告訴我，在英國 PET 不能為育齡婦女實施，這表示有些專家認為它可能對人體有害。
5. 研究者是 Marcus E. Raichle, Steven E. Peterson, Michael I. Posner, Pter T. Fox 及 Mark A. Mitun，1988 年在華盛頓大學醫學中心執行。
6. 做完劇烈運動之後，可以用手指在頸動脈上感覺出脈搏來。

第  章

語言習得的底線

一、開場白

　　本章將探討三個和語言習得有關的不尋常案例，目的是想瞭解 *183*
語言習得的底線何在。

　　一開始先介紹學習手語的聾童，並且探討他們是否真的學到語
言。他們之所以不尋常是因為他們的溝通方式和一般人不同，不靠
聲音而是藉由手勢、臉部表情、身體動作來表情達意。但是，他們
學到的溝通方式仍屬於語言習得的範圍之內嗎？

　　語言習得不只是孩子本身要去學習，也要有其他成人和孩子的
同伴來提供語言的刺激才行。因此，第二例呈現的是父母都是極重
度聾人的孩子，他的語言會不會不正常呢？

　　最後一例是名為基妮的孩子，她在童年時遭到身體、心理、情
緒、社會等多方面的孤立，等她被人發現時，已經 13 歲半了，還
沒有語言。有人嘗試要教她英語，但是她已經不是嬰兒了，她的語
言學習是否和一般的語言習得相仿？

　　這三種案例的結論將會各個不同。

二、聾童

(一)前言

　　聾童有各種不同的語言學習方式。聾童會因為父母是聽人（大多數）還是使用手語的聾人（5-10%, Gallaway & Woll, 1994），而有不同的語言環境。

　　我們或許會預期，第一群孩子會學到讀唇，第二群孩子會自然而然從父母那裡學到手語，就像聽人兒童習得語言那樣。事實雖然大致如此，但也沒有那麼簡單，就如 Mogford（1993: 114）所說的：

> 聾童生長在聽人或聾人的家庭時，各自會因雙親的母語、社會接觸、教育經驗、信念等因素而偏好口語或手語。父母的偏好導致有些聾童以手語而有些以口語作為第一語言。

　　Mogford 又說，如果孩子以手語作為第一語言，日後他仍可能學習口語；反之亦然。「因此，手語使用者和口語使用者之間並非涇渭分明，孩子的第一語言也未必能從父母是否是聾人就可斷言的」。

　　在手語和讀唇之間要作選擇也不容易，很多地方只會手語不會讀唇的話，真是寸步難行。藥房、銀行、水果店的服務人員大多不懂手語，雖然現在也有部分單位開始有一些手語的服務。然而，我們即將討論到，手語和口語一樣都是真正的語言，讀唇卻只是稍能和口語相通的溝通方法罷了。

　　有些學校教人如何讀唇，但是要很久才能精通此道（就像學習

其他事物，個別差異極大）。

　　比起手語，會讀唇可以暢行無阻的地方較多，也可以和更多的　　　*185*
人接觸。但手語熟練的話，溝通更具效率。手語常可以突破種族和
國界的藩籬，這是口語所不能的。反過來說，它也只限於手語使用
者之間才能互通聲息。

　　很多人對手語充滿誤解，這裡就要稍作解釋，讓你知道它如何
運作。誠如波斯納人（Poizner et al., 1987）所說的，美國手語
（Amerian Sign Language）是不折不扣的一個語言，結構複雜的程
度，比起口語不遑相讓。兩者的差異只是使用的模式之別罷了，口
語符號由聲音組成，而手語的符號由手、臉、身體的動作構成。很
多人以為手語符號只是手勢而已，卻不知道臉部和身體很多部分都
有參與。

　　會說話的聾童口語常有語音的扭曲，你很難模仿從未聽到或聽
得清楚的聲音。很會教的老師很有幫助，但有些扭曲的音卻也很難
改正。

　　溝通困難也造成一些社會孤立的情形，有時問題還挺嚴重的，
在幫助孩子學習語言時必須正視此一問題。

(二)手語的科學研究

　　手語對語言科學家來說是一個特殊的興趣領域，近年來已經發
現一些相當有趣的事，特別是加州聖地牙哥 Salk Institute of the Bio-
logical Studies 的白露吉（Ursula Bellugi）等人的研究。這些發現也
讓我們語言的一般性質。

　　世界上有許多手語，但研究得最透徹的事美國手語（簡稱
ASL），它也是白露吉等人的研究焦點（Poizner et al., 1987）。

　　ASL 當中的手語符號就和口語中的語詞一樣都直接代表意義，
而連貫的手語符號和口語一樣也都有句法結構。有些手語符號具有
圖像性，光從手勢本身就可以推知意義來了，例如，「哭」就以手　　*186*

指在臉頰下移表示，就像流眼淚般。白露吉等人說，望文生義的情形 ASL 比口語多。然而，白露吉等人卻說了以下耐人尋味的話：

> 我們可能會這麼想，既然 ASL 形式如此透明，這種圖像性會不會具有很大的影響力。然而，我們卻發現，這種透明的情形對手語的學習似乎毫無影響。

　　無論如何，幾百年來歷史的演變使得手語符號越來越不具圖像性（less iconic），反而是任意性越來越高（more arbitrary）。這種任意性和口語中語詞符號和意義的關連情形相當。

　　很多人以為手語只是用手勢符號把口語（如英語）中的語詞翻譯了出來而已，但這是錯誤的想法（只有指拼 finger spelling 是例外）。ASL 本身就是一套符號系統，是不折不扣的語言，也不是從口語脫胎換骨而來的，這點以下會另作說明。

　　像英語這種口語，有許多層級的結構，最重要的是音韻結構（見第 2 章）和句法結構（見第 6 章）。同理，ASL 也有兩個層次：（a）手語符號的內在結構，類似於語詞裡的音韻結構；（b）句法結構，或手語符號之間的文法關係。

手語符號的內在結構

　　手語符號的內在結構包括手形（hand configuration）、部位（place of articulation：手語符號和身體的關係）、動作（move-ment）等三個成分。每個成分又由有限的選項（元素）組成，雖然理論上這些選項還可以有更多；這就好比口語的音素只是眾多理論選項當中選出的少數元素。

　　在 ASL 當中，不同的語詞就有不同的內在結構。波斯納等人（1987）指出，「糖果」、「蘋果」、「嫉妒」等三個手語詞只在手形不同（圖 11.1），而「夏天」（額頭）、「醜陋」（鼻子）、

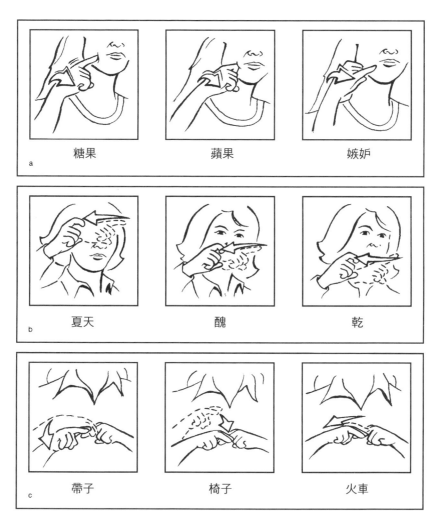

糖果 蘋果 嫉妒

夏天 醜 乾

帶子 椅子 火車

圖 11.1 美國手語：三種最小的對比：(a)手形、(b)部位、(c)動作 *187*

「乾燥」（下巴）等三個手語詞只在部位不同，最後，「帶子」、
「椅子」、「火車」等三個手語詞只在動作不同。小於詞的成分要 *188*
如何組成手語詞是有限制的。

就如同口語不同的語詞會在某個音素上的構音部位不同，手語
詞可能只在部位上有別（如「夏天」、「醜陋」、「乾燥」）。英
語的 rum, run, rung 等三個字，唯一不同之處就是結尾鼻音的構音

部位（見第 2 章）。手語和口語當然有些不同，白露吉等人（1993:
132）就說：

> 美國手語和口語在結構的層次上相同，組織的原則也相似
> ……。然而，我們的研究顯示在各個結構的層次上，手語
> 句子的形式受到它使用的模式影響很深。

換句話說，手語和口語在細節上容或有別，但其組織原則類
似，這些原則也都運用在相同的層次上。

波斯納等人（1987: 5）有進一步的補充：「儘管說話和手語傳
輸的管道有著很大的差異，兩個語言系統底層的原則相同，這些原
則決定了基本詞彙單位的內在組織方式」。這些作者又說，這些原
則不只起源於手語本身的性質，更是來自掌管一般語言原則的大腦
部位。他們證實了 ASL 和其他語言一樣都受到相同的先天條件所
限制。

ASL 裡的文法關係

手語也有文法是近年來才發現的事，白露吉等人深入的研究居
功厥偉。口語以英語為例，有些文法關係透過屈折詞素（即表示時
態或複數的詞素；inflectional morphemes）來表現，在詞幹
（stem）之後的詞尾位置出現。在 ASL 當中，多以動作特徵來顯
示。

189　　在 ASL 當中，文法關係有好幾種表示方法。其一是手語符號
的次序，最普遍的詞序也是「主詞─動詞─受詞」，和英語相同。
不過，對有些動詞（如「歡迎」）而言，整個詞序就顛倒過來了。

手語打者會把和動詞連用的名詞詞組「放在」胸前某處，之後
再提及此一名詞詞組時，就可以用手比向該處表示。這和口語中的
代名詞類似，例如，I greeted Mary and Kissed her。這種「後向指

涉」（backward reference）在 ASL 中也會發生，就是用手指向先前指定的位置，即使中間已經隔了好幾個手語符號也是如此。

(三)手語的習得

在口語當中，像代名詞 I 或 you 這種詞，稱為「情境指示詞」（deixis；形容詞：deitic），意思是這些詞所指稱的對象會因誰在跟誰說話而有所不同。例如，同樣是 I am sick 這句話，Mary 說這句話的 I 就和 John 說的 I 所指是不同的人。在 ASL 當中，「情境指示詞」就透過手的指向來完成。

波斯納等人說，你或許會以為 ASL 的「你」、「我」等詞應該很容易學習，兒童也應不致犯錯，但事實不然：

> 儘管 ASL 的代名詞是用非語言的手勢來表示，但獲得它們的過程一如口語裡的代名詞。聾幼兒在 9 至 11 個月大時，用手隨意的指，用來探索、指示，以及引起注意，這和一般幼兒沒有兩樣。然而，到了第二年……他們似乎不這麼做了……到了下一個階段，用手來指自己或對方的情形又出現了，這次成了語言系統中的一部分。這時，代名詞手語符號會出現令人驚訝的顛倒使用，明明要說自己，卻比出「你」的手勢，明顯的忽略了這個符號本身透明的意義。代名詞的顛倒使用也出現在同齡的一般孩子身上。差不多到了兩歲半時，這種錯誤就會消失，一般孩童也是如此。（Poizner et al., 1987: 22）

在口語中，動詞的結尾表示許多文法的訊息，例如，與主詞數的一致性（agreement），例子：the cat plays with the wool; the cats play with the wool。這種一致性 ASL 也有，只不過是用空間點的聯繫（connections between spatial points）來表達。

190

　　ASL 當中還有很多複雜之處，在此無法一一陳述，有志者可參閱 Bellugi et al.,（1993: 18），Poizner et al.,（1987: 7），Tarrter（1998: 151-203）。我的目的不是教你手語，只是介紹手語的特性，並解釋何以目前語言學家已視其為正規的語言，就和其他口語一樣。

　　第 9 章提到，左腦主司語言，右腦負責視覺空間，而手語既是語言又涉及視覺空間，那麼手語由哪個半球負責呢？

　　波斯納等人（1987）為六個腦傷的手語使用者進行了詳細的測試，來探討這個問題，其中三個左腦受傷，另外三個右腦受傷。左腦受傷的聾人測試結果發現，左腦某些部位對手語的使用相當重要。

　　相反地，右腦受傷的聾人沒有失語症的跡象，毫無語言障礙。其中一人的右腦有大範圍的損傷，若在左腦早就引起失語症了，然而，「令人震驚」的是，她居然沒有手語的失語症（Poizner et al., 1987: 159）。換句話說，儘管掌管視覺空間的腦部位受損，她仍然可以正確的打手語。可見，一般人的左腦是語言的優勢腦，對聾人來說仍然適用。

　　值得注意的是，齊木拉（1988）給與波斯納等人（1987）的評語不佳，前者在這個領域中十分受人尊敬。儘管她說她對於這個研究小組早期的研究（Klima & Bellugi, 1979）十分肯定，因為這些研究促進了我們對手語的了解，但是齊木拉對於他們最重要的結論所依據的證據感到不悅。這些作者十分清楚，他們必須證明那些左腦損傷的聾人的確罹患失語症，而非其他障礙。「失用症」（apraxia）是指非語言的動作計畫缺陷（nonlinguistic programming defects），這些作者認為他們的聾人都已經排除了失用症，所以應該是失語症。但是，齊木拉認為他們的證據不夠徹底，不具說服力。（她甚至說他們在這個領域是新手，意思是質問他們的知識程度）。

齊木拉總結她的觀感如下：

> 整本書穿插了兩個主題：其一是打手語的聾人視覺空間的
> 側化情形和一般人一樣，其二是左腦也是專司語言。本評
> 論者在讀本書之前早就相信第一點了，但是讀完之後仍不
> 相信第二點。（Kimura, 1988: 375）

這種辯論可能還會持續一段時間，但至少波斯納等人（1987）
的議題已經牢牢的懸在這個領域當中了。

本章開頭就問道，打手語的聾童習得語言的過程是否算是正
常？目前我們可以給與肯定的答案。父母如果都打手語，聾童學習
的方式就會和一般兒童從雙親那兒學得口語一樣。唯一的差別只在
於溝通的模式（手、臉、身體，抑或聲音），而這不是語言種類之
別，僅是管道的差異而已。

白露吉等人（1993: 149）總結說：

> 證據顯示，ASL 的結構不僅類似於口語的形式結構，孩子
> 學習 ASL 的文法過程也相當於常人學習口語的過程。這
> 些發現表示人類創造和學習語言系統的生物基礎是獨立於
> 溝通管道之外的。

三、聾父母的正常孩子

192

聾父母的正常（或稱「聽人」，hearing）孩子面臨一個很特別
的問題，Schiff-Myers （1987）針對這些孩子作了一項文獻調查。
調查報告總結說（Schiff-Myers, 1987: 58）：

本研究顯示，聾父母的聽人孩童有些有說話語言問題，有些則沒有。儘管這群人語言問題的出現率比一般人來得高，但是除了父母是聾人之外，還有其他原因可以解釋這個差異……文獻清楚指出有些孩子可以正常發展出語言來，而且孩子某些說話和語言的特性也很少受到父母是聾人這個因素所影響，儘管這些孩子有些語言問題。

　　我有幸認識一個女士（姑且用 Evelyn 稱呼她[2]），她女兒是極重度聾人，嫁的先生也是極重度聾人。他們有兩個兒子（姑且用 Jason 和 Ryan 稱呼他們），都很正常，Jason 8 歲，Ryan 3 歲。Jason 6 個月大時，他母親回去工作，所以 Jason 就上家裡附近大學辦理的托兒所，在那裡他接受了保育員和其他孩子的說話刺激。現在他上了小學，而 Ryan 則一週兩日上這個托兒所。

　　孩子的父母很明智的住在祖父母（Evelyn 和 Richard）家附近，這樣孩子就可以經常和祖父母說話。Evelyn 是大學畢業的小學老師，修過心理學，所以知道孩子需要什麼。

　　我住家離他們有 800 公里遠，所以沒見過這兩個孩子，不過 Evelyn 把他們的居家談話錄音下來給我，因此我就能聽到他們的說話。這時，Jason 的說話正常，Ryan 只有 3 歲，還不是說得很好，顯現出一些特殊環境才有的說話特徵。然而，他說話上的一些缺點有可能來自特殊的環境，也有可能是由於他才 3 歲，也可能兩者都有。Evelyn 說，六個月前他說的話很少，但現在就用語言來溝通了。我猜假以時日，Ryan 以後說話會和 Jason 一樣好。他們的父母使用手語，Ryan 也用手語和父母溝通，但不會對 Jason 打手語，因為沒那個必要。

　　如果我們問，Jason 的語言學習是否正常，答案一定是肯定的，雖說他的環境有些不尋常。只要 Ryan 未來學得像 Jason 一樣好，她的語言學習也沒問題。

四、嚴重的孤立：基妮的故事 [3]

(一)基妮（Genie）

> 她無法直立，無法伸直手腿，也無法跑跳爬。事實上，連
> 走路都有困難……她無法控制大小便，頭髮稀疏，經常流
> 口水，隨處吐痰。基妮完全沒有教化，十分原始，幾乎沒
> 有人的特徵。（Curtiss, 1977: 9）

以上是柯提思（Susan Curtiss）對 1970 年時 13 歲半的女孩基妮所做的描述。她為什麼會如此怪異？這是個驚悚的故事，但寓意深遠。

1957 年四月基妮出生在一個悲慘的家庭，環境對語言學習極為不利。她父親不喜歡小孩，也說過他不想要有孩子。但是他老婆生了四個，而基妮是最小的。頭兩個死了，或許出於受虐；而老三也有發展問題。老大出生前，先生就有毆打老婆的家暴問題。

和她兩個手足（其中一個死了）一樣，基妮也有 RH 血型不相容的問題，出生後頭半年體重正常，後半年體重急遽下滑。

基妮 20 個月大時，發生了一件大事。她祖母在街上被貨車碾死，但司機卻獲判無罪。這時，她爸爸行為變得十分怪異，他把家人趕到祖母的住處，自此與世隔絕。

基妮是不折不扣的囚犯，她整天被綁在尿壺椅上，晚上放入手腳很難動彈的睡袋裡，然後放進鐵絲籠裡。她營養不良，都吃嬰兒食品。媽媽已經失明，幾乎無法照顧她。

基妮幾乎沒有任何語言刺激，房裡也沒有收音機或電視機，她一出聲音，爸爸就揍她。父親和哥哥都像狗一樣的吼她，那是她唯一聽到的聲音。

　　13 歲半時，發生了另一件大事。父母激烈爭吵後，媽媽帶著
基妮離家投靠外婆。

　　那時，基妮媽媽聽說她可以申請失明的補助，於是就帶著基妮
去某個政府單位求助。

　　只是她跑錯了部門，跑到家庭扶助部門，其中一名職員發現基
妮營養不良，發展有問題。他於是向上呈報，結果警方介入，父母
於是被起訴。

　　法院開庭當日基妮的父親自殺，遺書上寫著「世人永遠無法理
解」，的確如此。

　　由於她極度營養不良，基妮被送到洛杉磯兒童醫院。雖然實齡
是13歲7個月大，她的身體發展只到6或7歲。身高只有137cm，
體重只有27公斤。

　　1970 年以後，基妮展開了新的生活。1971 年 7 月，她出院後
住進寄養家庭，從此有很多語言學家、心理學家、精神科專家就開
始對她展開研究，並協助她展開復原之旅。這些照顧者似乎是真心
想協助基妮，由於他們都是各自領域中的佼佼者，對基妮來說這真
是個大好機會。只可惜人性常不是如此簡單，對研究者來說這也是
個罕見的天賜良機。

　　先解釋何以這是研究者的天賜良機。動物的研究已經發現，若
干特徵的發展有一個最佳的時機，這稱為「關鍵期」（critical per-
iod）。在人身上，也有人提議這個觀念也適用，例如，來尼伯Len-
neberg（1967）就主張語言發展也有關鍵期，大約是在 2 歲到青春
期之間。語言發展正常的前提是，孩子必須在關鍵期間獲得充分的
語言刺激。

　　基妮被發現時，沒有任何語言。她身上有兩件事和來尼伯的主
張有關。第一，如柯提思在 1970 年所報導的，按照基妮胸部的發
育來看她已經進入青春期了。因此，如依來尼伯之見，基妮是否仍
處於關鍵期大有疑問。第二，無法確知先前她接受到多少語言刺

激，證據顯示沒有多少。基妮的媽媽說在被關起來之前，她已經開始說幾個字了，被禁錮之後就全都沒了。

被人發現時，她缺少語言的原因可能是語言刺激不足，也可能是腦傷的緣故，或是創傷所帶來的情緒因素。

來尼伯的假說有兩種版本：（a）強勢版：過了青春期人就無法僅憑接觸到語言刺激就學得語言；（b）弱勢版：關鍵期後才學，語言不可能正常。兩者的差異是，後者容許關鍵期之後仍可以學到語言，只是會不正常。

第 9 章說過，成人的左腦比右腦更擅長於語言作業，但證據顯示，這種左腦的語言優勢一直到了兒童期的某個時候才發展出來。這個過程叫做「腦側化」。來尼伯的想法是，腦側化在 2 歲到青春期之間完成，而這就是他為正常語言發展所訂出的時間界線。

然而，奎森（Krashen, 1973）提出不同的意見，他說，腦側化不是年紀問題，而是是否接觸到語言刺激的問題。不管孩子幾歲時接觸到語言，腦側化都會發生。他認為一般來說 5 歲（大部分的孩子屆時已經差不多學會語言了）時就完成了，不過沒有任何事物能阻止基妮學會語言，只要她有接觸語言的機會。

基妮提供了一個機會來測試這兩個互相矛盾的說法。如果奎森的說法正確，基妮應該能正常學會語言；反之，如果來尼伯是對的，那麼基妮的語言就無法學得很好。

(二)對基妮所做的研究

在研究期間，教導基妮的過程都被紀錄和攝影下來，她也接受許多測驗。很多經費用來補助一組心理學、語言學、精神科等領域的專家。其中一位（Garmon, 1994）在電視紀錄片上說，他們處於兩難的位置，假如他們善用研究經費，他們就不得不認真執行各種研究測試，可是人家可能就會批評說他們只在乎研究而不管基妮的福祉。反之，如果他們太在乎基妮的福祉，他們又怕研究經費沒有

善加利用，有違科學探討的精神。所以他們只好盡量在兩端之間求取平衡。

　　研究期間為了誰「擁有」基妮，誰又能接觸到基妮，有很多嫉妒、對立、懷疑、憤怒及爭鬥。最後，經費補助機關又覺得資料的科學性不足，因而終止了補助，研究就畫下了休止符。

　　1975 年基妮回去之前的住處和媽媽一起生活，媽媽在被控虐待兒童獲判無罪後，想照顧基妮，卻是有心無力。此後基妮又度過了一段黑暗期，她從一個寄養家庭換到另一個，而且又遭到虐待。在經歷過這些之後居然還允許虐待事件的發生，真是無可寬恕。

　　基妮的母親於是控告主要的研究人員和兒童醫院，指責他們不顧基妮的福利，給基妮作了太多的測驗。最後雖然雙方和解了，但為各方面（包括基妮）都帶來相當大的壓力。

　　在上述紀錄片的結尾，據說基妮住在南加州一所成人的養護機構，在研究結束之後這以是她第六個家了。我們衷心期盼她迎接一個較友善較不孤立的命運。

(三)基妮的成就

　　現在來檢視教導基妮英語的努力究竟有多成功。經過四年多專業的指導，只記錄到 2,500 個自發的雙詞或多詞句。她很少主動開口說話，大多是回答別人的問話或表達她立即的需求。她常重複剛說過的話。

　　詞彙是基妮語言學習中最成功的部分。柯提思（1977）說，基妮早期的詞彙和正常孩子的不同，一般孩子早期大部分的單詞是名詞，然而基妮的形容詞、動詞和名詞一樣多。她早期的詞包括：walk, go, stopit, Genie, Mother, door, blue, red, no, don't 等。大多數孩子大約在說出 30-50 個詞後，就開始有了雙詞句。可是，基妮要等到 100-200 個詞後，才開始造出雙詞句。

　　否定句是基妮較弱的部分。Klima 與 Bellugi-Klima（1966）的

論文討論這一階段否定句的學習，可能是寫得最好的一篇，備受尊敬。第 2 章曾（第 2 章第二節）提到該論文。記得嗎？兒童學習否定句的過程有三個階段：

1. 否定詞放在句子主要部分之外，例如：No want milk.。

2. 句中的否定式，但缺乏 do 的支持，亦即，沒用 do 來和 not 連用，例如：I not want milk.。

3. 句中的否定式，有了 do 的支持，例如：I don not want milk.。

光在第一期基妮就耗了三年，接下來的是第二期和第三期的混合，亦即，除了有 I don not have red pail 這種句子外，也有 Ellen not learn PE in school 和 Curtiss not sick 這類句型。正常孩子在第一期只停留了幾週到幾個月，而基妮一停停了 3 年，這是嚴重的遲緩。而她也從未完全學會否定句。

198

談到問句的學習，那就更差了。第 2 章提到，英語有一種 Wh 問句，都用 Wh 的詞開頭，如 who, what, when, where, why。柯提思說，基妮在造這類句子時，文法常不對，是她的句子中最不像英文的句子。例如：

• Where is may I have a penny?（? = May I have a penny and where is it ?）

• Where is tomorrow Mrs L.?（? = Where will Mrs. L. be tomorrow?）

• I where is Graham cracker on top shelf ?（? = I want a Graham cracker. Where are they? Are they on the top shelf ?）

然而，基妮似乎懂得問句，雖然她造不出問句來。

她沒有能力造出英語多數重要的句型，例如，她不會關係子句: The person who's coming tomorrow …，她也不會被動句: The postman was bitten by the dog；她也無法有效造出問句或否定句。再者，她不會表達不同的時態，不會使用助動詞，除了 I, you, me 外，不會使用代名詞。

　　大部分的孩子在兩年半當中（18 個月至 4 歲）學會英語的主要句型。在她開始會把詞組成句子的四年後，基妮的句子還多半屬於電報式。柯提思說，詞彙爆炸根本就沒發生。

　　研究經費沒了，教導基妮的工作也停了。也許有人會說，假使不是這樣，基妮可能可以學到正常使用語言。可是有很多證據反對這個想法。

199

　　不過，柯提思（1977: 204）卻這麼說：

> 基妮的語言絕非正常，然而，在比較她和正常兒童的語言異同之餘，我們應謹記，基妮的語言是規則控制（rule-governed）的行為，而且從有限的語言元素中她可以造出新句子，也看不出有什麼理論的限制。她展現出不同於動物溝通的人類語言特徵，因此，儘管她有些異常之處，但在最基本和最關鍵的地方，我們看得出基妮確實擁有語言。

　　基妮的案例提供了關鍵其問題的答案。奎森說，幾歲學語言不重要，而他的預測說基妮可以習得正常的語言，顯然是錯了。來尼伯的弱勢版假說主張關鍵期在青春期結束看來是正確的，假如基妮是一個正常的孩子。

　　換個角度來看，基妮並不正常，她受到身體、心理、情緒各方面的虐待，也可能意謂著她有腦傷。她接受了一些檢查，只是結果都不確定。

　　現在，我們要如何回答基妮是否學到語言、學習的過程是否正常的問題呢？柯提思上面的引文顯示他認為基妮獲得了語言，只是學得不完全。我的淺見是，基妮不算是學會了語言，也不能說是自然完整的學到語言。語言學家對柯提思的說法一定也是意見分歧，所以本案可以說是懸而未決。

　　會打手語的聾童和聾父母的正常兒童兩者和基妮之間，恰巧是一個鮮明的對比，前者可以說是落於正常學習語言的範圍之內，而後者顯然不是如此。

註釋

1. 聽常兒童要說出自己時會說「你」。
2. 為了顧及隱私這裡都是假名。
3. 本節引自 Curtiss（1988）; Curtiss et al.（1974）; Fromkin（1975）; Fromkin et al.（1974）; Garman（1994）等人的著作。
4. 關鍵期的討論見本章稍後。

第  章

杜立德醫生¹有沒有騙人？

一、動物的溝通方式

　　動物不會用英語或其他人類語言和我們溝通，他們自有天生的　　*201*
複雜方法。這些容或不是人類語言，但也算得上語言嗎？人類和動
物的溝通方式有本質上的差異嗎？

　　探討這個問題時，蜜蜂成為最佳的案例，因為它們的溝通系統
非常複雜。一名奧地利人馮費胥（Karl von Frisch, 1886-1982）對蜜
蜂如何互相傳遞訊息感到十分著迷，在 1945-1948 年間作了非常深
入的觀察。他發現，當一隻蜜蜂發現食物時，這件事很快就傳遍了
整個蜂巢，然後其他蜜蜂也會迅速趕到現場來採集，這真是不可思
議。

　　他做了一個周圍被玻璃罩住的蜂巢，以方便觀察。每個蜂巢裡
只有一個honeycomb，每當蜜蜂發現食物後回來時，就會在honey-
comb 垂直面上「跳舞」。

　　有兩種跳舞的方式，第一種是蜂群跟著一個首領繞著圈圈跳，
馮費胥稱之為「圓圈」（circling）舞。第二種是每隻蜜蜂走直線，
腹部左右搖晃，然後轉彎回頭，馮費胥稱之為「搖晃」（wag-
ging）舞。

　　蜜蜂越跳越興奮，然後就飛向食物採集處。馮費胥很合理地推
論道，這些舞蹈代表某些訊息傳遞。在詳加觀察後，他發現了有好

幾個信號系統。

202　　1. 食物的味道。花蜜或花粉可能會沾黏在首先發現食物的蜜蜂腳上，別的蜜蜂聞到時就知道是哪種食物。

　　2. 跳舞的力道。力道越強，表示食物越多；食物快沒時，舞蹈就慢了許多。派出去的人力就會因而不同。

　　3. 舞蹈的種類。馮費胥把一組蜜蜂染呈藍色，然後訓練它們在蜂巢幾米外找尋食物；再把一組蜜蜂染呈紅色，訓練它們在蜂巢300 米外找尋食物。等到蜜蜂回巢時，藍色的就跳圈圈舞，而紅色的則跳搖晃舞，這個結果一定讓馮費胥感到十分振奮，因為他破解了密碼：舞蹈的類型代表食物來源的遠近。

　　之後他就把藍色組的食物慢慢移遠，而紅色組的慢慢移近，一天移一點。差不多到了 50-100 米左右時，藍色組的蜜蜂就從跳圈圈舞改跳搖晃舞，而紅色組的蜜蜂則是作了相反的改變。這表示兩種舞蹈之間有個關鍵的距離分界線。很顯然，不同（區域）蜂群的關鍵距離不同，就好像是不同的方言一樣。

　　4. 轉彎的次數。搖晃舞裡的轉彎次數比舞蹈種類還更準確的提供距離的線索，馮費胥發現，當食物位在 100 米外時，蜜蜂會在 15秒內轉 10 個小彎，如果食物遠在 3,000 米外，它就會在 15 秒內轉3 個大彎。亦即，轉的彎越多，食物距離越近。

　　5. 舞蹈的朝向。蜜蜂不僅能掌握距離，對食物的方向也很清楚。蜜蜂依據日照飛行，即使烏雲罩頂時也能找到方向。如果蜜蜂被抓住然後放進一個箱子裡，幾分鐘後放它出來，它可以找到回家的路。如果被關了一個小時，它就很難找到回家的路了，因為它仍依據來時日照的角度飛行，然而，這時地球自轉的關係，日照的角度已經偏移了。

203　　前面說過，蜜蜂在 honeycomb 裡是在垂直面上跳舞。當食物就在太陽底下時，如圖 12.1（a）所示，蜜蜂就頭朝上直立跳舞（↑）；如果食物位於太陽的反方向時，如圖 12.1（b）所示，蜜

蜂就頭朝下直立跳舞（↓）；如果食物不在日照和蜂巢之間，如圖
12.1（c）所示，蜜蜂就依食物和日照的角度跳舞（↘）。

圖 12.1　蜜蜂之間相互的溝通方式：不同情況下舞蹈的朝向

　　看起來蜜蜂的溝通系統真是了不起，而我們可以說它是一種語言嗎？如果我們所稱呼的語言符合人類語言的條件，那麼這麼稱呼它應該沒有問題。然而，蜜蜂的溝通系統和人類語言還是有著許多不同之處，如果用語言來稱呼，豈不造成混淆？我們寧可視之為動物溝通系統，然後把「語言」一詞留給人類的溝通系統。我們現在暫且不必急著要決斷這個問題的答案。

　　原因是這樣：人類語言可以滋生出無窮多的句子（見第 3 章），然而動物的溝通卻無法做到類似的程度。蜜蜂理論上可以傳遞無窮多的訊息，但結構都一樣：「在 W 方向 X 米外有著 Y 數量的 Z 種食物」。這是無限的系統，只因為有無窮多的距離點。這就類似於，人在尖叫時聲音的高低可以有無限多的頻率點一樣。這種無限比起人類語言可以漫生出無限多的句子種類，真是小巫見大巫。蜜蜂以外的許多動物都有有趣的溝通系統，但看了蜜蜂的例子後就可以一葉知秋了。

204

二、可以教動物學會人類語言嗎？

　　相信狗可以聽懂（即使不是使用）人類語言的狗主人，還真不

少呢。這個說法的真實性值得一探究竟。這個主張的意思通常是，當主人說「出去散個步好嗎」時，狗就整個興奮起來，躍躍欲試。不過，假如主人不改語調，卻說了「今天待在家裡不去散步好嗎？」，狗照樣興奮。所以，它有可能只是針對「散步」這個詞作反應。也有可能不是這樣，或許是說話的語調，或許是固定的時間，甚至是主人的動作，也許以上全都是線索。

但是，相信的人會說才不是這樣呢，他們的狗確實會對很多句子做出適當的反應。例如，「坐下」、「別動」、「過來」、「吃飯」等。好吧！可是它可以聽懂多少個句子？6 個？12 個？幾 10 個？我可以相信這些數字，可是，如果有人說有幾百個，那我是不會相信的。

我想說的是，能對幾十個句子適度地反應，和能分析和理解句子的意義是不同的。狗做不到後面這一點，即使你的狗也做不到。就如羅素（Russell, 1948: 74）所說的，「狗不會講它的過去，不管它多會狗吠，它不會告訴你它的父母雖然貧窮卻很誠實，然而，人卻可以」。

許多科學家夢想可以教會動物說話，而且也有不少的試驗。讓我們記住，鸚鵡和其他會說話的鳥其實不會使用語言，它們只是模仿學舌。科學家想做的不只是這樣。

(一)早期的黑猩猩實驗

這種教導實驗最好的對象，大家都想到黑猩猩，因為它們智慧高，也最像人類。通常都用雌性黑猩猩，因為雄性較具攻擊性，也難駕馭。實驗多由學術界的夫妻檔執行，有時這是因為就在居家環境中教養黑猩猩。

早在 1930 年代，Winthrop 和 Luella Kellogg 這對夫妻就養了一隻名叫 Gua 的雌性黑猩猩，當時他們也有一個嬰兒 Donald。16 個月大時，Gua 就對 100 多個詞有反應，比 Donald 同齡時的反應還

好。我猜想，Gua 大概從來沒有說過那些詞吧。

1940 年代時，另一對美國夫婦 Keith 和 Cathy Hayes 也在家裡養了一隻名為 Vicki 的雌性黑猩猩，她也學會對很多詞做出反應，也很笨拙的說出「媽媽」、「爸爸」、「杯子」等詞。我在電視影片看過這個過程，我可以發誓，大概只有充滿愛心的養父母才會聽出她在說些什麼。

現在再把時間向前推到 1960 年代，第三對學術界的夫妻 Alan 和 Beatrice Gardner 也養了一隻雌性黑猩猩，名叫 Washoe（內華達州也有一個郡以此為名）。他們認為教黑猩猩說話不切實際，因為它們的口咽腔形狀不適合說話，因此他們就教 Washoe 美國手語。我們先前提過，美國手語的符號有自己的意義系統，和英語或任何口語無關。

1969 年時，Washoe 4 歲了，她可以打出 85 手語符號，據說可以主動「談話」，一串話可長達五個手語詞。然而，一串話不見得是一句話，儘管有時可以看成是句子。它們沒有一定的詞序，詞序不同意義也不一定改變。這點就和人類語言（如英語或 ASL）不同。

(二)裴馬克夫婦和 Sarah

Woshoe 的表現如果和一隻名叫 Sarah 的「天才」黑猩猩相比，就被比了下去。裴馬克這對夫妻（Ann 和 David Premack）收養了 Sarah，也認為不可能教導黑猩猩說話，但他們不用 ASL，而是用不同形狀的彩色塑膠片代表單詞來教導 Sarah（Premack & Premack, 1972; Premack, 1977）。

Sarah 累積了大量的詞彙，也學會使用這些塑膠片來「讀」「寫」。裴馬克夫婦說她的正確率可達 75-80%。

他們詳細記載了如何教導「給」（give）這個字。第一步是把一片香蕉放在她面前搆得到的地方，她會去拿來吃，這個步驟不斷

的重複。等到習慣了之後，用來代表「香蕉」的粉紅色的塑膠方塊就放在 Sarah 身旁，同時也把一片香蕉放在她拿不到之處。她必須學會把塑膠方塊（背面黏有鐵片）貼在籠裡的磁性告示板上。這個過程一開始是嘗試錯誤的性質，不斷重複以後就習慣成自然了。

這些塑膠片都不具圖像性，也就是說，無法從顏色或形狀中猜出意義：香蕉既非粉紅色，也不是方形的。

等到香蕉教得差不多了，就用同樣的方法教蘋果，而蘋果的符號是藍色三角形。

這時才開始教動詞「給」的符號。現在 Sarah 就必須使用兩個符號「給、蘋果」才能要到一片蘋果吃。如果她使用「蘋果、給」，她就要不到。接著就教她 Sarah，這時它必須貼上「給、蘋果（或香蕉）、Sarah」才要得到食物。最後，又教她老師的名字，用一個塑膠片代表 Mary，此時她就得用四個塑膠片來獲取食物：「Mary、給、蘋果（或香蕉）、Sarah」。每個步驟她都經過嘗試錯誤才學會，但成功率都很高。

他們又教她其他動詞，如：wash, cut, insert 等。當 Sarah 表示「洗、蘋果」時，他們就把蘋果拿到水槽去洗。裴馬克夫婦說，Sarah 用這種方式學會了動詞所代表的動作。

207　　現在暫且停下來思考，這些塑膠片是不是詞，這些塑膠片系列是不是句子？Sarah 所辦到的和孩子學會單詞時，有很大的不同。在「科學美國人」（Scientific Amerian）雜誌的文章（Premack & Premack, 1972: 92）裡，裴馬克夫婦說：

　　　　為什麼要教導猿猴學習語言？以我們來說，動機是要更清楚界定人類語言的基本特性，一般常說語言是人類獨有的功能。然而，現在大家都知道，其他動物也有非常複雜的溝通系統。顯然，語言是一種普遍的系統（a general system），而人類語言再怎麼精緻也只是其中一個個例而已。

事實上，被視為人類語言獨有的特徵其實是普遍系統的一環，而這些特徵又有別於孕育於人類特有的訊息處理能力的特徵。如果猿猴學得到人類語言的雛形，那麼普遍系統和人類獨有的系統之間的分界線就得以澄清了。

有了這個宏願，裴馬克夫婦就一直往人類的特性深入探討下去。他們給 Sarah 看三樣東西（如兩個杯子和一枝湯匙），其中兩個類似，一個不同，Sarah 要把一個代表「相同」的塑膠片放在那兩個相似物體的中間，也要把代表「不同」的塑膠片放在那兩個相異物體的中間。

接著，又把代表「問號」的塑膠片（外型和一般的問號不同）放在兩個物體之間。裴馬克夫婦的說法是，這只是把先前隱含的問句明白化，意思是：「杯子 A 和杯子 B 的關係是什麼？」。他們拿「相同」和「不同」的塑膠片給 Sarah，要她作選擇。有趣的是，Sarah 可以針對許多沒教過的物品當中做出正確的判斷，這意謂著她了解問號的意義。

接下來更複雜了，這時，又引進「名字是」（name of）和「名字不是」（not name of），Sarah 必須把「名字是」或「名字不是」的塑膠片放在一個物品和它的符號（如蘋果和「蘋果」符號、香蕉和「蘋果」符號）之間。而 Sarah 也學會了，且有相當高的正確率。

看起來 Sarah 的成就比之前的 Gua、Vicki、Washoe 都高。裴馬克夫婦也說，這真的是「用語言來教語言」，當然我們應該停下來自問，真是如此嗎？畢竟，從人類的眼光來看，這中間並沒有語言牽涉其中。我們應該得出 Sarah 學會類似人類語言的結論嗎？現在暫且保留這個問題的答案。

現在主菜才要上桌呢。裴馬克夫婦想知道 Sarah 是否能應付語言學家所說的「成分結構」（constituent structure），也就是說，他

們想知道她是否能把句子解析成不同的成分。他們教她遵從以下的指令：

> "Sarah insert apple pail" 「Sarah 放蘋果碗」
> "Sarah insert banana pail" 「Sarah 放香蕉碗」
> "Sarah insert apple dish" 「Sarah 放蘋果盤」
> "Sarah insert banana dish" 「Sarah 放香蕉盤」

這些和之前所學的並沒有差多少，所以，她很快就學會了。下一步很像，只是把兩個句子連在一起：

> "Sarah insert apple pail Sarah insert banana dish" 「Sarah 放蘋果碗 Sarah 放香蕉盤」

這時，她也做得很好。接下來，就算是一大步了。注意，人類語言會刪除重複的部分，例如，我們不會說 "Put the apple in the pail; put the banana in the dish"，而會說 "Put the apple in the pail（and）the banana in the dish"。這時，給她的指令是：

> "Sarah insert apple pail banana dish" 「Sarah 放蘋果碗香蕉盤」

正確解讀這個句子的方法是，pail 是和 apple 相連在一起，而不跟 banana 結合。換句話說，她必須認出這句話的成分結構是（a）而不是（b）：

> （a）Sarah insert apple pail ‖ banana dish.
> （b）Sarah insert apple ‖ pail banana dish.

經過訓練，她可以成功辦到。

裴馬克夫婦的實驗很了不起，然而，他們也承認，Sarah 的成就和人類的成就之間還是有一大段距離。

最明顯的差異是，那些塑膠片不是單詞，[2] 雖然它們和人類語詞都具有意義的任意性（蘋果會叫做「蘋果」沒什麼道理可言，而蘋果會用藍色三角形來表示也毫無道理可說）。人類的語詞聲音（連同意義）會儲存在大腦裡是有證據支持的，然而黑猩猩是否會

把塑膠片的形狀存在腦海裡則無證據可循。

對於 Sarah 可以處理 "Sarah insert apple pail banana dish"，布朗（Brown , 1973: 45）評論說：

> 很重要的是這個實驗不是用英語單詞，而是用塑膠符號。
> 語言使用者見到單詞時就會引發相關的語言知識，我們很
> 容易就以為塑膠符號也會有同樣的效果。

布朗也針對 Sarah 的結構訓練法批評說：

> 一般而論，Sarah 的訓練方法就像是一組獨立的語言課程，
> 她幾乎從未在一次課程中接受好幾種不同的句子，也從沒
> 有把所有她可能懂得句型在一次課程中都呈現出來。
> （Brown , 1973: 48）

音韻形式的語詞在腦中扮演重要的角色，然而，裴馬克夫婦也承認，塑膠片就沒有這麼重要了。塑膠片沒有如主詞和受詞的文法功能，光是這點就讓它不可能像人類語言般的運作了（見第六章）。

事實上，裴馬克夫婦似乎從 Sarah 身上學到不少東西。在科學美國人那篇文章發表時，還是 1970 年代早期，他還有點喜歡行為學派，也很相信 Sarah（從質的角度來說）可以學會人類的語言。但是，到了 1980 年代，他改了心意，認為 Sarah 的行為還是不像人，塑膠片也與人類語詞有別。由有甚者，他也不認為行為學派可以解釋人類語言的本質。〔參見 Premack（1980）〕。

210

(三)藍波和 Lana

還有一些其他的研究，探討究竟猿猴是否能學會人類的語言。

在喬治亞的 Yerkes Regional Primate Center 工作的藍波（Duane Rumbaugh）就訓練一隻名為 Lana 的黑猩猩敲打電腦鍵盤來和人溝通。鍵盤上使用的不是字母而是一些符號；Lana 學會了好幾百個符號。

經過了三十多年的實驗，語言學家大多不認為猿猴能夠學會複雜性那麼高的人類語言，其他動物也沒辦法做到。有充分的理由相信，動物和人類的溝通系統是本質上的，而不是程度上的差異。把語言一詞保留給人類合情合理。

在一些通俗的電視節目當中，海豚、鯨魚、猿猴、蜘蛛，甚至很多其他的動物都精通語言。然而，所有證據都否定這個可能性，雖然他們都有自己的溝通方式。這樣說來就可以把動物的語言學習排除在人類語言學習的範疇之外了。

(四)沙維奇和 Kanzi

不過最近對小黑猩猩（bonobos）的研究卻提出了新的質疑。這種猿猴長久以來一直被忽視，原因是人們認為它們和黑猩猩沒有兩樣，兩者血緣密切，外觀相仿，雖然小黑猩猩體型較小，行為也有一些差異。沙維奇和樂文 Savage-Rumbaugh 與 Lewin（1994）以及沙維奇等 Savage-Rumbaugh et al.,（1998）描述一隻名為 Kanzi 的小黑猩猩，他可以對很多英語句子做出反應。也可以使用有抽象符號（叫做詞符 lexigrams）的電腦鍵盤適當地回答問題。他本身沒有經過直接的訓練，而是當老師在教他的養母時（結果並不成功）他在旁邊觀看就學會了。雖然 Kanzi 必須透過電腦鍵盤打出詞符來傳送訊息，他卻可以聽懂人類同伴跟他說的英語。

靈長類實驗室與一片 50 英畝大的樹林為鄰，沙維奇說，猿猴在這個野生林當中四處尋覓食物，而她就試著在這種自然活動中教導 Kanzi 詞彙。他們在林中闢出步道，也在不同的地點放置食物，每天都更換這些食物。相同的食物都放在同樣的地方，每個定點都

有個名字，也都各有詞符來代表。每天人類保姆就會跟著 Kanzi 在樹林中遊蕩，「就好像我們是一小群在野地裡覓食的小黑猩猩」（Savage-Rumbaugh et al., 1998: 30）。

Kanzi 騎在保姆肩上，當他想改變方向時，他會將保姆的頭用力轉到那個方向。如果這樣還無法如願，他就把身體倒向他想要的方向，如此一來保姆就很難繼續向前行走。

他可以用詞符表示他要去的地方，並帶著大家走到那裡。顯示他有心智表徵，可以計畫未來。他可以帶領大家到人類口頭提及的食物站，他也可以帶領大家抄捷徑，而不走步道。看來 Kanzi 很有趣，而他的妹妹 Panbanisha 也有類似的表現。

沙維奇等人（1998: 207）整理了它們會的和不會的事，我把精華濃縮於下以供參考。參見「猿猴、語言和人類心智」（Apes, Language and the Human Mind, pp. 65-73）。

首先，Kanzi 和 Panbanisha 可以區辨英語的音素，也知道串連起來就構成了單詞。*212*

其次，它們聽懂快速說話中的單詞，而通常詞的意義都受到上下文的侷限。

第三，它們知道書寫的符號和說話有關，它們可以用符號溝通，雖然它們不會說話。

第四，它們理解句子的某些句法，例如，代名詞 it 可以指涉前一句話；詞序不同意義也就不同（「Kanzi 咬 Sue」和「Sue 咬 Kanzi」是不同的意思）。他們知道的還包括：「我的」和「你的」這種所有格代名詞、時間用語如「現在」和「以後」、表示狀態的用語如「熱」和「冷」、子句可以修飾句子的另一個部分（如 Get the ball that is outdoors, not the one that is here.）。

此外，沙維奇等人對於兩隻小黑猩猩不會的也詳加記載。第一，它們不會說話，雖然也努力過。第二，它們趕不上人類孩童學習語言的速度。第三，它們沒法做到人類的程度。第四，它們短期

記憶的容量比不上人類的，因此，僅憑少量的接觸很難模仿連串的句子或行動。

沙維奇等人在 206 頁說：「既然證據如此確鑿，猿猴有語言能力的結論便不可避免」，108 頁說得更強烈：「Kanzi 和 Panbanisha 所展現著語言能力很可能會動搖現代語言學、心理學和哲學的根本假設」。

Kanzi 和 Panbanisha 的語言能力都在 3 歲前出現，而其他 3 歲之後才接觸語言的小黑猩猩也無法學會聽懂。Kanzi 和 Panbanisha 有它們特殊的方法來組織言語的知覺，和其他的手足不同，這些手足在關鍵期之前不曾和人互動。沙維奇等人說（Savage-Rumbaugh et al., 1998: 213）：「這些事實很清楚的告訴我們，語言不是天生的」。

213　　　這個說法賭注太大，因此沙維奇等人在著作中的意見引來強烈的反應。平克（Pinker, 1994a）認為 Kanzi 的語言成就只比其他黑猩猩稍稍好一些而已，不過這個批評是在最近的書發表之前（Savage-Rumbaugh and Lewin, 1994; Savage-Rumbaugh et al., 1998）。Wallman（1992）也有不好的評語。

Smith（1999）的批評則在沙維奇等人（1998）一書出版之後發表。Smith 承認 Kanzi 可以用英語和人類溝通，然而，他又說：「這種溝通用到多少文法並不清楚，可是讓人驚訝的是這些作者卻刻意的不去了解這個問題」（Smith, 1999: 9）。

要去測試 Kanzi 的能力其實很容易，「既然它的詞彙夠大、夠聰明、又願意和人互動」（Smith, 1999）。這些作者的證據都是隨筆雜記，解釋方法也可能見仁見智。

有一次，Kanzi 被要求「放些水在胡蘿蔔上」（put some water on the carrot），它的反應是把胡蘿蔔丟到外頭去，而這也被認為是正確的反應，因為「當時正好下著大雨，把胡蘿蔔丟出去確實可以讓它變濕」。難怪 Smith 要發牢騷說「正確的反應是什麼毫無準

則」。

　　無論如何，寬容一些的話，Kanzi 的表現可以評價為 2 歲兒童的水準。Smith 說，沒有證據顯示 Kanzi 的語言系統「遵循 UG（Universal Grammar，普遍文法）的原則（例如具有結構性），而這是兒童語言學習各階段都有的特性」。

　　生成語言學派的信徒都會覺得這個講法很有力，也應該是定論。然而，這畢竟是個理論性很強（theory-dependent）的論述，亦即，這個論述的有效性跟著生成語言學走，而這是仁智互見的事。

　　沙維奇等人（1998）不斷抱怨說，批評者對他們所要求的證據標準，並不會用來要求別的實驗。在他們書上的第 4 章，沙維奇說（Savage-Rumbaugh et al., 1998: 181）：

　　科學史上很少人呈現資料時引起那麼多的批評和汙衊……那些不想接受動物也可以有語言和理智思考的科學家，把焦點轉移到資料本身來。 *214*

　　在書上的第二章，Stuart Shanker 說：

　　不管沙維奇蒐集多少證據，懷疑論者總會說 Kanzi 並不是真的「編碼」和「解碼」語句，它只是表現出像是真的一樣。懷疑論者告訴我們說，可以制約或教導動物使用聲音來達成某種目的，但才無法學會語言，那是一種使用句子溝通情意的能力。看來不管沙維奇作了什麼，或能做什麼，都無法推翻他們的論述。這種反對的主張……來自視語言為人類特權的現代觀點。

　　要知道沙維奇等人並未宣稱 Kanzi 和他妹妹完全有了人類的語言，甚至有點樣子。根據 Shanker 的說法（p. 94ff.），核心的問題

是，在動物界中是否真的有一個「分岔」（bifurcation），把人和所有其它的動物在本質上分了開來，還是這只是一個「連續的光譜」（continuum），雖然動物在語言上無法和人類並駕齊驅（這點各方都公認），但它們也可以局部做到，雖然很有限。

這個爭論已經持續了幾十年，看來還會延續個幾十年。Shanker 在那一篇很棒的文章裡說，沙維奇之所以受到強烈抵制的部分原因是「語言是人之所以異於禽獸的特性」的信念，這點我接受。然而，我不認為這是唯一的理由，雖然作者可能希望我這樣想。畢竟當一本書的見解和當代的語言學、心理學和哲學基礎都背道而馳時，學者有權利，甚至有義務用懷疑的角度來看待。

同時，還有一些有趣的實驗正在進行著。例如，西奈山醫學院耳鼻喉科的 Patrick Gannon 領導一組人，計畫要用 MRI 和 PET（見第十章）偵測像 Kanzi 這種小黑猩猩大腦語言區的活動情形。他們想知道當 bonobo 在從事溝通活動時會發生什麼事（Gannon et al., 1998）。

偵察的焦點是 planum temporale（PT），那是和人類溝通有關的大腦部位，一般認為是渥尼基區（Wernicke's area）的主要部位，也是和黑猩猩溝通（手勢、吼叫、咆哮）有關的區域。

一些研究者認為，即使這些實驗顯示，猿猴的溝通系統比先前想像的更複雜，還是不能和人類的語言相提並。Gannon 等人的研究應該可以為這個辯論注入新觀念。

另一個研究方向是使用「觀看偏好」（preferential looking）的實驗程序來探討嬰兒的腦（見第 13 章），King（1996）在評論自己的書時提到 Marc D. Hauser 的說法：這個程序是「進入沒有語言的個體心智的一個妙法」。第 13 章即將顯示，「觀看偏好」法可以測試嬰兒注視某事物的時間長短，他們看「不可能的」事件（如球穿過桌子）的時間比看「可能的」事件來的久。Hauser 建議使用「觀看偏好」法來探討靈長類的認知能力，他和同事已經以恆河猴

作了這樣的實驗。

　　我將持續注意未來幾年這個辯論的發展，多年來我在語言學和哲學的信念讓我很想拒斥沙維奇的主張，然而，Shanker 卻令我暫時對此保持開放的態度。我想這是很好的態度。

註釋

1. 杜立德醫生（Dr. Dolittle）是 Hugh Lofting 寫的系列童書中的主角，第一本在 1920 年出版。這個醫生最重要的特徵是可以「和動物說話」，也可以了解它們。
2. 見 Premack（1990）。

第  章

孩子的「搭便車」（A）

一、開場白

　　近年來發現了很小的嬰兒已經擁有一些不凡的能力（Mehler & Dupoux, 1990, 1994）。研究顯示，孩子在以前沒人料想得到的小小年紀時，已經「知道」了很多事，所謂的小小年紀，可能是幾個月、幾個星期，甚至是幾天。

　　不同的研究紛紛探討嬰兒在語言、物理世界、數學、心理，以及記號（notation）等方面的「知識」，這是怎樣辦到的呢？研究者究竟要如何深入嬰兒的內心世界去發掘出他們所知道的呢？已經有一些聰明的技術可以大略知道孩子所知的世界。

　　第一個技術就是使用吸吮反射（sucking reflex）來作為嬰兒注意力的指標，孩子含著奶嘴吸吮，奶嘴有電線和一台機器相連，可以記錄吸吮的力道。¹所測量的是非攝食性的吸吮，奶嘴不會跑出牛奶或其他食物。

　　給寶寶一個新奇的事物看時，他就拼命的吸吮，很顯然是出於興趣。當他持續的注視時，興趣逐漸降低，就不那麼熱心的吸吮了。這時如果拿另一個東西給他看時，假如他又開使用力的吸吮時，我們就可以下結論說，他察覺到一個和先前不同的事物。所謂的「事物」可以是玩具、螢幕上的圖樣，或任何給寶寶看的東西。相同的技術可以適用於聲音和觸覺刺激。

216

以視覺的圖樣來說，實驗者可以變化大小、形狀、顏色等，用吸吮反射作為指標來了解嬰兒的反應。假如給寶寶看藍色圓圈，直到他習慣了，然後不再用力吸吮，之後再換成紅色圓圈讓他注視，這時寶寶可能會有兩種反應。如果他吸吮速度一樣，那就表示他不能區別紅色和藍色。如果吸吮突然加大力道，那麼就表示他察覺到（顏色的變化），因此興趣就提高了。

第二種探討嬰兒意識世界的技術是測量他注視一個刺激的時間長短。如果同一個刺激一再重複的出現，寶寶習慣了之後，注視的時間就會越來越短。一旦新的刺激出現，注視的時間又變長了，表明他察覺到了變化，因此興趣又提升了上去假如注意廣度沒改變，就意謂著他沒有察覺到差異。測量時間的觀察者不應該知道刺激是什麼，以保證測量的客觀性。

第三種探索嬰兒意識世界的方法不涉及習慣化（habituation）和去習慣化（dishabituation），稱為「偏好觀看」（preferential looking）法。這個名稱有時會引起誤解，它的意思是「測量嬰兒偏好觀看兩個圖像或事物中的哪個」的方法。利用同時呈現兩個圖像，然後記錄眼睛注視每個圖像的時間，如此即可知道孩子偏好觀看何者。

這些技術被用來探討若干議題。

二、物理世界的知識

為了讓你有些概念，我舉例說明嬰兒對物理世界的認識。這個領域的先驅 Elizabeth Spelke（1985: 325）如此評論：「大人可以很容易察覺到物體的邊界和形體，這很了不起，畢竟物體的邊界並不會以很簡單的方式投影在眼睛上」。

如果一個物體被前面的另一個物體擋住會如何？大人毫無困難就可以看出兩個物體，而不是一個和另一個相連，也可以輕鬆看出

兩個物體的邊界。那麼小寶寶呢？為了探討這個問題，Spelke 以 4　*218*
個月大的嬰兒作實驗，並且用到偏好觀看的技術。

　　Kellman 與 Spelke（1983）和 Spelke（1985）[2]報導了一種實
驗法，其中有一根桿子在一個方塊後頭左右移動（見圖 13.1A）。
從圖中可以看出，桿子的上方和下方都可得見，但中間看不到。只
要嬰兒持續盯著螢幕看，實驗就繼續進行，一旦嬰兒移開目光超過
2 秒鐘，實驗就停止。

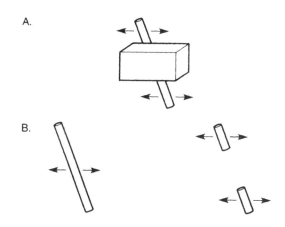

圖 13.1　嬰兒知覺測驗：(a)習慣化測驗中螢幕的圖像；
(b)螢幕顯示部分被遮住的物體

　　一開始的幾個嘗試（trials）裡，嬰兒通常會注視約 10-30 秒之
久，然後注視時間就慢慢變短，表示他們已經習慣了螢幕的圖像。
等到注視時間比先前的時間還少一半以上時，方塊就移開，然後就
交替顯示兩種圖像，如圖 13.1B 所示。

　　假如寶寶把圖 13.1A 的桿子看成一整體，只是被方塊擋住了，
那麼看了這個圖像之後產生的「習慣化」現象，應該也會發生在圖
13.1B 的左圖，如此一來，寶寶就會覺得右圖比較好玩。反之，假　*219*
如寶寶把圖 13.1A 的桿子看成兩個物體，一根在上，一根在下，那
麼習慣化應該會遷移到圖 13.1B 的右圖，因此會偏好觀看左邊完整

的桿子。

　　大人會看成一根桿子被檔在方塊後面，因為兩個部分顏色形狀都相同，而且也一起移動。嬰兒會注視兩截桿子久一些，表示他們也是把桿子視為一整體。

　　這只是眾多實驗裡的一個例子，設計得很精明，這類實驗讓我們了解孩子如何感知事物。

　　1980 年代中期，Renee Baillargeon 與同事所做的實驗（Baillargeon, 1986; Baillargeon et al., 1985, 1990）顯示，嬰兒在 5 個月大時就已經知道東西被（其他東西）擋住時還會繼續存在。這和皮亞傑的說法不同，他認為雖然嬰兒在 3-6 個月大時會抓取物體，一直到了 9-10 個月時才會主動尋找不見了的物體，到了此刻孩子才有物體恆存的概念。

　　在 Baillargeon et al.（1985）的一個實驗裡，5 個月大的嬰兒觀看一扇屏風「像河道上可以起落的橋（drawbridge）一樣 180 度的豎直與落下」。不過我見過的 drawbridge 只有移動 90 度的，沒見過 180 度的，所以暫且不用理會 drawbridge 的比喻。重點是這扇屏風可以從平放的位置豎直起來，然後又落至平放的位置，就像門樞（hinge）一般。先讓孩子對這個景象習慣化，之後把一個盒子放在屏風之後，一開始看得到盒子，等到屏風豎直時，它就被擋住了。接下來，讓寶寶看兩個事件，一個是可能的，另一個是不可能的。

　　「可能的」事件是，盒子被豎直的屏風擋住視線。「不可能的」事件是，屏風繼續移動甚至穿過盒子。

　　嬰兒注視不可能的事件久一些，表示這個畫面讓他覺得不可思議，因此佔據他較多的注意力。這個結果使作者下了兩個結論：

220　　（a）嬰兒知道被屏風擋住時盒子仍然存在；（b）他們預期屏風如果碰到盒子應該會停住，可是居然還能繼續穿透時他們就感到驚訝不解。

　　這個實驗反駁了皮亞傑對物體恆存概念的時間表。

三、語音的區辨

讓我們先來看看 6 個月之前的嬰兒區辨聲音的能力有多好。

他們能區別像/g/的濁音和像/k/的清音，能區分不同構音部位的聲音（如/b/和/g/），也能區分不同構音方式的聲音（如/d/和/n/）（Jusczyk, 1997: 69）。

我們如何知道的呢？就是沿用先前用來測量注意力的技術。Jusczyk 與 Thompson（1978）報導了一些實驗，目的是探討 2 個月大的嬰兒是否可以區分兩個連續音節裡對比的塞音。

一開始，作者想知道對比音在開頭的位置和在中間的位置時，嬰兒區辨的情形。例如，先讓嬰兒聽[Bada]，並測量吸吮速度。在吸吮速度降低了 25%時（表示習慣了），刺激就改為[Gada]，也測量吸吮速度。這時速度變快，表示嬰兒察覺到聲音的改變，因此吸吮得更起勁。

雖然實驗多半以子音進行，但也有證據表明嬰兒可以分辨不同的母音。

幾年前，在一個名為「語言與大腦」的電視節目當中，華盛頓大學的 Patricia Kuhl 展示了一種之前沒討論過的視覺技術，用來探討孩子的語言區辨力。他們讓 15 個月大的幼兒聽大人所發的[i]，連續播放：[i]-[i]-[i]-……。然後母音突然變成[a]，這時幼兒頭就轉到某一側，然後不到一秒鐘就有一個明亮生動的玩偶在那頭出現。孩子的頭先轉，然後玩偶才出現，表示他已經預期到這個事件會發生，而預期的線索就是母音從[i]變成[a]。顯然他先前已經經歷過這個程序，光是這樣仍無法讓他知道玩偶何時會出現，唯有母音改變時才會發生，因此這就成了他可以區分不同母音的證據。這也是一個蠻巧妙的實驗技術。

這個展示還有下文呢。接下來，第一個母音（這次是[a]）是用

221

不同聲音說出的，有男人的、女人的、小孩的。就在母音改變之前是個男人的聲音，變成[i]時是小孩聲。不管怎樣，結果還是一樣，孩子還是把頭轉到玩偶出現的那一側。

Patricia Kuhl 指出，這很了不起，雖然男人女人小孩聲音各有不同，但孩子可以不理會這些差異，只把焦點放在母音性質上。換句話說，孩子知道雖然發出[a]的人不同，但仍然視之為同一個母音。不過，也有證據顯示孩子也能察覺不同說話者的差異。

四、從語音到句法

近年來探討很多的一個有趣的問題是：孩子如何從只會發出聲音蛻變為可以說出有文法結構的句子？這是看來簡單，實際上很棘手的問題。找到答案，就解決了一個科學大哉問，難怪一大群優秀的研究人員花了許多時間在這上頭。

研究的一個方向是探討說話的韻律能否提供詞組界線（phrase boundaries）的線索。韻律指的是說話的節奏，包括了重音和母音長短這些要素，而重音又由音高（音調）、響度等來決定。

想法是寶寶能從話語中抽離出韻律的組型，其中就可能存有線索可以切分出句子的詞組，最後可以用來理解文法的結構。

Mehler et al.（1988）報導一個實驗，4 天大的法國嬰兒和 2 個月大的美國嬰兒可以區別出母語和外國語的句子，這個主張令人驚訝，但有實驗證據支持。

文章開頭就指出，嬰兒有一個重要的任務就是去區別語音是不同於其他環境的聲音：動物叫聲、機器聲、卡車聲、鈴聲等等。另一項工作是處理說話裡的變異，包括速度、音質、腔調等。另外，他們也不能把外國話當成母語來處理。作者說（Mehler et al., 1988: 144）：「如果來自不同語言的句子都被當成同一個語言來對待，那麼可能會把不對的規則套在母語當中」。

_222_

他們找了一個流利的雙語使用者來錄音，她會說法語和俄語，然後把錄製的聲音播放給 4 天大的法國嬰兒。共有 40 個法語家庭的孩子參加，不過為了 40 個受試，實際測試了 64 個寶寶。4 個哭鬧、16 個在連著三個刺激中都不吸吮、4 個寶寶在 30 個嘗試次中沒表現出習慣化，所以他們就被排除了。

這個雙語者用兩種語言敘說她的生活，兩種版本內容都相同，她對實驗內容並不知情。每個語言共錄了 15 個樣本，每個樣本長約 13-22 秒，嬰兒啣著的奶嘴用來記錄吸吮次數。

此處無法詳述所有八個實驗的內容，主要的結果是 4 天大的法國嬰兒可以區別法語和俄語，對兩個語言反應不同。如果使用兩個語言都是外國話，那麼嬰兒就無法區別了。

223

那麼嬰兒到底是如何區別出熟悉和不熟悉的語言呢？作者探討韻律線索的可能性。不過，他們說，「我們現在還不能說嬰兒就是主要靠著韻律訊息去區分本國和外國語，然而，這是一個有趣的研究方向」。

還有其他論文也試著證實「搭韻律便車」假說（prosodic bootstrapping hypothesis）。Hirsch-Pasek et al.（1987）研究 7-10 個月大的嬰兒，想知道他們是否對子句的聲學特徵敏感。

先錄製一個媽媽對 19 個月大的女兒所說的話（媽媽經），在子句之間的邊界插入停頓的空白。為了作比較，也在同樣樣本的子句內插入空白。結果發現嬰兒對子句之間有空白的樣本注意較久，因此作者就下結論說：「學語前的兒童顯然有法子偵測出如子句這種重要的單位，以利文法規則的運作」（Hirsch-Pasek et al., 1987: 296）。

Morgan 與 Demuth（1996）收集了許多很好的文章，探討「搭韻律便車」假說，讀者可以參考。如果你還有更大的興趣，則可以參考該書所附的參考文獻。該書中最好的一篇文章是 Fernald 與 McRoberts（1996），他們在開頭說道：

搭韻律便車假說的訴求點很容易理解，如果話語中的句法
成分間的邊界可以由韻律特徵（如停頓、音高、母音拉長
等）來清楚的顯示出來，這種聲學的標注對初學語言的孩
童來說會有很大的幫助。

　　不過，雖然這個說法很受學者的歡迎，但證據不夠充分，僅
「依靠一些選擇性的間接證據」（Fernald & McRoberts, 1996:
365）。

224　　Fernald 與 McRoberts 質疑常被人提到的一個主張，即在大人
間的談話裡，詞組和子句的邊界可以清楚的由停頓、音高的變化及
音段的拉長來顯示。他們仔細的檢查證據，然而卻發現，至少就停
頓而言，經常被引用的研究「並無足以令人信服的證據顯示停頓對
嬰兒是句法的線索」（Fernald & McRoberts, 1996: 370）。他們辯
稱，成人如何運用拉長音段來作線索一點也不清楚，「如果沒有先
解決句子其他層面的問題；而更不清楚嬰兒又如何能做到」（Fer-
nald & McRoberts, 1996: 372）。

　　整章書如此進行著：把大家提過的句法結構的指標作了分析然
後駁斥掉，接著，Fernald 與 McRoberts 就說：

　　也就是說，從對嬰兒的談話（ID: infant-directed speech）
　　裡，我們沒有學到多少有關發現句法的韻律細微結構
　　（prosodic fine structure）……Newport et al.（1977）的主
　　要論點到今天仍然適用：不管其實用的用處何在，還是無
　　法藉由媽媽經所做的調整輕易的進入詞組樹狀結構裡去。
　　這並不表示韻律在了解語言結構上無足輕重，只是它的重
　　要性被韻律救濟的爭論過度簡化。

　　第七章提到「發現的程序」的概念，而我們也知道這是不可能

的。在很多方面，搭韻律便車假設也是另一個找到發現的程序的想法，現在它還不成功，也許有一天可以。它比第七章所討論的簡單例子還要複雜，支持者也認為其中有一些先天的成分。我們將在第十五章中提到，即使是先天論也是有些令人質疑之處。

　　這本書已經讀了大半本，妳還不知道孩子如何造出第一個句子。即使你讀完了之後，可能還會留下一堆謎團，畢竟沒有人知道完整的答案。然而，不要馬上走開：以下還有很多兒童如何學習語言的故事。

五、詞彙的習得

225

　　暫且離開語音的討論，而來看看孩子的詞彙學習。假定孩子一開始得學習每個單詞的意義，須知他們一定得這麼做，因為單詞不可能是天生就會的，否則全世界的詞彙豈非處處相同？然而這也不表示，單詞所聯繫的概念就不是天生的，或者不是部分天生的。

　　事情很可能是這樣的：最早孩子是在意義很明顯的情境中聽到單詞的，如此他們就很容易瞭解這些單詞。我可以想像媽媽手中拿著一粒球而口中說出「球」的情景，這也許要花點時間，不過久而久之孩子就有概念。

　　你或許聽過海倫凱樂（Helen Keller）的故事。她 19 個月大時得到了猩紅熱，後來就變得又聾又瞎。7 歲時父母給她找蘇立文（Anne Sullivan）這名家庭教師，後來證明蘇立文是個了不起的老師。最初她教海倫手語字母（manual alphabet），每個字母都各有其符號，打在手背上。有一天她讓海倫感受到抽水機打出來的水，然後在她的手背上打出 water 的每一個字母。海倫是個聰明的孩子，立刻就知道是怎麼一回事。起初她知道老師是在她手上拼出流到手上的東西的名字，然後她就發現：「每個東西都有名字」，據說她四處碰觸東西而要蘇立文告訴她每個東西的名字。後來她學會

說話，並且把手指放在別人的唇上來知道他們在說些什麼。長大成人之後她四處演講，成為成功的作家。在她的著作中，她提到了她的大發現。

我想說的是，每個孩子一定都有這樣的大發現。只不過是大部分的孩子能聽能看，所以這個大發現就來得較早、較容易。

一些現代的實驗，如 Baldwin（1993）就提到，16-19 個月大的幼兒學會把名字和東西配對在一塊。（某些例子當中，比 16 個月大還小的孩子就可以做得到）。聽來容易，但可不容易辦到的呢。

假定孩子聽到一個新的名字，也曉得它用來指稱環境裡某個東西。但他怎麼會知道到底是指哪樣東西呢？也許媽媽會去碰觸她所命名的東西，但如果孩子正好看著別的東西的話，那也沒什麼作用。事實上，這時可能還讓孩子錯認名字所指的東西呢。當然，這種錯誤的對應（mapping）會嚴重干擾學習，並且造成混淆。

然而，Baldwin 認為，這個問題是可以被克服的，只要媽媽注意到孩子正在看的東西，然後才說出他目光所及的事物名稱即可。

Baldwin 發現，16-19 個月時，孩子就會主動去尋找名稱所指為何的線索了。她注意到，假如孩子注視的和名字所指的兩者之間有落差時，孩子看實驗者的次數會多於兩者之間沒有落差時。還有其他非語言的線索，例如，媽媽會用手指著命名的東西，或者拿著給小孩看，甚至環境中除了目標物外別無他物。Baldwin（1993: 146）評論說：

> 這些發現證實了，孩子很早就會利用說話者的非語言線索
> 來了解語言。在命名有落差的情形下，幼兒對新的名字也
> 很少犯下對應的錯誤，他們會選看得到的玩具，假如那是
> 正確的目標物……，否則就不會。

　　因此我們可以推測，藉由這類的經驗，孩子逐漸發展出最初的詞彙，然後知道很多單詞的意義。從這兒到會說出句子還有很長的路，而核心問題是：現在孩子要如何完成那個目標呢？我們將在下一章討論這個問題。

註釋

1. 精確的說法是，它測量吸吮的幅度。
2. Spelke 的作品參見 Spelke（1988, 1990, 1995）。

第 *14* 章

孩子的搭便車（B）

一、搭語義和文法的便車

　　葛林蕭（Grimshaw, 1981: 174）對孩子在詞彙學習上的進展提出一個有趣的看法。她指出，證據顯示在語言發展初期孩子早已了解「事物」（object）和「動作」的觀念；而孩子很可能就是利用了這些觀念來形成句法（文法）的類別。和其他語言學家一樣，她也假定孩子的心智裡所發生的是多在下意識中進行。

　　葛林蕭認為，假如一個詞是物品的名字，孩子可能（下意識的）把它歸在語言學家所說的「名詞」之下。假如一個詞用來描述一個動作，它就被歸類於「動詞」之下。

　　第 6 章說過，名詞並非全指物品（如「愛」），而動詞也並非全指動作（如「擁有」）。再者，連「動作」一詞也還是名詞而非動詞，雖然我們或許會以為指稱動作的詞全是動詞。無論如何，按葛林蕭的說法，孩子所用得上的名詞大多是物品，假如有個名詞或動詞不符合孩子心中的觀念，那麼孩子就不會予以理會。

　　平克（Pinker, 1982）引用並擴充葛林蕭的觀點，他也認為孩子會假定「代表具體物品的是名詞，代表動作的是動詞，而話語中用來說明是物特定性的是定詞」（Pinker, 1982: 678）。他更假定，孩子最早聽到的名詞和動詞都彼此單獨出現，只和情境中的物品或動作相連，之後孩子「會在已知名詞特定性的情境中聽到『定詞加上

227

名詞』，此時就可以推測得知各個語詞的詞類」（Pinker, 1982: 678）。

228　　亦即，孩子從以學到的語詞意義中，再學到它們的文法類別。此外，孩子也可以弄清詞類的次序，例如，cats drink milk 即有著「名詞－動詞－名詞」的次序。

不過，句子的組成不只需要詞序，也有賴於把單詞串連成詞組。平克認為孩子學會句中的詞組結構是因為他們有某種先天的知識，他的觀點是，孩子從已學會的語詞意義知識，可以通連到句子的文法結構，這個過程被稱為「搭語意的便車」（semantic boot-srapping）。

一旦孩子知道句中各種詞類應有的位置，他就可以把一些新學到的詞整併到某個詞類裡頭，例如，雖然 dream 和 measles 這種不符合物品名稱的定義，但根據句子所在的位置還是可以把他們視為名詞。亦即一開始的簡單定義只是當個引子，之後還可以修正擴充。同理，動詞一開始只是動作的詞，但之後即可擴及狀態詞（如 own, have 等）。

平克引用 Feldman et al.（1978）的研究，用來支持最出名詞和動詞指是分別代表物品和動作的看法。沒有機會接觸其他手語使用者的聾童會自己發明手語詞：用「指向」的手勢代表物品，而具有圖像性質的手勢則代表動作。所謂具有圖像性質的手勢及是摹仿實際行動的手語符號。第 11 章即提到，哭可用手指從眼睛沿雙頰而下的動作表示，既然聾童對於物品和動作會做這種區分，就表示這是生而有之的一種區分。

葛萊曼（Gleitman, 1990）主張，除了利用單詞的語意來學習句法（即搭語意的便車）外，孩子也利用動詞的句法學習動詞的語意，她稱之為「搭句法的便車」（syntactic bootstrapping）〔另見（Landau & Gleitman, 1985）〕。請留意，葛萊曼並無意去反駁平克所謂搭語意便車學習句法的說法，她只是強調，兩類的搭便車同

時都存在。

　　葛萊曼的說詞很有趣，可是平克（1994b）不同意，還逐項反　　　*229*
駁，看來這場論戰還有得打，鹿死誰手尚未可知。此處無意詳列兩
造論點，有心的讀者可以逕行參考 Gleitman（1990）和 Pinker
（1994b）的作品。

二、詞彙學習的限制

　　語言學家之間流傳著這麼一則故事，述說一名語言學家在非洲
某部落記錄和分析當地的語言，經由比手畫腳的方式，他終於讓一
名土著明白，他希望對方用當地的語言說出各種事物的名稱。語言
學家手指著一棵樹要那人說出名稱來，結果那人說「巫蠱巫蠱」，
於是語言學家就把它記在本子裡。接著，語言學家手指著一個石
頭，這名土著還是回答「巫蠱巫蠱」，語言學家同樣把它記在本子
裡，並註明說這個詞有兩個意義。然後他手指著一條河，得到的答
案還是「巫蠱巫蠱」，他仍然把它記了下來，只是滿腹狐疑，對這
個語言詞彙的稀少十分不解。一連問了十二個詞得到的都是一樣的
回答，於是他非常困惑。最後他終於發現，原來「巫蠱巫蠱」是手
指頭的意思，難怪不管他手指向何處，那名土著總是告訴他手指的
說法。我不敢保證這個故事是真的，不果如果是真的也不錯。

　　若干年前美國哲學家奎因（Quine, 1964）也說了一段類似的
話。他要讀者想像下面的狀況：某個語言學家手指著一隻兔子請土
著說出土語的說法，土著回答「嘎瓦該」。奎因問道，語言學家要
如何才知道，嘎瓦該是整隻兔子還是它身體的一部分（如嘴巴或尾
巴），甚至是兔子的印象？雖然奎因沒這麼說，嘎瓦該也可能是
「生病」或「懷孕」的意思。

　　同理，當媽媽對著孩子手指著一棵樹說「樹」或「那是樹」
時，孩子如何能知道「樹」指的不是樹枝、樹葉或樹幹呢？甚至不

230 是媽媽的手指頭呢？如果當時正好有隻小鳥飛過那棵樹，它也可能是指稱的對象。現在你明白了其中的困難了嗎？這個難題近來引起廣泛的討論，散見在兒童語意學習的文獻當中。

魏斯曼（Waxman, 1994: 230）說：

> 幼兒究竟如何能如此快速地學會把某個特定的詞（如「紅鶴」）應用到整個物體上？又如何能擴充到該類目的其他成員之上，但同時又知道該詞並不用來指稱該物體的醒目特質（如長頸或鮮豔的色彩）、或不是它所做的特殊動作（如哺育幼鳥）、甚至不是某些明顯的主題關係（如紅鶴和沙地）？如果孩子得剔除這些無數多的意義，語詞的學習就成了一件無比艱難的工作。

請注意，上面最後一句話其實是說語詞學習並不困難，而既然每個孩子都做得到就更加證明此事不難。不過，想想學會一個詞孩子要做多少功課？他們必須注意到一串反覆出現的聲音，並且知道那代表一個詞。再者，每回聽到時都知道這是同一個詞。雖然這麼做要冒一些風險，畢竟有些是同音詞（如 flour, flower）。他們還必須具有該詞所指稱的概念，當然，他們一定擁有許多概念，因此他們就必須從中挑出和這個詞相應的概念來。然而，就如魏斯曼所說的，如果沒有線索協助的話，挑出和某個音串相應的語意有如海底撈針！

許多語言學家和心理學家相信那些線索就是來自大腦原已存在的「偏好」（biases）或「限制」（constraints），它們讓孩子偏好某種答案。其實這種想法杭士基（見第 6 章）早在 30 年前就提出了，只不過他是針對句法的學習而說的限制。杭士基的想法更激進，因此他不會贊同魏斯曼的說法，此點容後再表。

那麼，孩子腦中原已存在的「偏好」究竟有哪些呢？

(一)物體全部的偏好

231

　　有一個說法是，孩子會預期所聽到的語詞相應於物體的全部，而非其部分（Markman, 1991）。因此，當媽媽指著一棵樹說「樹」或「那是樹」時，孩子會預期那就是她所指的物體的全部。如果手指的那一刻恰好有隻鳥兒飛竄而出，或許會引起誤會，但這畢竟也是一個可能的意義。這裡所說的就是物體全部的偏好（whole-object bias）或限制。

(二)類屬偏好

　　孩子還有的一個偏好是，一個詞也適用於同類的其他物體，亦即「狗」一詞不只適用於某人手指的那隻狗，也適用於所有其他同一類屬的個例。這被稱為「類屬偏好」（taxonomic bias）'（Markman, 1991）。

(三)互斥偏好

　　第 3 個偏好是孩子會認為每個物品只有一個名字，這叫做「互斥偏好」（mutual exclusivity bias）。假如孩子面前有兩個東西，而他已經知道其一的名稱，這時若告訴他一個生疏的詞，則他會假定後者即另一個事物的名稱（Markman, 1991）。

(四)形狀偏好

　　藍道等人（Landau et al., 1988）提出「形狀偏好」（shape bias），Clark（1993）也提過類似的看法。藍道等人問道，孩子如何比對兩個以上的事物是同樣的項目而給與同個名稱？他們的實驗顯示，形狀在類屬判別上是個重要的因素。和標準品形狀不同的項目，成人受試者就不會用同一個詞來稱呼；反之，如果只是大小或材質不同，受試者仍會用同一個名稱來稱呼。兒童也顯出相似的偏

232

好，只是程度沒那麼明顯罷。藍道等人說：

> 我們的結果和先前的發現（形狀在語詞學習上很重要）吻
> 合（Clark, 1973），然而，我們的結果也超越並澄清了之
> 前的發現，因為我們現在知道這種偏好並非從頭開始就很
> 強。首先，有發展趨勢的存在：從 2-3 歲開始，這種偏好
> 在強度和廣度上不斷增強，特別是從兒童早期過渡到成人
> 期時變動最大。（Landau et al., 1988: 316）

蘇雅等人（Soja et al., 1991）做的實驗顯示，還未學到句法的孩子已可以區別單獨的整個物體和非固態物質之間的差異，這種區別對學習新詞來說很重要。他們認為藍道等人（1988）所說的形狀對名詞學習很重要的說法不對，因為他們的實驗發現，2 歲孩子在學習非固態物質的名詞時不會考慮形狀，5 歲兒童和成人也是如此。此外，幼童也使用了許多抽象名詞，對這些詞來說形狀根本不相干。

蘇雅等人（1991）於是替藍道等人解釋說，或許他們的意思是，只有在學習固態物質時形狀才重要；然而即使是如此，這也不對。他們說：

> Keil（1989）的資料顯示，成人甚至是小學生對動物如何
> 得到其外形的知識很敏感，這在判斷該動物為何時很重
> 要。例如，成人和 10 歲孩子很確定 antelope 就是 antelope
> ，不會因為它動了整形手術、甚至在外觀上已變成了長頸
> 鹿了，就認為它是長頸鹿。（Soja et al., 1991: 207）

(五)詞類偏好

第 5 個偏好是指孩子可以從語詞的文法類別推測意義，或許你認為二歲大的孩子哪可能懂得文法詞類呢；在意識的層次上他們的確沒有詞類的知識。

233

然而，第 6 章提到 Katz 等人（1974）的實驗，顯示 17 個月大的女童已經展現出對專有名詞和普通名詞的區辨了，記得了嗎？其中一組女童被告知，某個特定的洋娃娃叫做 Dax；而另一組女童則被告知，那個娃娃是個 Dax。之後，第一組孩子被要求「拿 Dax 給媽媽」，結果他們全都拿起先前所展示的娃娃。第二組孩子則被要求「拿個 Dax 給媽媽」，而他們卻是任意挑個娃娃出來。

第 6 章還提到一些細節，在此不再重複。總之，那個實驗不外驗證了女童可以區辨專有名詞和普通名詞的差異，儘管先前都不曾聽過這個詞。

說完了孩子（在下意識）擁有文法知識的證據之後，現在回到本章的主題，即探討兒童學習詞彙過程中的偏好。

魏斯曼（1994）主張，孩子可以從文法詞類推測語意，她好奇的是語詞學習和腦中概念組織之間的關聯，在此她借用了羅續等人（Rosch et al., 1976）的想法。

任何一件事物都有一套層級化的名稱套在它上面，例如，某個失明的女人有隻名叫 Pilot 的黃金獵犬，Pilot 是那隻狗的名字，而黃金獵犬則是這種狗的總稱。類屬的名稱不會考慮和同類（如 Rover 和 Diesel）間的差異，在某個程度上類屬的名稱還相當抽象哩。

不過，Pilot 也可以被稱為一隻「狗」，而這個名稱就不會去計較黃金獵犬和其他種類（狐狸狗或狼狗）的差異。用這個名稱時，也不必考慮 Pilot、Rover 和 Diesel 間的差異。因此，「狗」比黃金獵犬更加抽象。

在它上面我們又用「動物」來稱呼 Pilot，而動物的抽象程度又

比狗高，因為它不管狗、牛、象間的差異。換句話說，一套層級越高抽象性也越高的名稱集合，都可以適用在同一個個例上。Stuart-Chase（1938, 1950）稱此為「抽象性的階梯」（ladder of abstractness）。

圖 14.1 展示了這樣的層級組織。前面說過，黃金獵犬這個類署之下就有 Pilot、Rover 和 Diesel，圖 14.1 沒列出這些名字，因為這個圖只列類屬的層級組織，而不管個例的名稱。

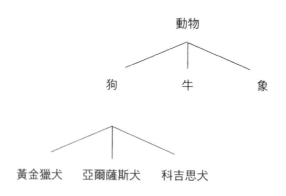

圖 14.1　基本層位於層級組織裡的中層

羅續等人對這種層級組織做了深入的研究，並把三層組織的中層叫做「基本層」（basic level），在本例中就是狗、牛、象。在狗之下，下層的類屬就包括了黃金獵犬、亞爾薩斯犬、科吉思犬等。反過來說，狗也是上層類屬「動物」的下層類屬，因此，這種層級組織是「類屬包孕」（class inclusion）的系統。羅續等人認為基本層在認知上具有十足的重要性。

羅續等人主張，基本層所做的區分對幼兒而言最適合。魏斯曼（1994）說：「兒童發展文獻中最有力的發現之一是，學前兒童對基本層事物的分類和命名，遠比其他層次的更早學會」。

就很多目的而言，最好用的語詞應該足夠讓我們辨認出這個類屬所有成員共享的特性，同時也能讓我們區分出它們和類屬內別的

成員之間的差異。因此，「狗」就比「黃金獵犬」好用。這倒是真的，很多人會覺得說出狗的特徵遠比說出黃金獵犬的特徵容易。另一方面，羅續等人認為，動物一詞太寬廣了，無法讓人把特徵說得清楚。基本層的詞彙，在思考真實世界的事物上具有特殊的價值。

不過，研究者也花精神探討基本層以外的層級，從這些層級更可以看清楚，語詞學習和概念組織之間的連結。在此我要簡述魏斯曼（1994）的研究結果。另請參見 Waxman（1990）及 Waxman 與 Gelman（1986）。

魏斯曼（1994）論文的目標是探討兒童詞彙學習時期語言及認知發展之間的關係，她提出前面說過的那些偏好。其中她最有興趣的是使用文法詞類（如可數名詞、專有名詞、形容詞等）來獲取詞意的偏好。

她的假定是，語言發展和認知發展的關係密切，然後她提到一些實驗，顯示可數名詞（如 blocks, dogs, sticks 等）和物品類屬的名稱之間有特別的關係。簡單地說，兒童若聽到可數名詞，那麼他就會預期這應是某類物品的名稱。看來可數名詞的形式可以幫助孩子學會物品的名稱，對 12-13 個月大的孩子來說，形容詞也具有類似的效果。到了 2 歲半時，孩子會分別對代名詞和形容詞，意思是他們會假定可數名詞是某類物品的總稱，但對形容詞就不會如此假定了。

魏斯曼（1994: 246）總結說：

> 根據已有的資料，可數名詞和物件類屬之間的連結不必透過發展學會，對兩者關係的認識很早就發生了，不太需要什麼語言經驗。反過來說，對其他文法詞類（如形容詞、不可數名詞、動詞）和意義之間的關係，較晚才認識，而且有賴語言經驗的滋潤。

236

最後，魏斯曼提到，可數名詞的現象發生在很多語言之上，然而其他詞類就會因語言而異。例如，西班牙語和英語在形容詞的現象上就有差別。可數名詞的原則似乎是放諸四海皆準，因此可能是先天的，也因之不必仰賴語言經驗即可自然形成。然而，形容詞和其他詞類的原則就沒有普遍性，各個語言不同，因此需要語言經驗來讓它滋長。

三、對偏好說的批評

雖然限制說或偏好說在過去二十年間非常有影響力，但仍招來一些批評，其中最尖銳的是來自布倫（Paul Bloom）[2]，他對物體全部和類屬偏好有以下的評語（Bloom, 1993: 13）：

> 這些限制想解釋那些指稱整個物件（如「狗」）的語詞，但孩子所學到的語詞大多不屬於這種性質。就拿 2 歲的孩子來說，他的詞彙就包括了指稱特別的個人（「阿福」）、物質（「水」）、部分（「鼻子」）、特性（「紅色」）、行動（「給」）等。這就需要其他的限制來決定詞彙中的單詞之間如何彼此聯繫；這樣一來，物體全部和類屬的限制就會崩解了。

其他的限制之一就是互斥偏好，即每個事物只能有一個名字。布倫指出，成人就不遵守這個限制，例如，你叫你的狗，而有時也叫他狗狗Fido。當然，也有可能是孩子最初會遵循這個限制，某個年紀後就放棄了。

Merriman 與 Tomasello（1995）指出詞彙學習的研究太偏重名詞了，而忽視動詞、形容詞及其他詞類。他們請大家正視一件事，即近來學者在討論語詞學習的限制時多視之為「既有的」（given）

—即生而有之者，因此孩子一出生就有限制了。不過有些學者不接受這種看法，卻主張孩子從生詞的學習當中就可以獲取語詞的一般原則。這些研究者寧可使用「語詞學習原則」（word learning principles）而不喜用「限制」（constraints）這種字眼。Merriman 與 Tomasello（1995）引述 Merriman（1991）及 Golinkoff et al.（1994）的例子。不過他們也指出，這些原則無法解決奎因所提出的問題。（還記得「兔子」和「嘎瓦該」嗎？）

四、更激進的說法

前面所討論的主張都以孩子怎麼知道語詞的「指稱對象」（referent）為焦點，亦即：到底一個詞所指稱的東西是什麼？然而杭士基的觀點比這個更激進，不過他的觀點最初都常被認為太激進，但後來卻逐漸被人接受。因此你不可小看他的觀點。杭士基（1996a: 22）這麼說：

> 我們所說的不一定得在現實世界中找到相應的對象，即便是最簡單的事例也如此；實際上也沒相信真的有這種相應的關係存在。我們唯一能說的是，一般而言，語詞只是給我們看待（詢問、談論）事物的複雜觀點……。人們依其興趣和處境循著很複雜的方式使用語詞來指稱事物，然而語詞卻不必有什麼指稱。

當然，杭士基有舉證支持這種說法，他說，房屋既具體又抽象。如果他的房屋被龍捲風摧毀，他可以說他要在其他地方再把它（it）重建起來，一般來說，「他的房屋」和「它」指的都是同一件事（同一個對象）；但房子已被摧毀了，重建的當然不同於原來的房屋——如果我們談的是房屋的具體意義。只有在抽象的意義

上，「他的房屋」和「它」指的是同一件事。然而這麼說也會讓人困惑，畢竟你不會說你要建一棟抽象的房屋。

同理，倫敦也是既抽象又具體。杭士基說：

> 一把火或行政決定就可以把它摧毀了。如果倫敦灰飛煙滅了，在別的地方還可以把它（即倫敦）重建起來，然後還是同一個城市（即倫敦）。和我的房屋不同的是，如果它毀了，在別的地方重建之後，已經不是同一棟了。

我們也可以說，比倫敦小的其他東西也有類似的情形。有人說：「皇家戲院燒掉之後在街上另址重建，並重新命名為麗人戲院」。杭士基又說，如果他汽車裡的馬達灰飛煙滅，同樣的灰也無法重建起原來的馬達；即使重建起來，那也不是原來的馬達了。

我們還可以想出其他例子。試看以下的談話：

> 「你的哥哥不是死了嗎？」
> 「我從來沒有哥哥。」

兩句話中的「哥哥」並不指稱世上任何的對象，然而換在別的場合，也許確有其人。請注意，你不會手指著某人，然後對孩子說：「這是個哥哥，哥哥就是長著這副模樣」；這不是教孩子學會「哥哥」的方法。當然，形狀偏好在協助孩子認識哥哥這件事上面，一點用處也沒有。

杭士基不只說了這些，他甚至說，連最簡單的詞，如房屋、倫敦、它、相同等，「應該都不是學來的（unlearned）」（1996a: 23）。可是如果我們的知識不是學來的，那麼從何而來？杭士基的答案是，這個知識一定是先天的，是生來就存在腦中了。

很多讀者的反應會是，「然而這不太可能」。有些讀者之後會

認為可信，就如同許多心理學家和語言學家已經相信了一樣；有些讀者永遠也不會相信（就如同許多心理學家和語言學家打死也不相信了一樣）。不管信不信，這是個極重要的主張，已經擅場三、四十年了。這當然不是你必須接受的理由，只是你不必立刻走人，多想一些再做決定。

239

　　杭士基沒有、其他人也不曾把先天的知識如何代代相傳的生物機制說清楚，也不曾交代這些知識的來源。杭士基沒假裝他知道答案，他只說證據讓他不得不這麼想罷了。

註釋

1. 類屬的英文是 taxonomic，由名詞 taxonomy 轉變而成。這個偏好就是說孩子有偏向去預期生詞具有分類的作用，及可以為一個類屬的事物命名。
2. 見 Bloom（1993）的語言習得論文集。

第 章

兩個世界的結合

一、開場白

　　第 4 章談的是皮亞傑及建構主義對認知（和語言）發展的看　　*240*
法，我們看到了一些針對建構主義的批評。不過，卻有一批「全新
皮亞傑派」（new Piagetians）的人士另闢蹊徑，倫敦大學院的卡蜜
洛夫（Annette Karmiloff-Smith）是其中的健將。

　　卡蜜洛夫已不再奉皮亞傑學說為圭臬，或許不應該稱其為皮亞
傑派人士，她有自己的理論，參雜了皮亞傑學說和先天論的觀點。
先天論者相信某些語言原則是天生的，杭士基是其中一員，而佛德
（Jerry Fodor）也是。後者是美國心理學家、也是（專攻心理的）
哲學家，被視為兩個領域中的佼佼者。

　　佛德是杭士基的捍衛戰士，從與行為主義的論戰中羽翼漸豐，
在杭士基與皮亞傑的爭辯中（見第 5 章）也是要角。然而佛德絕非
僅是杭士基的跟班，他最關心的是心智如何運作，貢獻卓著。

　　1983 年時，佛德出版了《模組化的心智》（*The modularity of
mind*），引起廣泛的迴響。卡蜜洛夫就是擷取了該書的精華和皮亞　　*241*
傑部分的想法，兩者融合。在還沒介紹她的想法之前，應先了解究
竟哪些佛德的想法影響了她。

二、佛德：「模組化的心智」

　　心智很顯然從事許多不同的活動，其一是處理不同的感官輸入。目視、耳聞、鼻嗅等各種感覺全在腦中註冊並且得到解釋。佛德（1993）認為，每種感官輸入各由腦內部同的「模組」（module）處理，彼此互不相屬。換句話說，每個模組都有「領域專屬」（domain specific）的特質。職司視覺輸入的模組只管視覺，職司溫覺輸入的模組只管溫覺，餘此類推。重要的是，佛德把語言視為輸入的一種，因此有其專屬的模組。

　　除了領域專屬之外，模組還有其他界定的特質；其一是生而有之，其二是強制操作，亦即輸入一旦進來就一定得處理。如果腦子察覺有句子進來，他就會自動的處理；同理，如果眼睛看見事物，腦子也接收到了，那麼它就會自動加以處理。另一個特質是，儘管腦子處理任何一個輸入都要歷經很多階段，然而這些過程多半不為意識所察覺，事實上，只有最後階段的成果才會被意識所察覺。

　　模組的其他特質還包括：快速自動化地工作；每個模組都有一組特定的神經架構與之配合，換言之，模組在腦中有「固定的電路」（hard-wired）；此外，每個模組損壞時都有固定的後果（病理情形）。再者，（此點多屬臆測性質），不同的模組有固定的發展次序和速度。

　　最後，也是最重要的是，模組不受心智其他成員的影響，其他成員也無法進入模組內部。事實上，心智的其他成員只能處理模組的輸出成果。模組之為模組是因為它具有上述的特質要件，缺一不可。為什麼？因為佛德就是如此界定模組；當然這不是一時興起之作，而是有充分理由的。

242　　現在就來考慮語言；語言模組有這些性質：

　　● 領域專屬：它只處理語言，不管其他感官輸入。

- 生而有之：至少杭士基和佛德都持此一見解。
- 強制操作：只要是語言的輸入都得加以處理，不能不顧。母語固然如此，或許外語也有部分處理，只是佛德未予討論。
- 涉及諸多階段的語言操作歷程，不過，我們通常只能察覺最後階段的處理結果。
- 快速且自動。
- 有一組神經組織參與協作（包括布洛卡區和渥尼基區）。
- 有一定的損壞情形，如失語症。
- 有一定的發展次序和速度（如前所述，此點較不確定）。

如果這些看法沒錯，那麼語言確實符合模組的要件。

前面說過，心智的其他成員無法進入這些模組裡頭，只能處理它們的輸出成果。然而所謂「心智的其他成員」究竟是什麼？按照佛德的說法，這些成員籠統的被稱為「中樞操作」（central processing），包括既有的信念系統、經驗累積而成的「百科知識」（encyclopedic knowledge）、長期記憶、規畫能力等等。這些成員之間可以互相溝通和影響，它們速度緩慢、也不具強制操作的特性（它們不一定得針對其他的輸出作出反應）。這就是中樞操作和輸入模組之間的差異。

必須了解，佛德無意說明腦子的哪些生理結構包含哪些模組，以目前對腦子的神經組織的認識程度，這也做不到。他只是依據現有的資料盡量描述這類的心智「架構」（mental architecture）。

三、卡蜜洛夫：超越模組

243

卡蜜洛夫（1992）接受佛德心智「架構」的部分看法，不過和佛德有兩個主要的歧異。佛德認為新生兒身上即有事先設定的（prespecified）模組，也就是生而有之。反之，卡蜜洛夫認為模組的規格要在出生後才逐漸發展成熟，而非早已設定好的。孩子發展

的過程中一直有「模組化」（modularization）的過程，卡蜜洛夫還
認為模組與中樞操作之間不像佛德所說的那樣涇渭分明。

　　卡蜜洛夫認為嬰兒具有處理某些輸入的先天傾向（innate pre-
dispositions），換言之，大腦的頻道會調整（tuned）來接收及處理
某些輸入。雖然這些先天傾向具有領域專屬的性質，但日後會轉為
具有「跨領域」（domain general）的性質，也就是佛德所稱的中樞
操作。但這些傾向不像佛德所說的模組那樣嚴格。出生時，大腦有
一定程度的彈性（plastic），也就是可以形塑為許多可能的樣子。
既是具有彈性，就不會是電路固定的知識。

　　隨著時間的流逝，某些大腦電路被選出來處理特定的輸入。卡
蜜洛夫（1992: 5）說：「大自然造就最初的偏好或傾向，可以把注
意力投注到相關的環境輸入上，繼而影響到之後的大腦發展」。因
此她的「傾向」不像佛德的模組是先天設定的，而是可以繼續發展
改變的。

　　卡蜜洛夫承認這種模組化過程的說法純屬臆測，此外，她並未
進一步的說明。她說，要論斷她的主張或佛德的說法孰是孰非只能
留待「日後使用即時活化的方法（on-line activation studies）來探究
新生兒和幼兒的大腦」（Annette Karmiloff-Smith, 1992: 5）。假如
佛德模組先天說正確，實驗應會顯示，打從一開始（當嬰兒最初對
感官輸入有反應時），「大腦特定的電路對領域專屬的輸入就會活
化起來」。反之，假如她所說的模組化歷程是存在的，那麼，「一
開始活化程度應該會平均散布在大腦各處，隨著時間消逝，特定的
大腦電路才會針對領域專屬的輸入特別活化起來」。

　　卡蜜洛夫強調，「模組」不能和「領域」混為一談，模組是腦
內訊息處理的單位，而領域則是某個知識領域（語言、數學、視覺
輸入等）的整套內在表徵。因此，「模組具領域專屬特質」的說
法，意即每個模組都有各自不同種類的訊息。

244

四、皮亞傑理論的影響

　　有趣的是，卡蜜洛夫原本是皮亞傑的追隨者，在日內瓦大學同一個部門。她在那兒待了 13 年，不過她說她被皮亞傑派的人士視為異類。這或許可以解釋何以她目前不接受皮亞傑的很多看法。然而她仍從皮亞傑理論中擷取她認為對的部分，與佛德的部分見解結合。現在就來仔細瞧瞧。

　　皮亞傑兒童發展的觀點是「跨領域」的，了解這點很重要。記得嗎？領域則是某個知識領域（語言、數學、視覺輸入等）的整套內在表徵，如果發展是「跨領域」的，就表示它同時在所有的領域裡都均勻的發生。皮亞傑一貫否認語言結構或原則是天生的想法，也排斥任何「成熟限制」（maturational constraints）的說法，因為這意謂這些限制是天生的。語言的發展並不獨立於其他認知的發展，語言和其他認知都是感覺動作智力操作的產物。卡蜜洛夫反對皮亞傑這些見解，她也不認同認知發展具有階段性。

　　既然她說她想結合皮亞傑和佛德的觀點，那麼究竟有哪些皮亞傑的觀點是她所接受的呢？第一，心智結構由孩子主動建構而成；不過她不認為動力來自感覺動作操作。其次，雖然杭士基不認同建構主義，然而卡蜜洛夫認為杭士基的語言原則天賦說與建構主義並不違背，只要講清楚幾個條件即可。首先，在建構主義中加上這一條：存在先天的傾向來處理特定的感官輸入；這意謂著傾向具有領域專屬的性質，也就是說每個領域以各自不同的方式與速度發展，與其他領域互不相涉。

　　依卡蜜洛夫之見，先天設定的部分應該沒有像杭士基或佛德所說的那樣詳盡、而是一定具有模組化的漸進過程，把未設定好的慢慢建構成模組。

　　現在我們已經知道，佛德認為模組具有領域專屬的性質，然而

245

我們卻無法說，他認為發展也是領域專屬的，因為在他看來，模組在出生時已大致完備了。反之，卡蜜洛夫則相信，認知發展在出生之後仍會持續進行，只不過她借了佛德的想法，認為發展中的模組也是領域專屬的。

這就是她所提議的結合：從皮亞傑和佛德的理論中各擷取出一部分，然後合併起來。稍後我們再來看看，來自兩個世界的結合是否成功？

五、兒童的證據

卡蜜洛夫承認佛德（引導學習的原則是生而有之且領域專屬的說法）言之有據，例如，威廉氏症候群 [1] 的病童在數學、空間認知、問題解決等方面顯然是智力低下的，但他們的語言、臉孔辨識、「心智理論」（theory of mind，見下文）還相當正常。

自閉症 [2] 兒童可能只有「心智理論」的缺陷，但其他的認知卻很正常。如果心智是跨領域的，那麼我們應該預期所有的心智歷程都有缺陷。

然而，卡蜜洛夫（1944: 697）說：「自閉症和威廉氏症究竟是否牽涉到領域專屬的表徵或計算缺陷，還很難說」。

246　　上述的「心智理論」究竟是什麼？它指的是，兒童會發展出了解他人所感、所思、所欲的能力，而讀者也知道，成人具有這種能力。它在心智和社會活動上扮演重要的角色。

有人編製測驗來評量孩子的心智理論是否成熟，其中一種是隱藏物品的測驗，又稱為「莎莉安妮測驗」（Sally-Anne Test）。這個測驗要用到兩個孩子，姑且叫做莎莉與安妮，趁兩人同在房間時，主試者把一個玩具藏到抽屜裡，然後叫莎莉出去一會兒。莎莉不在時，主試者又把玩具藏到沙發墊子下。主試者於是問安妮：等一下莎莉回來時，她會在哪裡找玩具？3 歲以下的幼兒多半會說在

沙發墊子下，因為他們無法分清自己所知道的和他人所知道的差別。不過，4 歲以上的孩子就會說到抽屜裡找，因為他們認為這是他人所知的事。通過這個測驗的孩子，心智理論較成熟。這個測驗只是許多測驗中的一種。[3]

Smith 與 Tsimpli（1995）敘述了一位名叫 Christopher 的奇人。他生於 1962 年，是人稱的「低能天才」（savant）[4]，及擁有某項傑出能力的智障者。他傑出的才能是語言，自幼即顯出此種才華，他可以用 15-20 種語言讀寫及溝通，可是其他能力卻很差。也有的低能天才顯出音樂或數學的才華，這些奇才的存在支持了領域專屬的說法。

這種學術的解釋當然也無法去除低能天才的神秘感。幾年前電視報導一名奇人，他可以說出過去或未來任何的一天是星期幾，然而他卻連最簡單的算術也不會。心智如何運作還有待科學家解釋，然而目前已有不錯的研究成績。

卡蜜洛夫也指出成人腦傷可以進一步作為領域專屬的證據，腦傷所造成的高級認知功能的障礙多半只影響一個領域，如語言、數學或臉孔認知，而其他領域則相對正常。（譯者按，此處所說的腦傷應指局部的腦傷）。

247

卡蜜洛夫引述杭士基（1988）的著作指出，嬰兒心智領域專屬的特性越強，為來系統的創造性和彈性也就越小。如此一來，我們就必須解釋何以後來的認知發展卻很有彈性。她又說：「發展不太可能完全是領域專屬或完全跨領域的……，發展顯然涉及心智和環境的交互作用，而不如先天論者所主張的那樣狹隘」。此處可別忽略卡蜜洛夫的宣言：她根本不同意狹隘的先天論！

六、表徵的再敘述

卡蜜洛夫和其他認知心理學家一樣，都相信知識是某種心智表

徵。原則上,它可能類似語言或心像、或其他形式。

佛德(1975)認為,有一種特殊的「心智的語言」(language of the mind)或「思想的語言」(language of thought)用以作為表徵(不是每個人都同意這個說法);這種心智的語言不同於英語這種真正的語言,而應該是人類共有的普遍性語言。佛德主張,所有模組的輸出都會用這種思想的語言來表示,然後才會進入處理知識和信念的中樞操作系統。

卡蜜洛夫對這種說法提出質疑,她說有些知識的確是天生的,但有些則要經由和環境交互作用才會學到。不管是哪個種類,大部分的(起初是全部的)知識都是下意識的,卡蜜洛夫稱之為「內隱的」(implicit)知識。當然它仍是心智的表徵,但卻不為心智的意識所察覺到;這個層次的表徵就叫做「I層」(Implicit level)。卡蜜洛夫(1992: 20)說:「對 I 層來說,表徵是以針對外界刺激進行分析和反應的形式來表現的」。

248

知識要達到讓人足以反省和操弄的地步,首先必須歷經以新形式「再表徵」的過程,用卡蜜洛夫的話來說,就是「外顯化」(externalization)。她說,有三個外顯化的層次,分別是 E1, E2, E3。以 E3 而言,知識可被意識到、可用語言表達、可加以分析討論。E1 和 E2 是通往 E3 的中間階段;在此不必詳述。在到達外顯知識的過程中,每個層次都會經歷「外顯化」的程序,因此共有 4 個表徵層次,分別是:內隱(I)、外顯 1(E1)、外顯 2(E2)、外顯 3(E3)等。卡蜜洛夫(1992: 20)說:「這些不同的表徵形式不涉及隨年齡而異的發展變化,它們只是在整個發展史上不同的細小領域中反覆一再發生的循環中的一部份」。

她稍早(1992: 6)解釋了「細小領域」(microdomains)的意義:

我想把「領域」用來涵蓋語言、物理、科學等,而用「細

小領域」來指稱物理領域中的重力、或語言領域的代名詞。「細小領域」可以想成某個領域當中較小的主題。

卡蜜洛夫就是援引了這種機制，提出一個兒童認知發展理論，稱為「表徵再敘述」（Representational Redescription，簡稱 RR）。

本書第 5 章提到，語言知識大抵都是下意識的，成人也不例外。這類知識很少超越 I 層；若是可為人察知且能以語言表達者，就已經達到了 E3 的層次了。

七、這個結合成功了嗎？

現在且來檢討，這番皮亞傑和佛德的結合成功了嗎？答案是還未蓋棺論定！婦女雜誌很喜歡說，煩惱都會在紅毯的另一端獲得解決，從此這對新人就過著幸福美滿的日子。然而，實事求是的態度應該是，結合時尚且無法論斷未來的幸福，結合只是一連串挑戰的開端。

249

卡蜜洛夫撮合了皮亞傑和佛德，很像婚姻的結合。既然婚姻無法保證問題全部消失，卡蜜洛夫也不會如此天真的想望。然而很多認知學家卻為此雀躍不已，以為從此天下太平，以為《超越模組》（*Beyond Modularity*）是近年來這個領域最有啟發性的書。

不是每個人都被說服了。《行為和大腦》（*Behavior and Brain*）這本期刊對爭辯性的議題有種特殊的出版形式，他們會先要求主角（研究者）發表一篇論題（precis），接著就由一群出色的同行學者各自提出質詢，稱為「同儕公開評論」（open peer commentary），最後主角再度針對質詢提出答辯。卡蜜洛夫的《超越模組》一書就成為《行為和大腦》1994 年與 1997 年討論的焦點（Karmiloff-Smith, 1997）。

1994 年的評論相當分歧，其中名叫 David Estes 的學者（715

頁）預言道：「本書被視為里程碑，代表發展心理學已成熟了，也意謂著它對任之發展和人類心智的認識具有啟發作用」。反之，Susan H. Foster-Cohen（716 頁）卻說：「卡蜜洛夫主張語言是漸進式的模組（emergent modularity），在邏輯和實證上都站不住腳」。而在兩極之間還充滿其他意見。

意見如此分歧，一點也不意外。皮亞傑和佛德的死忠支持者也反對卡蜜洛夫的撮合，反過來說，她的理論迥異於前人，也讓許多學者覺得很有啟發性。

N. V. Smith（1993）對卡蜜洛夫（1992）一書的評論很具深意，他推崇卡蜜洛夫的假說十分精微，但卻說她的結論不對。他指出（N. V. Smith, 1993: 99）：「我們對語言所隻的一切幾乎都無法進入意識內，兒童如此，成人也不例外；我們對語言的知識多半未達 E2-E3 的層次」。這意謂著語言模組的細節應該在「表徵再敘述」之前早已設定妥當了。因此，表徵再敘述不可能促成這些細節的設定。

250

特別是還停留在 I 層的孩子已經掌握了母語的句法了，事實上，卡蜜洛夫也承認，語言不可能依賴表徵再敘述；「你如果有了表徵再敘述，你就早已超越了語言學習的階段，已是一個小小語言學家了」。

她舉了一名行為像小小語言學家的孩子作例子（1992: 31）：

「這是什麼？」
媽媽：「一台打字機（typewriter）。」
「不對你才是打字員（typewriter），那是打字[5]（type write）。」（亞拉，4 歲）

她的評論是，這個孩子「不只在學詞彙，也像語言學家般分析詞彙」。

Smith（1993: 100）對這個例子的評論是：

這點使得句法和其他語言的機能在作為超越模組假說的佐證時缺乏說服力。事實上在卡蜜洛夫書中〈兒童是小小語言學家〉一章當中，她只在批評皮亞傑時才討論到句法……。卡蜜洛夫所觀察的語言領域很少觸及句法或音韻的核心。

在本文撰述時，卡蜜洛夫尚未針對以上的批評提出辯解。當然，這未必表示她已被批評者說服或擊垮。是站在極端先天論的立場提出意見的，而卡蜜洛夫和先天論者的觀點又是如此南轅北轍。她在答辯其他批評者時（Karmiloff-Smith, 1994, 1997）顯示出，彼此都無法讓對方信服或贏得辯論，看來這場論戰還有得打呢。

八、連結論

251

Klahr（1992）在討論認知發展的研究途徑時，區分所謂「硬底子」（hard-core）和「軟底子」（soft-core）的途徑。硬底子的途徑使用電腦模擬兒童完成某些作業的方法，軟底子的途徑則不這麼做。兩邊的研究者或許接受相同的假定和方法，但在解釋上就大異其趣了。軟底子這邊，精確性較低。

卡蜜洛夫（1992: 175）說，在《超越模組》書中她以文字方式描述「表徵再敘述」模式，這就是軟底子的途徑。

然而，用文字說明模式有什麼不對？麻煩是，雖然文字在溝通上是個利器，它常模稜兩可，不如數學精確。不過數學雖然精確，卻也沒有溝通上的便利性。卡蜜洛夫說，文字在表述一般原則時是足夠的，然而如果要指明特定機制的內涵時，用電腦來模擬孩子腦中的事物會更精確。

由於這個緣故，在《超越模組》書末她借用了連結論（connectionism）；這是種在多個學科（包括發展心理學）中使用的表徵模式。它的網路結構（network）原意是想模仿人腦，但模仿得不夠真實。大腦包含由神經元組成的網路，神經元之間由軸突和突觸彼此相連。同理，連結論所使用的網路也由代表神經元的節點（dots; nodes）及其間（以帶有箭頭的線段表示）的連結所組成。

此處無意深入探討連結論，這已超出本書的目的了。想進一步的話可以參閱入門書，如 Bechtel 與 Abrahamsen（1991）；重口味的可讀 Rumelhart et al.（1986）以及 McClelland et al.（1986）。

252　九、先天論之再思

1996 年時，包括卡蜜洛夫等人的 6 位作者出版了名為《先天論之再思》（*Rethinking innateness: A connectionist perspective on development*; Elman et al., 1996）的書。我不準備介紹整本書，因為本書只是入門書而已。然而該書第一章（標題是「發展的新觀點」）和卡蜜洛夫的觀點有關，引人注目。因為六位作者都共同署名，就無法知道卡蜜洛夫的貢獻程度，不過應該不會太少。無論如何，那篇文章的筆觸和《超越模組》相當一致，不過言未盡於此。

那篇文章探討的問題是，所謂先天，究竟是什麼意思，作者闡述了幾層意義，我認為很有道理。

他們引用了造成近來先天論大行其道的兩項發現，一是新生兒已有之前所不知道的種種能力（見第 13 章）；二是成人會做的很多事都不是學來的，因此必定是先天的，頂多只是被經驗觸發出來而已（參考第 13 章）。

他們說，另一種解釋是，發展係「基因所控制的成熟因素和環境互動」（第 1 頁）的結果；你應該記得，皮亞傑就是這個觀點。

「基因所控制」的定義即是由基因所提供，然而作者說，問題

是基因如何提供這種控制、又如何執行。他們之後談到基因和細胞運作的方式。

淺見以為那篇文章最重要的是題為「先天是什麼意思？」的一節（20頁）；其中他們指出這裡有個問題：

首先，說某行為是先天的，對該行為何以不可避免的機制　　*253*
幾乎沒有解釋，所以這個語詞不具任何解釋力。如果說行
為是先天的就是指該行為（在一般的情形下）無法避免，
那麼我們什麼也沒得到。（21頁）

在下一節「先天的方法：架構」中，作者詳述先天機制如何表現，讀者請自行參閱。我只想指出，作者對「先天」的涵義提出了新解。

其中一個論點如下：假如心智表徵是先天的，那就表示這些表徵涉及對知識或行為的限制，並且大腦有既定的神經線路負責。例如，杭士基和其他生成派的語言學家都說文法的基本原則「已有既定的神經線路」（hard-wired）。然而 Elman 等人論說，在高等動物身上這種安排實在罕見，因為其大腦極具可塑性，可適應不同的需要。

Elman等人主張，越來越多的證據都反對先天表徵的說法，他們引用了最近脊椎動物的研究，指出動物皮質的功能劃分都可以被改變。例如，ferret 這種動物的實驗中，從網膜來的視神經也可以改道接至聽覺皮質，而聽覺皮質居然對視覺刺激有反應。作者說，雖然這表示「聽覺皮質可以看見東西」，但我們無法從動物的角度來理解這種經驗。

他們繼續說到（26-7頁）：「這表示皮質表徵的可塑性比以前相信的更強，實際上，近來的研究顯示直到成年期皮質仍有可塑性」。

254 其他的實驗把幼小動物的皮質從甲區移植到乙區，例如，在新生的 rodents 身上就做過這種手術。有個系列的實驗把視覺皮質和體感覺皮質的神經元互相對調，有趣的問題是：植入的部分是否保有自己原來的功能，還是變成「新家」該有的功能？答案是，植入者會發展出「新家」的功能，可見大腦比以前所想的更具可塑性。

這對卡蜜洛夫來說不啻是荒漠甘泉，因為這表示她所主張（模組在出生後才發展出來）的想法是可信的，畢竟大腦很有可塑性。

「先天論之再思」第 1 章的主旨就是，僅說某些原則是先天的是不夠的，因為天賦可以用不同的方式在腦中表現出來。這裡還有一段話很值得重視：

> 我們一開始就要強調，我們的立場絕對不是反先天論。我們和某些人的差異在於，我們認為演化的主要目的在於確保有適應力的結果（adaptive outcome），而非先天的知識（prior knowledge）……。我們可以把許多普遍反覆出現的行為組型（universally recovering patterns of behavior），如語言，稱為先天的，即使基因圖譜 *6* 中找不到它的規格。從這個角度來看，我們對先天的定義無疑比傳統來得寬鬆；我們也相信如此才更清楚地去認識大自然如何修正各種物種。（46 頁）

註釋

1. 威廉氏症以 J.C.P. Williams 命名；他研究四個主動脈窄縮的病例，全都是智能障礙，臉孔活似小精靈，朝天鼻、裂嘴、厚唇。不同於自閉症兒童，他們外向友善。

2. 自閉症兒童極端退縮，對人缺乏強烈或任何的情緒反應。可能沒

有語言，語言不足以溝通。常有很好的記憶。

3. 見 Perner 等人（1987），Wellman（1990），Carruthers 與 Smith
（1996）。

4. Smith and tsimpli 指出「低能天才」是過時的用法，有負面涵義，
應避免使用。

5. 用以分析語言的語言，又稱為「後設語言」（metalanguage），
此即卡蜜洛夫在此所指的現象。

6. 基因位於染色體之中。

第 16 章

結語

一、五彩繽紛的基本假定

　　現在來比較一下各家學說的基本假定，應該會很有趣。　　*255*

　　史金納的行為主義完全從外界刺激來解釋兒童的行為，然而其他理論全都接受心智和大腦很重要的想法，也都同意心智會和外界以各式各樣的方法產生交互作用。

　　杭士基語言原則先天論最堅定的信仰者，對心智和外界交互作用這個假定的需求最低；他固然覺得交互作用是必要的，但也認為只要少量的交互作用就足以喚醒腦中既有的先天原則。

　　其他學說全都假定大腦（心智）和外界有很大程度的交互作用，它們彼此間的差異乃在於交互作用的種類。皮亞傑相信感覺動作活動（涉及感官與肌肉的活動）是知識由外界進入大腦的門徑，藉此兒童得以建立心智結構（即知識的結構）。

　　其他理論或許同意感覺動作活動是獲得某種知識的門徑，但不是全體知識、也不包括語言。與外界的交互作用不但更多樣，也更複雜。

　　對海樂地和媽媽經的信徒而言，與他人（媽媽或照顧者）的交互作用才是獲得語言最重要的關鍵。話雖如此，海樂地和媽媽經的信徒之間還是有些差異，後者把成人和小孩談話的句法和語言特性　　*256*
看得很重要，而海樂地則強調兩造之間的人際關係。不過彼此卻也

並未否認對方說法的重要性。

　　然而，兩者之間還是有個重要的分歧點。很多媽媽經的信徒樂於接受語言習得過程中至少有某些先天的成分想法，而海樂地堅拒此一想法。

　　媽媽經的信徒和「搭便車」說法的支持者就好像光譜的兩端，中間還站著許多不同立場的學者；而「搭便車」說法的支持者很多還是生成派的語言學家（即杭士基的信徒）。

　　卡蜜洛夫又是另一個異類，主張模組化的知識絕非狹義的生而有之，而是透過和外界互動才逐漸形成的。

　　看來這些內因、外因及交互作用如此五彩繽紛。內因比外因更加神秘，而外因卻是多如繁星，令人有不知何者才是關鍵之嘆。

二、異中求同

　　如此說來，從這些眾聲喧譁的大量研究當中，我們究竟獲得什麼？我們已經看到這些學者想盡力解開兒童習得語言之謎。謎底沒人知道，不過閃亮的猜測卻很多。

　　是否有人能把這些重說分的猜謎拼成一幅完整的圖像呢？我不這麼認為。畢竟各家學者無暇也無意去拜讀別人的作品，甚至也懶得和人辯論，即使有了辯論，也很難被說得動。即使要讓自己的理論有所成長，也只能深耕自己的路。這種情形外人可以理解，但如此一來，各家學說彼此依違的門牆就更高了。當然，這種情形也不僅見於心理學和語言學。

　　此點姑且不談，到是要問：這些學說是否有共通之處？我相信是有的。卡蜜洛夫就試圖去結合皮亞傑和佛德（甚至杭士基）的觀點，甚至也與連結論聯姻。同時她也試著結合最新的嬰兒研究，這個計畫還在進行當中，是個有趣的嘗試。

　　我相信海樂地和媽媽經的信徒之間也有些共識，母子之間的關

係就是一例。

史金納的語言習得說看來是死胡同，但不是每個人都這麼想。皮亞傑網路討論區在 1997 年 3 月 4 日有個投書者宣稱：「皮亞傑門徒和史金納門生之間的合作和整合一直在進行當中」，他還指名道姓的說出那些人來，'這顯示出有一些反革命份子正在等待他們的時機。

同一名投書者在 1997 年 2 月 28 日說，杭士基和佛德的問題是，他們認為行為主義者相信，刺激和反應間存在著機械式的連結；他接著說，神經網路當中行為和事件間寬鬆的聯繫方式，就類似於史金納所提的寬鬆連結。一些對神經網路（或連結論）有意見的人也會這樣說，不過說法是負面的（但我認為是不公平的說法）。

三、心智與大腦

近年來探索大腦的方法突飛猛進，特別是影像技術的發達（見第 10 章）。可以想見，隨著大腦探測技術的發達，現在覺得神秘不解的大腦知識就豁然開朗了。

不是每個人都關注語言在腦中的定位，Lecours 與 Joanette（1985: 327）提到 Mehler 在私人通信中的說法：「近來實驗心理學家很流行這麼說：語言的表徵究竟位在腦中還是在小指頭上其實無關宏旨」，Lecours 與 Joanette 接著宣告，他們的文章將討論「語言的大腦而非小指頭的表徵」。

當然，他們是對的。假如我們果真發現語言的表徵位於小指頭上面，語言學家的工作絲毫也不受影響；雖然此後我們得對小指頭的內在結構改變看法！

四、遺珠之憾

　　本書並未涵蓋所有各門各派的思想。限於篇幅，也無法一一臚列；例如，維果次基（Vygotsky）和布魯納（Brunner）就是遺珠之憾，雖然有人認為他們都很重要。

　　我也明白，有人一定會質問，為什麼把這個、那個理論放了進來，而我也願意逐一加以辯解。當然肯定有人會為把誰加入或排除感到不悅，我一點也不介意。

　　我也了解，我只提到英語一個語言，但我相信對兒童語言和語言學而言，跨語言的研究很重要，但沒有一本書可以涵蓋一切，所以我只有割愛了。

　　有一些新發展本書也無暇提及，通常這是因為對入門書來說太難了；例如，杭士基的minimalist theory（Chomsky, 1995b），以及連結論（見第 15 章的參考書目）。

五、未來的方向

　　現在，我可以列舉若干值得關注的發展方向。

　　1. 切記不要把眼光從杭士基身上移開。

　　2. 從演化的角度探討語言的研究會越來越多。李伯曼（Philip Lieberman）多年來在這方面有許多著作，最近的一本是 Lieberman（1998）。

259　　Deacon（1997）主張大腦和語言一起演化，而且「語言比數學證明更像活的有機體」，他說，我們應該用探討有機體結構的方法研究語言，也就是演化的方法。

　　另有一些學者也從演化的觀點探討語言。芬諾（Anne Fernald）在她的作品中就有這個味道，見第 7 章。Bickerton（1995）的

第 2 章就專門討論語言與演化，類似的著作還很多。

　　3. 未來數年內，一定會有更新的技術來研究大腦，屆時大腦和語言的關係一定會有新的發現。

　　4. 先天論的各種觀念一定會更清晰、更深入。這是語言問題中亟待解決的一個，這樣才能終止正反雙方的纏鬥。我不認為答案是黑白分明的，有可能問題的問法需要受到修正。

　　5. 可塑性的問題會持續探討下去。

　　6.「搭便車」和句子的關係這種研究也會成果斐然。

　　這當然不是全部。意想不到的門徑也會有人去嘗試，只是我無意去想像罷了。

六、尾聲

　　這兒快到終站了。當你開始翻閱本書時，或許會希望學到兒童習語的真相，然而你現在也許失望了；畢竟我並沒給你真相，有的只是各家學者的看法。然而如果這是一本物理或生物的教科書，你或許不會期待萬事萬物的終極真理。既然如此，你又何忍苛責一本心理語言的書呢？

註釋　　　　　　　　　　　　　　　　　　　　　　　　*260*

1. 我無意指名道姓說出這些人是誰，因為網路文章的學術地位未定。作者通常倉促下筆也不希望被人引述，不過有人或許會對沒被引述而感到失望，若是如此，只好說聲抱歉了。

Index　索引

A

B

D

E

F

G

H

I

Ｖ

Ｗ

參考書目

Baillargeon, Renée (1986) Representing the existence and the location of hidden objects: object permanence in 6- and 8-month-old infants. *Cognition*, 23, 21–41.

Baillargeon, Renée, Marcia Graber, Julia Davos and James Black (1990) Why do young infants fail to search for hidden objects? *Cognition*, 36, 255–84.

Baillargeon, Renée, Elizabeth S. Spelke and Stanley Wasserman (1985) Object permanence in five-month-old infants. *Cognition*, 20, 191–208.

Baldwin, D.A. (1993) Infant contributions to the achievement of joint reference. In Paul Bloom (ed.), *Language Acquisition: Core Readings* (pp. 129–53). New York: Harvester Wheatsheaf.

Bechtel, William and Adele Abrahamsen (1991) *Connectionism and the Mind: An Introduction to Parallel Processing in Networks*. Oxford: Blackwell.

Beeman, Mark and Christine Chiarello (1997) *Right Hemisphere Language Comprehension: Perspectives From Cognitive Neuroscience*. Hillsdale: Erlbaum.

Beilin, Harry (1975) *Studies in the Cognitive Basis of Language Development*. New York: Academic Press.

Bellugi, Ursula (1967) The acquisition of negation. Unpublished PhD dissertation, Harvard University.

Bellugi, U., K. van Hoek, D. Lillo-Martin and L. O'Grady (1993) The acquisition of syntax and space in young deaf signers. In Dorothy Bishop and Kay Mogford (eds), *Language Development in Exceptional Circumstances* (pp. 132–49). Hove, UK: Erlbaum.

Bever, Thomas G., Jerry A. Fodor and William Weksel (1965) Theoretical notes on the acquisition of syntax: a critique of 'contextual generalization'. *Psychological Review*, 72, 467–82.

Bickerton, Derek (1995) *Language and Human Behavior*. Seattle: University of Washington Press.

Bisiach, E., E. Capitani, C. Luzzatti and D. Perani (1981) Brain and conscious representation of reality. *Neuropsychologia*, 19, 543–52.

Bisiach, E. and C. Luzzatti (1978) Unilateral neglect of representational space. *Cortex*, 14, 129–33.

Bloom, Lois (1970) *Language Development: Form and Function in Emerging Grammars.* Cambridge, MA: MIT Press.

Bloom, Lois (1973) *One Word at a Time.* The Hague: Mouton.

Bloom, Lois (1991) *Language Development from Two to Three.* Cambridge: Cambridge University Press.

Bloom, Paul (ed.) (1993) *Language Acquisition: Core Readings.* New York: Harvester Wheatsheaf.

Bloomfield, Leonard (1933) *Language.* New York: Holt, Rinehart & Winston.

Boden, M. (1979) *Piaget.* London: Fontana.

Bohm, David (1983) *Wholeness and the Implicate Order.* London: Ark Paperbacks.

Bowerman, Melissa (1973) *Early Syntactic Development: A Cross-linguistic Study with Special Reference to Finnish.* London: Cambridge University Press.

Braine, M.D.S. (1963a) On learning the grammatical order of words. *Psychological Review*, 70, 323–48.

Braine, M.D.S. (1963b) The ontogeny of English phrase structure: the first phase. *Language*, 39, 1–13.

Brown, Roger (1970) *Psycholinguistics.* New York: Free Press.

Brown, Roger (1973) *A First Language: The Early Stages.* London: Allen & Unwin.

Brown, Roger (1977) Introduction. In Catherine Snow and Charles Ferguson (eds), *Talking to Children: Language Input and Acquisition* (pp. 1–27). Cambridge: Cambridge University Press.

Campbell, Robert L. and Mark H. Bickhard (1987) A deconstruction of Fodor's anticonstructivism. *Human Development*, 30, 48–59.

Caplan, David (1987) *Neurolinguistics and Linguistic Aphasiology.* Cambridge: Cambridge University Press.

Carey, Susan (1978) The child as word learner. In Morris Halle, Joan Bresnan and George A. Miller (eds), *Linguistic Theory and Psychological Reality* (pp. 264–93). Cambridge, MA: MIT Press.

Carruthers, Peter and Peter K. Smith (1996) *Theories of Theories of Mind.* Cambridge: Cambridge University Press.

Carson, Benjamin S., Sam P. Javedan *et al.* (1996) Hemispherectomy: a hemidecortication approach and review of 52 cases. *Journal of Neurosurgery*, June, 1–14.

Carter, Rita (1998) *Mapping the Mind.* London: Weidenfeld & Nicolson.

Chase, S. (1938, 1950) *The Tyranny of Words.* London: Methuen.

Chiarello, C., C. Burgess, L. Richards and A. Pollock (1990) Semantic and associative priming in the cerebral hemispheres: some words do, some words don't ... sometimes, some places. *Brain and Language*, 38, 75–104.

Chomsky, Carol (1969) *The Acquisition of Syntax in Children from 5 to 10.* Cambridge, MA: MIT Press.

Chomsky, Noam (1959) A review of *Verbal Behavior*, by B. F. Skinner. *Language*, 35, 26–58.

Chomsky, Noam (1964a) Formal discussion of 'The Development of Grammar in Child Language'. In Ursula Bellugi and Roger Brown (eds), *The Acquisition of Language* (pp. 35–9). Chicago: University of Chicago Press.

Chomsky, Noam (1964b) A review of B.F. Skinner's *Verbal Behavior*. In Jerry A. Fodor and Jerrold J. Katz (eds), *The Structure of Language: Readings in the Philosophy of Language*. Englewood Cliffs: Prentice-Hall.

Chomsky, Noam (1965) *Aspects of the Theory of Syntax*. Cambridge, MA: MIT Press.

Chomsky, Noam (1967) Untitled prefatory note to reprint of his review of Skinner's *Verbal Behavior*. In Leon A. Jakobovits and Murray S. Miron (eds), *Readings in the Psychology of Language*. Englewood Cliffs: Prentice-Hall.

Chomsky, Noam (1968) *Language and Mind*. New York: Harcourt, Brace & World.

Chomsky, Noam (1972) *Language and Mind* (enlarged edition). New York: Harcourt, Brace, Jovanovich.

Chomsky, Noam (1976) *Reflections on Language*. London: Temple Smith.

Chomsky, Noam (1979) *Language and Responsibility*. Lewes: Harvester Press.

Chomsky, Noam (1988) *Language and Problems of Knowledge*. Cambridge, MA: MIT Press.

Chomsky, Noam (1995a) Language and nature. *Mind*, 104(413), 1–61.

Chomsky, Noam (1995b) *The Minimalist Program*. Cambridge, MA: MIT Press.

Chomsky, Noam (1996a) *Power and Prospects: Reflections on Human Nature and the Social Order*. St Leonards (Sydney, Australia): Allen & Unwin.

Chomsky, Noam (1996b) Language and thought: some reflections on venerable themes. In his *Power and Prospects* (pp. 1–30). St Leonards (Sydney, Australia): Allen & Unwin.

Chomsky, Noam (1997) *Perspectives on Power*. Montreal: Black Rose Books.

Christie, Frances (1985) *Language Education*. Geelong: Deakin University Press.

Clark, Eve V. (1973) What's in a word? On the child's acquisition of semantics in his first language. In T.E. Moore (ed.), *Cognitive Development and the Acquisition of Language* (pp. 65–110). New York: Academic Press.

Collins, Harry and Trevor Pinch (1993) *The Golem: What Everyone Should Know about Science*. Cambridge: Cambridge University Press.

Curtiss, Susan (1977) *Genie: A Psycholinguistic Study of a Modern Day 'Wild Child'*. New York: Academic Press.

Curtiss, Susan R. (1988) Abnormal language acquisition and grammar: evidence for the modularity of language. In L. M. Hyman and C. N. Li (eds), *Language, Speech and Mind: Studies in Honor of Victoria A. Fromkin*. New York: Routledge & Kegan Paul.

Curtiss, Susan R., Victoria A. Fromkin *et al.* (1974) The linguistic development of Genie. *Language,* 50, 528–54.

Damasio, Antonio R. (1994) *Descartes' Error: Emotion, Reason, and the Human Brain.* New York: Avon Books.

Dax, Marc (1865) Lésions de la moitié gauche de l'encéphale coincidait avec l'oubli des signes de la pensée (lu au Congrès méridional tenu à Montpellier en 1836). *Gazette Hebdomadaire de Médecine et de Chirurgie,* 2(2nd series), 259–62.

Deacon, Terence W. (1997) *The Symbolic Species: The Co-evolution of Language and the Brain.* New York: Norton.

De Joia, Alex and Adrian Stenton (1980) *Terms in Systemic Linguistics: A Guide to Halliday.* London: Batsford.

Dennis, M. and H. Whitaker (1976) Language acquisition following hemidecortication: linguistic superiority of the left over the right hemisphere. *Brain and Language,* 3, 404–33.

de Villiers, P. and J. de Villiers (1979) Form and function in the development of sentence negation. In *Papers and Reports on Child Language Development* (no. 17, August, 57–66), Department of Linguistics, Stanford University.

Elman, Jeffrey L., Elizabeth A. Bates *et al.* (1996) *Rethinking Innateness: A Connectionist Perspective on Development.* Cambridge, MA: MIT Press.

Feldman, Heidi M., Susan Goldin-Meadow and L. Gleitman (1978) Beyond Herodotus: the creation of language by linguistically deprived deaf children. In A. Lock (ed.), *Action, Gesture and Symbol: The Emergence of Language* (pp. 253–74). New York: Academic Press.

Ferguson, Charles A. (1977) Baby talk as a simplified register. In Catherine Snow and Charles A. Ferguson (eds), *Talking to Children: Language Input and Acquisition.* Cambridge: Cambridge University Press.

Fernald, Anne (1989) Intonation and communicative intent: is the melody the message? *Child Development,* 60, 1497–510.

Fernald, Anne (1992) Meaningful melodies in mothers' speech to infants. In H. Papousek, U. Jurgens *et al.* (eds), *Nonverbal Vocal Communication: Comparative and Developmental Approaches* (pp. 262–82). Cambridge: Cambridge University Press.

Fernald, Anne (1993) Human maternal vocalizations to infants as biologically relevant signals: an evolutionary perspective. In Paul Bloom (ed.), *Language Acquisition: Core Readings* (pp. 51–94). New York: Harvester Wheatsheaf. This paper was originally published in Barkow *et al.* (eds) (1992), *The Adapted Mind: Evolutionary Psychology and the Generation of Culture.* Oxford: Oxford University Press.

Fernald, Anne and Gerald McRoberts (1996) Prosodic bootstrapping: a critical analysis of the argument and the evidence. In James L. Morgan and Katherine Demuth (eds), *Signal to Syntax: Bootstrapping from Speech to Grammar in Early Acquisition* (pp. 365–88). Mahwah, NJ: Erlbaum.

Ferreiro, E. (1971) *Les relations temporelles dans le langage de l'enfant*. Geneva: Librairie Droz.

Ferreiro, E. and H. Sinclair (1971) Temporal relations in language. *International Journal of Psychology*, 6, 39–47.

Fodor, Jerry A. (1975) *The Language of Thought*. New York: Crowell.

Fodor, Jerry A. (1983) *The Modularity of Mind*. Cambridge, MA: MIT Press.

Forman, George E. (1982) A search for the origins of equivalence concepts through a microanalysis of block play. In George E. Forman (ed.), *Action and Thought* (pp. 97–136). New York: Academic Press.

Fromkin, Victoria A. (1975) An update on the linguistic development of Genie. In D. P. Dato (ed.), *Georgetown University Round Table on Language and Linguistics 1975: Developmental Psycholinguistics, Theory and Applications*. Washington, DC: Georgetown University Press.

Fromkin, Victoria A., Stephen D. Krashen *et al.* (1974) The development of language in Genie: a case of language acquisition beyond the 'critical period'. *Brain and Language*, 1, 81–107.

Gallaway, Clare and Bencie Woll (1994) Interaction and childhood deafness. In Clare Gallaway and Brian J. Richards (eds), *Input and Interaction in Language Acquisition* (pp. 197–218). Cambridge: Cambridge University Press.

Gannon, Patrick J., Ralph L. Holloway *et al.* (1998) Asymmetry of chimpanzee planum temporale: humanlike pattern of Wernicke's brain language area homolog. *Science*, 279 (9 January), 220–2.

Garmon, Linda (1994) *Secret of the Wild Child*. Boston: WGBH.

Gazzaniga, Michael S. (1988) *Mind Matters: How Mind and Brain Interact to Create our Conscious Lives*. Boston: Houghton Mifflin.

Geschwind, Norman (1969) The work and influence of Wernicke. In R.S. Cohen and M. W. Wartofsky (eds), *Boston Studies in the Philosophy of Science*, vol. 4 (pp. 1–33). Boston: Reidel.

Gleitman, Lila R. (1990) The structural sources of verb meanings. *Language Acquisition*, 1, 3–55.

Gleitman, Lila R., Elissa L. Newport and H. Gleitman (1984) The current status of the motherese hypothesis. *Journal of Child Language*, 11, 43–79.

Golinkoff, R. C. Mervis *et al.* (1994) Early object labels: the case for a developmental lexical principles framework. *Journal of Child Language*, 21, 125–55.

Greenfield, Patricia M. and Joshua H. Smith (1976) *The Structure of Communication in Early Language Development*. New York: Academic Press.

Greenfield, Susan (1997) *The Human Brain: A Guided Tour*. London: Weidenfeld & Nicolson.

Gregory, Richard L. (1987) *The Oxford Companion to the Mind*. New York: Oxford University Press.

Grimshaw, Jane (1981) Form, function, and the language acquisition device. In C.L. Baker and J.J. McCarthy (eds), *The Logical Problem of Language Acquisition* (pp. 165–82). Cambridge, MA: MIT Press.

Gruber, Howard E. and J. Jacques Voneche (1977) *The Essential Piaget*. Northvale, NJ: Aranson.

Gruber, Jeffrey S. (1976) *Lexical Structures in Syntax and Semantics*. Amsterdam: North-Holland.

Haldane, Elizabeth and G. R. T. Ross (1931) *The Philosophical Works of Descartes*, vol. 1. New York: Dover.

Halliday, M.A.K. (1961) Categories of the theory of grammar. *Word*, 17, 241–92.

Halliday, M.A.K. (1967–68) Notes on transitivity and theme in English: parts 1 and 2. *Journal of Linguistics*, 3.1.37–81; 3.2.199–244; 4.2.179–215.

Halliday, M.A.K. (1973) *Explorations in the Functions of Language*. London: Edward Arnold.

Halliday, M.A.K. (1974) Answers in interview. In Herman Parret (ed.), *Discussing Language* (pp. 81–120). The Hague: Mouton.

Halliday, M.A.K. (1975) *Learning How to Mean: Explorations in the Development of Language*. London: Edward Arnold.

Halliday, M.A.K. (1978) Meaning and the construction of reality in early childhood. In Herbert L. Pick and Elliot Saltzman (eds), *Modes of Perceiving and Processing of Information* (pp. 67–96). Hillsdale: Erlbaum.

Halliday, M.A.K. (1979) One child's protolanguage. In Margaret Bullowa (ed.), *Before Speech: The Beginnings of Interpersonal Communication* (pp. 171–90). London: Cambridge University Press.

Halliday, M.A.K. (1984) Language as code and language as behaviour: a systemic-functional interpretation of the nature and ontogenesis of dialogue. In Robin P. Fawcett, M.A.K. Halliday, S.M. Lamb and A. Makkai (eds), *The Semiotics of Culture and Language*, vol. 1., *Language as Social Semiotic* (pp. 3–35). London: Pinter.

Halliday, M.A.K. (1991) The place of dialogue in children's construction of meaning. In Sorin Stati, Edda Weigand and F. Hundsnurscher (eds), *Dialoganalyse III: Referate der 3 Arbeitstagung, Bologna 1990*, vol. 1 (pp. 417–30). Tübingen: Niemeyer.

Halliday, M.A.K. (1994) *An Introduction to Functional Grammar* (2nd edn). London: Edward Arnold.

Halliday, M.A.K. and Ruqaiya Hasan (1976) *Cohesion in English*. London: Longman.

Hellige, Joseph B. (1993) *Hemispheric Asymmetry: What's Right and What's Left*. Cambridge, MA: Harvard University Press.

Hirsch-Pasek, Kathy and Rebecca Treiman (1982) Doggerel: motherese in a new context. *Journal of Child Language*, 9, 229–37.

Hirsch-Pasek, Kathy, Deborah G. Kemler-Nelson *et al.* (1987) Clauses are perceptual units for young infants. *Cognition*, 26, 269–86.

Holder, M. K. (1997) Expert answer to an on-line question in the *Scientific American* page on the World Wide Web. *Scientific American.*

Horning, J.J. (1969) A study of grammatical inference. Unpublished doctoral dissertation, Stanford AI Project.

Hyams, Nina (1986) *Language Acquisition and the Theory of Parameters.* Dordrecht: Reidel.

Hyams, Nina (1992) A reanalysis of null subjects in child language. In Jürgen Weissenborn, Helen Goodluck and T. Roeper (eds), *Theoretical Issues in Language Acquisition: Continuity and Change in Development* (pp. 249–67). Hillsdale: Erlbaum.

Joanette, Yves, Pierre Goulet and Didier Hannequin (1990) *Right Hemisphere and Verbal Communication.* New York: Springer-Verlag.

Joynt, R.J. (1964) Paul Pierre Broca: his contribution to the knowledge of aphasia. *Cortex*, 1, 206–13.

Jusczyk, Peter W. (1997) *The Discovery of Spoken Language.* Cambridge, MA: MIT Press.

Jusczyk, Peter W. and Elizabeth Thompson (1978) Perception of a phonetic contrast in multisyllabic utterances by 2-month-old infants. *Perception and Psychophysics*, 23(2), 105–9.

Karmiloff-Smith, Annette (1992) *Beyond Modularity: A Developmental Perspective on Cognitive Science.* Cambridge, MA: MIT Press.

Karmiloff-Smith, Annette (1994) Précis of *Beyond Modularity: A Developmental Perspective on Cognitive Science. Behavioral and Brain Sciences*, 17, 693–745.

Karmiloff-Smith, Annette (1997) Commentary on Annette Karmiloff-Smith (1994). *Behavioral and Brain Sciences*, 20(2), 359–77.

Katz, Nancy, Elizabeth Baker and John MacNamara (1974) What's in a name: a study of how children learn common and proper names. *Child Development*, 45, 469–73.

Keil, F.C. (1989) *Concepts, Kinds and Cognitive Development.* Cambridge, MA: MIT Press.

Kellman, P.J. and Elizabeth Spelke (1983) Perception of partly occluded objects in infancy. *Cognitive Psychology*, 15, 483–524.

Kimura, D. (1961) Cerebral dominance and the perception of verbal stimuli. *Canadian Journal of Psychology*, 15, 166–71.

Kimura, D. (1964) Left–right differences in the perception of melodies. *Quarterly Journal of Experimental Psychology*, 16, 355–8.

Kimura, D. (1988) Review of *What the Hands Reveal about the Brain*, by Howard Poizner, Edward S. Klima and Ursula Bellugi. *Language and Speech*, 31(4), 375–8.

Kimura, D. (1993) Sex differences in the brain. *Mind and Brain: Readings from Scientific American* (pp. 79–89). New York: Freeman.

King, Barbara J. (1996) The communication continuum: review of *The Evolution of Communication*, by Marc D. Hauser. *Semiotic Review of Books*, 7(3), 2–3.

Klahr, David (1992) Information-processing approaches to cognitive development. In Marc H. Bornstein and Michael E. Lamb (eds), *Developmental Psychology: An Advanced Textbook* (pp. 273–335). Hillsdale: Erlbaum.

Klima, Edward S. and Ursula Bellugi-Klima (1966) Syntactic regularities in the speech of children. In J. Lyons and R.J. Wales (eds), *Psycholinguistics Papers: The Proceedings of the 1966 Edinburgh Conference* (pp. 183–219). Edinburgh: Edinburgh University Press.

Klima, Edward S. and Ursula Bellugi (1979) *The Signs of Language*. Cambridge, MA: Harvard University Press.

Krashen, Stephen (1973) Lateralization, language learning and the critical period: some new evidence. *Language Learning*, 23, 63–74.

Kress, Gunther (1976) *Halliday: System and Function in Language*. London: Oxford University Press.

Landau, Barbara S. and Lila R. Gleitman (1985) *Language and Experience: Evidence from the Blind Child*. Cambridge, MA: Harvard University Press.

Landau, Barbara, Linda B. Smith and S.S. Jones (1988) The importance of shape in early lexical learning. *Cognitive Development*, 3, 299–321.

Lecours, André Roch and Yves Joanette (1985) Keeping your brain in mind. In Jacques Mehler and Robin Fox (eds), *Neonate Cognition: Beyond the Blooming Buzzing Confusion*. Hillsdale: Erlbaum.

Lenneberg, Eric H. (1967) *Biological Foundations of Language*. New York: Wiley.

Levelt, W.J.M. (1975) What became of LAD? In W. Abraham (ed.), *Ut Videam: Contributions to an Understanding of Linguistics, for Pieter Verburg on the Occasion of his 70th Birthday*. Lisse: Peter de Ridder Press.

Lieberman, Philip (1998) *Eve Spoke*. New York: Norton.

Loreno, Orlando, and Armando Machado (1996) In defense of Piaget's theory: a reply to 10 common criticisms. *Psychological Review*, 103, 1, 143–64.

MacNamara, John (1972) Cognitive basis of language learning in infants. *Psychological Review*, 79, 1–13.

Markman, Ellen M. (1991) The whole object, taxonomic, and mutual exclusivity assumptions as initial constraints on word meanings. In S. A. Gelman and J. Byrnes (eds), *Perspectives on Language and Thought* (pp. 72–106). New York: Cambridge University Press.

Martin, J, R. (1992) *English Text: System and Structure*. Philadelphia: Benjamins.

McClelland, James L., David E. Rumelhart and the PDP Research Grouup (1986) *Parallel Distributed Processing: Explorations in the Microstructure of Cognition*, vol. 2: *Psychological and Biological Models*. Cambridge, MA: MIT Press.

McGlone, J. (1978) Sex differences in functional brain asymmetry. *Cortex*, 14, 122–8.

McGlone, J. (1980) Sex differences in human brain asymmetry: a critical survey. *Behavioral and Brain Sciences*, 3, 215–63.

McNeill, David (1970) *The Acquisition of Language: The Study of Developmental Psycholinguistics*. New York: Harper & Row.

Medawar, Peter (1961) *The Strange Case of the Spotted Mice: And Other Classic Essays on Science*. Oxford: Oxford University Press.

Mehler, Jacques and Emmanuel Dupoux (1990) *Naître humain*. Paris: Editions Odile Jacob.

Mehler, Jacques and Emmanuel Dupoux (1994) *What Infants Know: The New Cognitive Science of Early Development* (Patsy Southgate, trans.). Cambridge, MA: Blackwell.

Mehler, Jacques, Peter Jusczyk *et al.* (1988) A precursor of language acquisition in young infants. *Cognition*, 29, 143–78.

Menn, Lise and Carol Stoel-Gammon (1995) Phonological development. In Paul Fletcher and Brian MacWhinney (eds), *The Handbook of Child Language* (pp. 335–59). Oxford: Blackwell.

Merriman, William E. (1991) The mutual exclusivity bias in children's word learning: a reply to Woodward and Markman. *Developmental Review*, 11, 164–91.

Merriman, William E. and Michael Tomasello (1995) Introduction: verbs are words too. In Michael Tomasello and William E. Merriman (eds), *Beyond Names for Things: Young Children's Acquisition of Verbs* (pp. 1–18). Hillsdale: Erlbaum.

Miller, George A. (1970) *The Psychology of Communication*. Harmondsworth: Pelican.

Mogford, K. (1993) Oral language acquisition in the prelinguistically deaf. In Dorothy Bishop and Kay Mogford (eds), *Language Development in Exceptional Circumstances* (pp. 110–31). Hove, UK: Erlbaum.

Morgan, James L. and Katherine Demuth (eds) (1996) *Signal to Syntax: Bootstrapping from Speech to Grammar in Early Acquisition*. Mahwah, NJ: Erlbaum.

Newport, Elissa L., Henry Gleitman and L.R. Gleitman (1977) Mother, I'd rather do it myself: some effects and non-effects of maternal speech style. In Catherine Snow and Charles A. Ferguson (eds), *Talking to Children: Language Input and Acquisition* (pp. 109–49). Cambridge: Cambridge University Press.

Ornstein, Robert (1997) *The Right Mind: Making Sense of the Hemispheres*. New York: Harcourt Brace.

Otero, C.P. (1988) *Noam Chomsky: Language and Politics*. Montreal: Black Rose Books.

Painter, Clare (1984) *Into the Mother Tongue: A Case Study in Early Language Development*. London: Pinter.

Perner, J., S.R. Leekam and H. Wimmer (1987) Three-year-olds' difficulty with false belief: the case for a conceptual deficit. *British Journal of Developmental Psychology*, 5, 125–37.

Piaget, Jean (1937) *La construction du réel chez l'enfant*. (Publishing details not available).

Piaget, Jean (1953) *The Origin of Intelligence in the Child* (Margaret Cook, trans.). London: Routledge & Kegan Paul.

Piaget, Jean (1954) *The Construction of Reality in the Child* (Margaret Cook, trans.). New York: Basic Books.

Piattelli-Palmarini, Massimo (1979) *Théories du langage, théories de l'apprentissage: le débat entre Jean Piaget et Noam Chomsky*. Paris: Seuil.

Piattelli-Palmarini, Massimo (1980) *Language and Learning: The Debate Between Jean Piaget and Noam Chomsky*. Cambridge, MA: Harvard University Press.

Piaget, Jean (1954) *The Contruction of Reality in the Child* (Margaret Cook, trans.). New York: Basic Books.

Piattelli-Palmarini, Massimo (1995) Ever since *Language and Learning*: afterthoughts on the Piaget–Chomsky debate. In Jacques Mehler and Susana Franck (eds), *Cognition on Cognition* (pp. 361–92). Cambridge, MA: MIT Press.

Pinker, Steven (1979) Formal models of language learning. *Cognition*, 7(3), 217–83.

Pinker, Steven (1982) A theory of the acquisition of lexical interpretive grammars. In Joan Bresnan (ed.), *The Mental Representation of Grammatical Relations* (pp. 655–726). Cambridge, MA: MIT Press.

Pinker, Steven (1994a) *The Language Instinct: How the Mind Creates Language*. New York: Morrow.

Pinker, Steven (1994b) How could a child use verb syntax to learn verb semantics? *Lingua*, 92, 377–410.

Poizner, Howard, Edward S. Klima and Ursula Bellugi (1987) *What the Hands Reveal about the Brain*. Cambridge, MA: MIT Press.

Posner, M.J. and M.E. Raichle (1994) *Images of Mind*. New York: Freeman.

Premack, Ann J. and David Premack (1972) Teaching language to an ape. *Scientific American*, 227, 92–9.

Premack, David (1977) *Intelligence in Ape and Man*. New York: Halsted.

Premack, David (1980) Representational capacity and accessibillity of knowledge: the case of chimpanzees. In Massimo Piattelli-Palmarini (ed.), *Language and Learning: The Debate between Jean Piaget and Noam Chomsky* (pp. 205–30). Cambridge, MA: Harvard University Press.

Premack, David (1990) Words: what are they and do animals have them? *Cognition*, 37, 197–212.

Quine, Willard V.O. (1964) Meaning and translation. In Jerry A. Fodor and Jerrold J. Katz (eds), *The Structure of Language: Readings in the Philosophy of Language* (pp. 460–78). Englewood Cliffs: Prentice-Hall.

Raichle, Marcus E. (1994) Visualizing the mind. *Scientific American*, April, 36–42.

Richards, Brian J. and Clare Gallaway (1994) Conclusions and directions. In Clare Gallaway and Brian J. Richards (eds), *Input and Interaction in Language Acquisition* (pp. 253–69). Cambridge: Cambridge University Press.

Rosch, Eleanor, C.B.Mervis *et al.* (1976) Basic objects in natural categories. *Cognitive Psychology*, 8, 382–439.

Rumelhart, David E., James L. McClelland and the PDP Research Group (1986) *Parallel Distributed Processing: Explorations in the Microstructure of Cognition, vol. 1: Foundations.* Cambridge, MA: MIT Press.

Russell, Bertrand (1948) *Human Knowledge: Its Scope and Limits.* London: Allen & Unwin.

Savage-Rumbaugh, Sue and Roger Lewin (1994) *Kanzi: The Ape at the Brink of the Human Mind.* New York: Wiley.

Savage-Rumbaugh, Sue, Stuart G. Shanker and T.J. Taylor (1998) *Apes, Language and the Human Mind.* New York: Oxford University Press.

Schiff-Myers, N. (1987) Hearing children of deaf parents. In Dorothy Bishop and Kay Mogford (eds), *Language Development in Exceptional Circumstances* (pp. 47–61). Hove, UK: Erlbaum.

Schlesinger, Izchak M. (1971) The production of utterances and language acquisition. In D. I. Slobin (ed.), *The Ontogenesis of Grammar.* New York: Academic Press.

Skinner, B.F. (1957) *Verbal Behavior.* Englewood Cliffs: Prentice-Hall.

Slobin, Dan I. (ed.) (1971) *The Ontogenesis of Grammar.* New York: Academic Press.

Smith, N.V. (1994) Review paper, *Beyond Modularity: A Developmental Perspective on Cognitive Science* by A. Karmiloff-Smith. *European Journal of Disorders of Communication*, 28, 95–105.

Smith, N.V. (1999) Bonobos. *Glot International*, 4(3), 9.

Smith, Neil and Deirdre Wilson (1979) *Modern Linguistics: The Results of Chomsky's Revolution.* Brighton: Harvester Press.

Smith, Neil and Ianthi-Maria Tsimpli (1995) *The Mind of a Savant: Language Learning and Modularity.* Oxford: Blackwell.

Snow, Catherine (1972) Mothers' speech to children learning language. *Child Development*, 43, 549–65.

Snow, Catherine E. (1986) Conversations with children. In P. Fletcher and M. Garman (eds), *Language Acquisition* (pp. 69–89). Cambridge: Cambridge University Press.

Soja, Nancy N., Susan Carey and Elizabeth S. Spelke (1991) Ontological categories guide young children's inductions of word meaning: object terms and substance terms. *Cognition*, 38, 179–211.

Spelke, E.S. (1985) Preferential-looking methods as tools for the study of cognition in infancy. In G. Gottlieb and N.A. Krasnegor (eds), *Measurement of Audition and Vision in the First Year of Postnatal Life: A Methodological Overview* (pp. 323–63). Norwood, NJ: Ablex.

Spelke, E.S. (1988) Where perceiving ends and thinking begins. In Albert Yonas (ed.), *Perceptual Development in Infancy*, vol. 20 (pp. 197–234). Hillsdale: Erlbaum.

Spelke, E.S. (1990) Principles of object perception. *Cognitive Science*, 14, 29–56.

Spelke, E.S. (1995) Initial knowledge: six suggestions. In Jacques Mehler and S. Franck (eds), *Cognition on Cognition* (pp. 433–47). Cambridge, MA: MIT Press.

Sperry, R.W. (1974) Lateral specialization in the surgically separated hemispheres. In F.O. Schmitt and F.G. Warden (eds), *The Neurosciences: Third Study Program* (pp. 5–13). Cambridge, MA: MIT Press.

Springer, Sally P. and Georg Deutsch (1989) *Left Brain, Right Brain* (3rd edn). New York: Freeman.

Tarrter, Vivien C. (1998) *Language Processing in Atypical Populations*. Thousand Oaks, CA: Sage.

Templin, Mildred C. (1957) *Certain Language Skills in Children: Their Development and Interrelationships*. Minneapolis: University of Minnesota Press.

Toth, Nicholas (1987) The first technology. *Scientific American*, 256(4), 104–13.

Wallman, J. (1992) *Aping Language*. Cambridge: Cambridge University Press.

Waxman, Sandra R. (1990) Linguistic biases and the establishment of conceptual hierarchies: evidence from preschool children. *Cognitive Development*, 5, 123–50.

Waxman, Sandra R. (1994) The development of an appreciation of specific linkages between linguistic and conceptual organisation. *Lingua*, 92, 229–57.

Waxman, S.R. and R. Gelman (1986) Preschoolers' use of superordinate relations in classification and language. *Cognitive Development*, 1, 139–56.

Weissenborn, Jürgen (1992) Null subjects in early grammars: implications for parameter-setting theories. In Jürgen Weissenborn, Helen Goodluck and Thomas Roper (eds), *Theoretical Issues in Language Acquisition: Continuity and Change in Development* (pp. 269–99). Hillsdale: Erlbaum.

Wellman, H.M. (1990) *The Child's Theory of Mind*. Cambridge, MA: MIT Press.

Wernicke, Karl (1874) The aphasic symptom complex: a psychological study on an anatomical basis. In R.S. Cohen and M.W. Wartofsky (eds), *Boston Studies in the Philosophy of Science*, vol. 4 (pp. 34–97). Boston: Reidel.

Wexler, Kenneth and Peter W. Culicover (1980) *Formal Principles of Language Acquisition*. Cambridge, MA: MIT Press.

國家圖書館出版品預行編目資料

兒童語言發展／ Ray Cattell 原作；曾進興譯.
　-- 初版.-- 臺北市：心理, 2006（民 95）
　　面；　公分.　--（溝通障礙系列；65007）
　含索引
　譯自：Children's language: consensus and controversy

　　ISBN 978-957-702-861-7（平裝）

　1. 語言學—教育　　2. 兒童發展

523.16　　　　　　　　　　　　　　　　94025278

溝通障礙系列 65007

兒童語言發展

作　　者：Ray Cattell
譯　　者：曾進興
執行編輯：林怡倩
總 編 輯：林敬堯
發 行 人：洪有義
出 版 者：心理出版社股份有限公司
地　　址：231 新北市新店區光明街 288 號 7 樓
電　　話：(02) 29150566
傳　　真：(02) 29152928
郵撥帳號：19293172　心理出版社股份有限公司
網　　址：http://www.psy.com.tw
電子信箱：psychoco@ms15.hinet.net
駐美代表：Lisa Wu（lisawu99@optonline.net）
排 版 者：龍虎電腦排版股份有限公司
印 刷 者：東縉彩色印刷有限公司
初版一刷：2006 年 5 月
初版五刷：2018 年 2 月
I S B N：978-957-702-861-7
定　　價：新台幣 350 元